역사 속, 공주의 사람들

역사 속, 공주의 사람들

윤용혁 · 이해준 지음

서경문화사

책 머리에

긴 역사를 가진 공주는 당연히 풍부한 인물의 고장이기도 합니다. 공주 인물에 대한 정리와 조명은 이러한 점에서 반드시 필요한 일이라고 생각됩니다. 특별히 공주시에서는 2019년부터 매달 '이달의 공주 인물'을 선정하여 세미나, 특강, 전시회를 비롯한 다양한 행사를 개최하여 공주의 인물을 기리고 있습니다. 기초 지자체로서는 매우 드물게 이러한 행사가 가능한 것은 공주가 그만큼 풍부한 인적 인프라를 가지고 있기 때문이라 할 수 있을 것입니다.

『역사 속, 공주의 사람들』은 공주시에서 2012년부터 발행한 계간지(현재는 연 2회 발행) 『고마나루』에 '역사 속의 공주 인물'이라는 제목으로 연재된 글을 모아서 다시 정리한 것입니다. 이 때문에 글의 말미에 발행일과 호수를 밝혀 참고가 되도록 하였습니다. 다만 정리하는 과정에서 새로운 원고 약간을 보태고 주제별로 나누어, 도합 27명의 공주 인물을 수록하였습니다.

공주의 인물에 대해서는 기왕에도 출판된 책들이 있습니다. 김정섭 시장이 쓴 『인물로 본 공주 역사 이야기』(메디치, 2016), 공주문화원의 『공주의 인물』 1~6(2014~2019)이 그것입니다. 앞의 책은 5판을 발행하고, 다시 개정증보판을 낼 정도로 드물게 많은 판매 부수를 기록한 책입니다. 뒤의 책은 매년 주제별로 인물을 선정하여 분담 집필하고 있는 것입니다. 서로 겹치는 인물이 많기는 하지만, 인물에 대한 정리는 집필자 개인의 주관적 시각이 많이 투영되는 것이어서 이들 책이 각각 다른 특성들을 가지고 있다는 점을 말씀드립니다.

이 책에 실린 27명 공주 인물의 대부분을 차지하는 24명은 윤용혁, 이해준이 집필한 원고입니다. 두 사람은 1970년 3월 2일, 공주사범대학의 입학식장에서 처음 만나 같이 모교의 교수가 되고, 지금까지 역사의 교육과 연구라는 한 길을 걸어왔습니다. 마침 금년이 그로부터 꼭 50년이 되는 해이기도 해서, 결과적으로 이 책은 두 사람이 걸어온 '한 길 50년'에 대한 특별한 기념서가 되었습니다.

무엇보다도 이 책의 출판이 가능하게 해 주신 공주시와 공주학연구원에 깊은 감사를 드리지 않을 수 없습니다. 또 『고마나루』에 원고를 실었던 다른 세 사람의 필자인, 서정석, 문경호 교수와 이상균 박사는 이 책에 원고를 함께 게재하면서 우리 두 사람을 대표 필자로 내세우는 것을 양해해 주었습니다. 금강뉴스의 신용희 대표는 삽도 사진의 보완에 많은 도움을 주셨습니다. 깊은 감사를 드립니다.

2020. 12

윤용혁 · 이해준

목차

contents

제1장

백제의 임금들

百濟武寧王生誕地

문주,

공주의 '개조(開祖)'

2012년 7월 1일은 '세종특별자치시'가 출범한 역사적인 날이다. 아직 공사가 끝나지는 않았지만, 대한민국의 제2수도라 할 세종시의 정부청사까지는 공주대 나의 연구실에서 불과 10분밖에 걸리지 않는 거리이다. 그런데 돌이켜 보면 한강에서 '금강'으로 수도를 옮긴 것은 1천 5백여 년 전에 이미 있었던 일이었다. 서기 475년 백제의 왕도가 한성에서 웅진으로 옮긴 것이 그것인데, 그 중심에 있는 인물이 바로 문주왕(文周王)이다.

가장 추웠던 겨울

475년 10월(음력) 백제의 수도가 공주로 옮겨진 것은 잘 알려진 바와 같이 고구려 군에 의한 한성(서울)의 함락 때문이다. 한성의 함락으로 백제는 개로왕은 물론 왕족과 대신이 거의 멸살됨으로써 사실상 나라의 운명이 끝난 것이었다. 공주로 천도한 것이 음력 10월이라면, 바야흐로 초겨울이 목전에 닥친 시점이었다. 475년 공주에서 맞은 첫 겨울은 문주왕과 이주한 한성 사람들에게 가장 추웠던 겨울이 되었을 것이다.

9월 고구려의 공격이 시작되자 문주는 개로왕의 요청에 의하여 바로 신라에 원병을 구하기 위하여 나갔다. 당시 그의 직위는 최고의 지위인 상좌평으로 개로왕을 뒷받치고 있었던 강력한 정치적 인물이었다. 『삼국사기』에는 개로왕의 아들이라고 적혀 있지만, 『일본서기』에 개로왕의 '모제(母弟)' 즉 친동생이라 기록된 것이 일반적으로 받아들여지고 있다. 이 '모제(母弟)'의 의미에 대해서는 친동생이 아니고, '어머니의 동생'이라는 또 다른 의견도 있다.

문주가 신라 군 1만을 얻어 한성으로 돌아왔을 때, 한성은 이미 고구려군에 의하여 초토화되어 있었다. 고구려의 군사적 위협이 여전한 상태에서 한성에서의 백제 재흥은 불가능한 것이었다. 이에 문주왕은 목협만치 등의 도움을 받아 남쪽 금강변 중류 웅진에서 새로운 백제의 출발을 시작한 것이다.

웅진으로 천도한 문주왕의 가장 중요한 일은 웅진의 도시 건설과 방어시설 구축을 토대로 백제를 재건하는 작업이었다. 476년 2월, 새 수도 웅진을 외호하는 대두산성(공주 부근)을 수리하고, 중국 남조(宋)에의 사신 파견을 시도하고, 477년에는 왕궁을 중수하였다. 그러나 왕권은 극히 취약하였다. 477년 동생 곤지를 내신좌평으로 임명하고, 큰 아들 삼근을 태자에 봉한 것은 이같은 왕권의 취약성을 보완하고자 한 것이었다. 그러나 곤지는 바로 같은 해 7월에 곧 사망하고 말았다. 곤지는 동성왕과 무령왕의 아버지로서 461년 일본에 사신으로 파견되어 일본 오사카 남부 가와치(河內)지역에서 일정한 세력을 확보하고 있었던 인물이다.

477년 7월 곤지의 죽음은 문주왕의 백제 건설이 실로 험난한 상황이었음을 암시한다. 과연 그로부터 두 달 후 문주왕마저 병관좌평 해구가 보낸 자객에 의하여 살해되고 말았다. 다행히 태자 삼근이 왕위를 계승하였지만, 그 역시 3년을 넘기지 못한다. 문주왕의 장남 태자 삼근의 즉위 당시 나이가 13세였던 점에서 생각하면, 문주왕은 아마 30대의 젊은 나이였을 것이다.

왕도로서 공주의 조건

475년 공주(웅진)로 천도를 단행한 백제 22대 임금 문주왕(?~477)은 흔히 비운, 단명의 임금으로만 인식되어 있다. 이러한 인식 때문에 도시로서의 공주의 출발을 열었던 인물로서의 문주왕의 존재는 제대로 부각되지 못하였다. 그러나 웅진이라는 도시는 이 천도에 의하여 비로소 역사에 실체를 드러낼 수 있었다. 문주왕의 475년은 말하자면 도시로서의 공주 역사의 실질적 출발점이었다고 할 수 있다.

문주왕이 한강 이후 새로운 거점으로 공주를 택한 이유는 어디에 있었을까. 첫 번째는 방어상의 이점이고, 둘째는 내륙수로를 이용한 교통의 편의성이다. 거기에 웅진은 육로 교통에 있어서도 남북을 연결하는 요충이며 그 남쪽에는 넓은 평야가 존재하여 생산성 높은 지역을 지적에 끼고 있다는 점에서 퍽 유리한 곳이기도 하였다. 방어와 교통과 생산성이라는 세 가지 요소가 만나는 공간인 것이다. 최근 수촌리 유적의 발굴은 웅진천도 이전 공주 지역에 상당한 정도의 지방 세력이 실재하였다는 사실을 입증해주고 있는데, 천도 초기 왕실 유지와 도시 건설에는 이같은 공주지역의 재지 세력의 도움이 필수적이었을 것이다.

▌ 문주왕이 475년 천도지로 선택한 공주(공주대학교 박물관 사진)

금강은 한강보다는 규모가 작지만 이른바 '4대강'의 하나에 속하는 강이다. 1천리 금강 중에서 원래 '금강(錦江)'으로 칭해진 곳은, 남과 북 두 줄기의 강물이 합수하는 세종시에서부터 공주 고마나루에 이르는 구간이다. 이 공주 인근의 금강으로의 천도 시도는 백제 이후에도 여러 차례의 시도가 있었다. 조선 건국 초인 1393년 조선왕조의 새 서울을 공주 인근 계룡산의 신도안으로 정했던 것도 그 하나이다. 근래의 이야 기로는 제3공화국 말기 북한으로부터의 안보 위협에 대한 대처를 이유로 공주시 장기면 일대를 행정수도로 내정하여 천도 작업을 극비리에 진행하였던 예도 있다. 이것은 한강으로부터 도읍을 옮길 경우, 금강의 중류 공주 인근에서 그 대상지를 구할 수 밖에 없었다는 점을 입증 한다. 세종시의 입지 선정 역시 이러한 범주에서 벗어나고 있지 않은 것이다.

우유부단?, 백성을 사랑한 왕?

문주왕의 웅진천도는 웅진이라는 도시의 새로운 건설을 의미한다. 문주왕 3년(477)의 기록에 "궁실을 중수(重修) 했다"는 것은 처음 급하게 조성한 궁실을 다시 손보아 일정한 격식을 갖추었다는 의미이다. 동시에 궁실만이 아니라 도시 전반의 새로운 시설이 지속적으로 조성되고

▌『삼국사기』의 백제본기 문주왕조

있음을 암시하는 것이기도 하다. 공주는 좁은 분지형의 공간에 긴 하천이 관통하고 있어서 대지의 가용 면적이 매우 협소한 특징이 있다. 부여에서는 나성을 인공적으로 구축하여 방어상의 허점을 보완해야 했지만, 공주는 동서남 3면이 산으로, 그리고 북쪽은 금강이 둘러싸고 있어서 부여와 같은 나성이 없이도 충분히 방어 효과를 가질 수 있었다.

문주왕의 웅진도성의 건설에 있어서 가장 중점이 두어졌던 것은 아마 공산성을 중심으로 왕성을 구축하는 일, 그리고 제민천 연변의 저습지를 개척하여 도시 기반 시설을 갖추는 일이었을 것이다. 3년여의 짧은 재위기간으로 그의 치세에 도성의 모습이 완성되지는 못하였을 것이지만, 웅진도성의 전체 윤곽은 바로 문주왕대에 잡혀진 것이라 보아

▌ 공산성 성안마을 백제 건물지 발굴조사(공주대학교 박물관)

야 한다. 이점에서 공주 도시사의 출발이라는 그 역사의 중심에 문주왕이 있다는 점을 간과해서는 안될 것이다.

문주왕의 인물에 대해서는 역사기록의 소략함으로 알만한 것이 거의 없는데 『삼국사기』에는 문주왕의 인물에 대하여 두 가지 사항을 적고 있다. 문주왕은 우유부단한 인물이었다는 것, 그리고 그럼에도 불구하고 백성들을 사랑한 인물이라는 것이다. 그러나 그가 일찍이 개로왕의 정치적 후견 인물로서 이미 상좌평의 지위에 있었던 것을 생각하면 그는 능력 있는 정치인이었음에 틀림없다. 또 고구려의 절대적 위협 하에서 백제 재건의 새로운 거점으로 공주를 착안하고 이를 바로 실천에 옮긴 것에서 생각하면 정치적 결단력을 겸비한 인물이기도 하였다. 그럼에도 불구하고 그를 우유부단한 인물이라 한 것은, 천도 초기 권신의 발호 속에서 전혀 운신할 수 없었던 당시의 정치적 사정을 반영하는 것이다.

문주왕, 도시 공주의 '개조(開祖)'

금강 유역에서의 백제 중흥은 반세기 후 무령왕과 성왕에 의하여 이루어졌지만, 그 백제 중흥을 처음으로 꿈꾸고 터전을 마련한 인물은 문주였다. 이러한 점에서 문주왕은 한 마디로 '공주의 개조(開祖)'라 칭할 만한 인물이다. 특히 그가 백성을 사랑한 인물이었고 백성들도 왕을 사랑했다는 것은 그가 따뜻하고 훌륭한 인품의 인물이었음을 의미한다.

우리 역사에서 첫 나라를 연 것은 단군 임금이지만, 도시로서의 공주의 역사는 문주왕에 의하여 이루어진 셈이다. 이러한 점에서 비록 그 치

세는 짧고 간단했지만, 공주에 있어서 문주왕의 의미는 반드시 재평가
되어야 한다. '공주 인물'의 첫 번째로 문주왕을 꼽는 이유도 여기에 있
다. 수도 서울의 행정 기능이 옮겨 오는 세종특별자치시의 출범에 즈음
하여, 1천 5백여 년 전 백제와 공주역사에서의 문주왕의 의미를 다시
돌아보게 된다.

(윤용혁, 제1호, 2012.12)

동성왕,
공주의 원도심을 설계하다

문주왕, 삼근왕을 거쳐 백제 제24대 왕위에 오른 인물이 동성왕(재위 479~501)이다. 그는 여러 모로 오늘날의 공주시가 탄생하는데 중요한 역할을 하였지만 무령왕에 가려져 그의 업적이 잘 부각되지 못하고 있다. 심지어는 '포학'하고 '무도'한 임금으로 묘사되기도 한다.

왕이 아니었던 아버지

『삼국사기』에 의하면 동성왕의 이름은 모대(牟大), 혹은 마모(摩牟)라고 하였다. 『일본서기』에는 그를 가리켜 말다왕(末多王)이라고도 하였으니 이런 저런 이름이 있었던 셈이다. 아마도 백제와 왜에서 서로 다르게 불렀던 결과가 아닐까 한다.

그런 동성왕에 대하여 '담력이 남보다 뛰어나고, 활을 잘 쏘아 백발백중이었다'고 『삼국사기』에서는 평가하고 있다. '성품이 부드럽고 결단력이 없었다'는 문주왕과는 딴판이었던 셈이다. 그런가 하면 『일본서기』에는 동성왕을 가리켜 '총명하였다'고 평가하기도 하였다. 이러한 설

명들을 종합하면 총명하면서도 담력도 있고, 그러면서도 활도 잘 쏜, 다시 말해서 문무를 겸비한 인물 정도로 생각해도 좋을 듯하다.

　그러한 동성왕이지만 그의 아버지는 왕이 아니었다. 백제사에서 아버지가 왕이 아니었음에도 왕위에 오른 최초의 인물이 바로 동성왕이다. 그의 아버지는 『삼국사기』에 나와 있는 것처럼 문주왕의 동생이었던 곤지(昆支)였다. 개로왕의 첫 번째 동생이 문주왕이고, 두 번째 동생이 바로 곤지였는데, 그 곤지의 둘째 아들이 동성왕이었다. 그렇다면 동성왕보다 적어도 4살 위였던 무령왕은 곤지의 첫 번째 아들이 되는 셈이다.

출생과 성장

동성왕의 출생과 성장에 대해서는 이렇다 할 기록이 남아 있지 않다. 다만 『삼국유사』에 동성왕을 삼근왕의 사촌동생(堂弟)으로 소개하고 있다. 삼근왕은 477년에 13세의 나이로 왕위에 올랐던 만큼 464년에 태어난 것을 알 수 있다. 그렇다면 삼근왕의 동생이었다는 동성왕은 464년이 아닌 적어도 465년 이후에 태어난 것이 된다.

그럼 동성왕이 태어난 곳은 어디일까. 나이도 정확히 알 수 없지만 동성왕이 태어난 곳 또한 어디인지 분명하지 않다. 관련 기록이 전혀 남아 있지 않기 때문이다. 다만 현재의 오사카(大阪) 남동부 하비키노시(羽曳野市)에 곤지왕을 모신 아스카베신사(飛鳥戶神社)가 있다. 그래서 대체로 그 일대를 곤지의 근거지로 점찍고 있다. 그 주변에 남아 있는 수 많은 횡혈식 석실무덤 또한 그곳이 곤지의 근거지임을 뒷받침해 주는 것으로 이해되고 있다.

일본의 수도를 목표로 해서 갔던 곤지가 과연 수도에서 자못 떨어진 하비키노시 일대에 근거지를 마련했을까 하는 의문이 아주 없는 것은 아니지만, 곤지왕을 모신 신사가 이곳에 자리하고 있는 만큼 일단은 하비키노시 일대로 볼 수밖에 없다는 생각이다. 그렇다면 동성왕도 지금의 하비키노시 일대에서 태어나고, 거기서 성장했다고 보는 것이 순리가 아닌가 한다.

동성왕, 신진 귀족을 등용하다

서기 479년, 삼근왕(재위 477~479)이 갑작스럽게 죽음을 맞이하였다.

당시 삼근왕의 나이 15세. 후손을 남기기에는 이른 나이였다. 그래서 삼근왕 다음 왕으로 옹립된 인물이 동성왕이다. 사실 삼근왕이 죽은 다음 누구를 왕으로 옹립할 것인지는 진씨 세력에게 달려 있었다. 삼근왕 때 전횡을 일삼던 해구를 제거한 일등공신이 진씨였기 때문이다.

그 진씨 세력에 의해 옹립된 인물이 바로 동성왕이다. 그 당시 무령왕은 국내에 있었고, 나이도 동성왕보다 네 살 이상 많았지만, 그러한 무령왕이 배제되고 동성왕이 먼저 선택된 것은 여전히 의문이다.

졸지에 백제왕으로 옹립된 동성왕은 일본 생활을 청산하고 귀국하였다. 고국이라고는 하지만 난생 처음 방문하는 것인 만큼 기대감과 불안감이 교차하였던 듯하다. 그가 귀국할 때 북큐슈(北九州)의 군대 500명과 함께 귀국하였다는 것은 그러한 복잡한 심정을 대변해 주는 것이 아닌가 한다.

왕위에 오른 동성왕이 최초로 한 일은 '타도 해구'의 일등 공신이었던 진로(眞老)를 '병관좌평'으로 임명하는 일이었다. 진로는 해구를 제거했을 뿐만 아니라 동성왕을 왕으로 옹립하는 데에도 깊숙이 관여했을 것이다. 그런 만큼 그에 대한 보답이었다고 보아도 틀린 말은 아니다.

될성부른 나무는 떡잎부터 알아본다는 말이 있다. 어린 나이에 왕위에 올랐지만, 동성왕이 그랬다. 동성왕은 자신보다 앞서 왕위에 올랐던 문주왕이나 삼근왕이 모두 천수를 누리지 못하고 2년 만에 죽음을 맞이한 것은 왕실의 권위가 실추되고, 왕권이 미약한 결과라고 생각했다. 그래서 왕권을 강화하고, 왕실의 권위를 높이는 것이 급선무라는 생각을 가졌다. 물론 그렇다고 해서 왕위에 오르자마자 그런 일을 추진하면 귀족들의 반대를 부를 것은 불을 보듯 뻔한 일. 그래서 그런지 처음에는 말갈의 공격을 받은 한산성(漢山城) 주변의 백성들을 위문하고, 백제가 처한 국제적인 고립을 벗어나기 위해 남제(南齊)에 사신을 파견하는가 하면, 고구려의 공격에 대비하여 신라와 우호를 더욱 돈독히 하는 등 자신의 안위보다는 백성, 그리고 국가 전체를 위한 일에 관심을 보였다. 그리고는 서서히 새로운 신진 귀족들을 등용하기 시작하였다. 문주왕 때 전횡을 일삼던 해(解)씨, 그리고 삼근왕 때 국정을 좌지우지하던 진(眞)씨가 버티고 있는 한 왕실의 권위를 높이는 일도, 왕권을 강화하는 일도 요원하다는 것을 절감한 것이다. 그래서 그러한 전통적인 백제의 귀족들과 대항할 수 있는 새로운 귀족들을 등용시켰다. 사(沙)씨, 연(燕)씨, 백(苩)씨 등이 이때 새롭게 두각을 나타내는 것은 그 때문이다.

이 시기에 새롭게 등장한 신진 귀족들은 대체로 금강유역에 기반을 둔 세력으로 알려져 있다. 이로써 동성왕은 왕도 주변의 재지세력과의 관계를 원만하게 가져갔을 뿐만 아니라 해씨나 진씨와 같은 구 귀족들과 신진 귀족의 상호 견제 속에 왕권을 어느 정도 안정시킬 수 있었다. 왕위에 오른 지 8년(486)이 되던 해에 백가(苩加)를 지금의 대통령 경호실장에 해당되는 '위사좌평'으로 임명할 수 있었던 것은 동성왕이 추진한 신진 귀족 등용 정책이 성공을 거두었음을 상징적으로 보여주는 사건(?)이었다.

웅진교의 가설

백제가 웅진으로 천도한 후 백제 왕궁이 어디에 있었는지에 대해서는 오랫동안 논란거리였다. 고마나루 근처의 '정방뜰'에 있었다는 견해, 공산성 남쪽 기슭의 구(舊) 시외버스터미널 근처에 있었다는 견해, 공산성 안에 있었다는 견해 등이 그것이다. 한때 '정방뜰'이나 구 시외버스

터미널 자리가 유력한 견해처럼 비쳐지기도 하였지만, 발굴조사가 진행됨에 따라 공산성 안에 있었을 가능성이 점점 커지고 있다. 공산성을 왕성(王城)이라고 보는 이유가 여기에 있다.

이렇게 왕궁이 공산성 안에 있다 보니 자연히 공산성과 가까운 제민천 동쪽이 먼저 발전하기 시작하였다. 천도 초기에는 귀족들과 일반 백성들도 대체로 제민천 동쪽에 거주하였다. 지금의 산성동, 옥룡동, 중동, 중학동 등지가 그곳이다.

그런데, 동성왕 13년(491)에 웅천(熊川)의 물이 불어 민가 200여 채가 물에 잠기거나 떠내려가는 사태가 발생하였다. 제민천 동쪽의 좁은 공간에 많은 사람들이 밀집해서 거주한 결과였다. 처음에는 공산성에서

▎ 대통교 개축 공사 중에 나온 석재

중동 성당, 그리고 영명학교로 이어지는 능선과 그 주변의 사면에 귀족과 일반 백성들이 거주하였는데, 인구가 늘어남에 따라 자연스럽게 제민천 주변의 평지로까지 거주처가 확대되었고, 그러다보니 홍수가 났을 때 200여 채의 민가가 물에 잠기거나 떠내려가는 참사가 빚어지고 말았던 것이다.

비슷한 사건은 동성왕 재위 19년(497)에도 일어났다. 여름에 큰 비가 내려 또 다시 백성들의 집이 떠내려가거나 무너져 내렸다. 사정이 이렇다보니 동성왕으로서는 무언가 특단의 조치를 취하지 않을 수 없었다. 그래서 나온 것이 동성왕 20년(498)에 가설한 웅진교(熊津橋)다. 윤용혁 교수는 이때의 웅진교가 곧 현재의 대통교(大通橋)임을 훌륭하게 입증하였다. 처음에는 다리 이름이 웅진교였지만 성왕 때 웅진교 근처에 대통사(大通寺)가 들어섬에 따라 다리 이름도 대통교로 변해갔을 것이다.

이렇게 동성왕 때 가설한 웅진교는 제민천을 건너는 다리였을 뿐만 아니라 제민천 동쪽으로 치우쳐 있던 거주 공간을 제민천 서쪽으로까지 확대하는 결과를 가져왔다. 제민천 동쪽의 과밀 인구를 그 서쪽으로 분산시키기 위한 조치가 곧 웅진교 가설이었던 셈이다.

임류각의 건립

백제가 공주에 도읍하던 시기에 왕궁이 공산성 안에 있었다는 것은 비교적 손쉽게 인정되지만, 구체적으로 공산성 안의 어디냐고 묻는다면 쉽게 대답할 수 없는 것이 사실이다. 여기다 하고 단정할 만한 결정적인 단서가 아직 발견되지 않고 있기 때문이다. 그러한 곤란한 상황을 예상했는지 동성왕이 그 해답의 일부를 보여주고 있다. 동성왕 때 건립

▌공산성 내 백제 임류각지

했다는 임류각(臨流閣)이 그것이다.

『삼국사기』에 의하면 동성왕은 재위 22년(500)이 되던 해에 임류각을 왕궁 동쪽에 세웠다고 한다. 다시 말해서 임류각의 서쪽에 왕궁이 자리하고 있었다는 뜻이 된다. 종래에 임류각의 위치를 주목한 것도 그 때문이다. 임류각 자체보다도 왕궁의 위치를 확인할 수 있는 방편으로 임류각을 주목했던 것이다.

당연한 이야기지만 공산성 안에서 임류각터가 발견되었다. 공산성 안에 있는 광복루(光復樓)에서 서쪽으로 약 150m 정도 떨어진 서향 사면에 자리하고 있는 건물지가 그곳이다. 이 건물지는 정사각형 형태로 되어 있어 일단 일반 건물지와는 다른 형태를 하고 있다. 초석이 빼곡히 자리하고 있어 1층은 사용할 수가 없고, 2층을 사용할 수밖에 없는 누각 형태의 구조라는 점도 눈에 띈다. 더구나 이곳에서 임류각을 뜻하는 '류(流)'자가 새겨진 기와가 출토되기도 하였다. 이로써 이 건물지를 임류각터로 판단하게 되었다.

'류'자가 새겨진 기와는 이곳 이외에도 몇 군데에서 더 출토되어 이곳이 반드시 동성왕이 건립한 임류각인가 하는 이의 제기가 없는 것은 아니지만 지금까지 '류'자명 기와는 공산성 안에서만 나온 것이 사실이다. 더구나 공산성의 남문에서 북문을 연결하는 골짜기의 동쪽 산봉(山峰)에서만 나왔다. 그런 점에서 그 서쪽 산봉 어딘가에 왕궁이 있었을 가능성은 한층 높아졌다. 쌍수정 앞에 있는 넓은 건물지를 왕궁지로 추정한 것은 다 이러한 이유 때문이다.

알 수 없는 동성왕의 죽음

동성왕은 23년간 재위하였다. 그에 앞서 왕위에 올랐던 문주왕과 삼근왕이 3년, 실제로는 2년 정도의 극히 짧은 기간 동안 재위하였던 것과 비교해 본다면 대단히 긴 기간이었다고 볼 수 있다. 그 만큼 정치적으로 안정기를 이루었다는 뜻이 될 것이다.

그렇지만 동성왕 또한 앞서의 두 왕처럼 천수를 누리지는 못하였다. 서기 501년 11월, 사비의 서쪽 벌판에서 사냥을 하다 큰 눈을 만나 마포촌(馬浦村)에서 묵게 되었는데, 이 소식을 들은 백가(苩加)가 사람을 시켜 왕을 시해하였기 때문이다.

사실 백가는 동성왕이 왕위에 오른 후에 새롭게 등용한 신진 세력의 대표 주자였다. 당시 백가는 동성왕을 밀착 경호하는 '위사좌평'의 지위에 있었다. 동성왕이 백가를 얼마나 신임했었는지를 짐작케 하는 대

█ 백가가 쌓은 가림성으로 추정되는 부여 성흥산성 동문지

목이다.

그런데 무슨 이유 때문인지 동성왕 말년에는 둘 사이의 틈이 벌어졌다. 그래서 동성왕은 시해되기 석달 전에 지금의 부여 임천지역에 가림성(加林城)을 쌓고는 백가로 하여금 그곳을 지키게 하였다. 신진 세력이 비대해지자 이를 견제하기 위해 가림성주로 발령을 냈다는 것이 노중국 교수의 진단이다.

처음에 백가는 가림성을 지키라는 동성왕의 명을 거절하였다. 14년 동안 동성왕을 가까이에서 보좌해온 만큼 갑자기 가림성을 지키라는 명령을 납득할 수 없었을 것이다. 다만 아무 이유 없이 왕의 명령을 거절할 수 없었던 만큼 병을 핑계로 가지 않으려 하였다. 그러나 동성왕의 의지도 확고한 것이어서 이를 허락하지 않았다. 자연히 강압에 못이겨 가기는 갔지만 동성왕에 대해 앙심을 품고 있었던 것은 당연하다. 그래서 『삼국사기』에는 백가가 단독으로 동성왕을 시해한 것처럼 설명되어 있다.

그런데 문제는 그러한 백가가 왕을 시해하고도 아무런 조치를 취하지 않았다는 것이다. 왕을 시해하였으면 곧바로 왕도로 가서 후속 조치를 취하는 것이 상식인데, 백가는 아무런 조치도 취하지 않았을 뿐만 아니라 계속해서 가림성에 머물러 있었다. 왕을 시해한 사람치고는 너무나 태평한 모습이다. 백가가 동성왕을 시해했다는 『삼국사기』 기록이 어색하게 느껴질 정도다.

실제로 『일본서기』에는 백가가 아닌 국인(國人)들이 포학 무도한 동성왕을 제거한 것으로 나와 있다. 동성왕이 자객의 칼에 찔린 것이 11월이고, 실제로 사망한 것은 12월인 것을 보면 이러한 『일본서기』의 기록이 사실에 더 가까운 것이 아닌가 한다. 동성왕이 시해된 다음에도 백가가 태평하게 행동한 것은 그 자신이 범인이 아니었기 때문이 아니었을까.

제 2의 동성왕, 제 2의 웅진교

왕위 계승 순위에서 한참을 벗어나 있던 동성왕이 백제의 왕위에 오르게 되었으니, 어찌보면 '출세'한 사람이라 할 수 있다. 일본에서 태어나, 일본에서 성장하다, 아무런 연고도 없던 공주 땅에 혈혈단신으로 건너와 왕이 되었던 인물이 동성왕이다. 총명한 두뇌와 담대한 결정력으로 실추된 왕실의 권위를 회복하고, 왕권을 강화하는데 성공하였지만, 이른바 '출세'한 인물이라는 것이 누구나 그렇듯이 이루어 놓은 업적이 크면 클수록 현실의 장벽은 더욱 냉엄해 지기 마련이었다. 스스로 왕위에 '오른' 것이 아니라 '옹립'되었던 만큼 왕권이 강화되면 될수록 그를 추대한 귀족들과의 사이는 멀어질 수밖에 없었던 것이다. 그것이 엄연한 '현실'이었다. 그가 마침내 백가, 혹은 이른바 나라사람(國人)에 의해 비극적으로 생을 마감한 것은 어쩌면 왕위에 오른 순간부터 결정되어 있었던 수순이었는지도 모른다. 애초부터 동성왕과 백제 귀족들과는 빛과 그림자의 관계였던 것이다.

동성왕의 삶은 해피 엔딩이 되지 못했지만, 공주사람으로서 그를 기억해야 하는 것은 그가 공주에 웅진교를 가설한 인물이기 때문이다. 웅진교를 가설함으로써 당시 최대의 현안이었던 홍수의 피해를 방지하는 효과를 거두었고, 빈터로 남아 있던 제민천 서쪽을 활기가 넘치는 새로운 터전으로 바꾸어 놓았다. 그렇지만 아직 공주에는 더 많은 웅진교가 필요하다는 생각이다. 시민 한사람 한사람의 마음을 연결해 주는 웅진교, 공주의 강남북을 연결해주는 웅진교, 더 나아가 중국이나 일본과 연결될 웅진교를 가설할 필요가 있다. 1500년 전에 살다 간 동성왕을 잊지 못하는 것도 그 때문이다.

(서정석, 새 원고)

무령왕,

백제 '갱위강국'에의 꿈

'2018 관광도시 공주' 프로그램의 하나로 '공주를 빛낸 인물'을 선정하는 작업을 진행하고 있다. 요즘 활동 중인 인물 가운데서 고르는 일이다. 그런데 요즘이 아니고 만일 2천년 이래 공주 역사에서 공주를 대표하는 인물 한 사람을 선정한다고 하면, 과연 누가 뽑히게 될까? 아마 단연 '무령왕'일 것이다. 지금으로부터 꼭 1500년 전 공주에서 왕위에 있었던 백제 제25대 임금, 무령왕.

▌ 무령왕 표준 영정(김영화 그림)

공주를 '백제 왕도'가 되게 한 인물

공주는 서울, 부여와 함께 백제의 3왕도, 세 도시 가운데 하나이다. 서기 475년부터 538년까지 64년간의 왕도이다. 그러나 '왕도'로서의 공주의 존재감이란 사실 대단히 미미하였다. 678년 백제 역사 가운데 공주 64년의 길이는 9.4%, 10% 미만의 기간에 불과하기 때문이다. 그나마 천도 이후의 불안한 정정(政情)이 오래 지속되었고, 정치가 안정되자 바로 부여로 도읍을 옮겨가고 말았다. 그래서 공주는 백제 왕도라고는 하지만 마치 전란기의 '임시 수도' 같은 느낌의, 미미한 존재감의 왕도였던 것이 사실이다. 몇 장 주식은 가지고 있지만 지분이 전혀 없는 주주, 국회의원이기는 하지만 최소한의 교섭단체에 조차 포함되지 않은 무소속 의원 같은 그런 느낌의 도시, 그것이 백제 공주였던 것이다.

공주 사람들이 잘 모르는 사실이 한 가지 있다. 불과 5, 60년 전까지도 공주에서 백제 유적의 발굴이라 할 만한 발굴 작업이 거의 이루어진 적이 없었다는 사실이다. 50년 전까지 공주는 그냥 무늬만 백제였을 따름이다. 식민지시대 가루베 지온이라는 비전문가가 공주의 백제 유적을 공공연히 뒤적거리며 다닐 수 있었던 것도 공주가 '백제'의 범주에서 벗어나 있는 곳이었기 때문에 가능한 일이었다.

바로 이같은 공주의 위상을 하루아침에 180도 반전시킨 것이 1971년 무령왕릉의 발굴이다. 이후 공주는 일약 백제역사의 가장 중요한 핵심 공간으로 자리 잡게 되었다. 무령왕릉이 백제사에서 차지하게 된 절대적, 압도적 비중 때문이다. 그러한 의미에서 무령왕은, 공주를 비로소 '백제 왕도'가 되게 한 인물이라 할 수 있다.

무령왕, 일본에서 태어났나?

무령왕의 생애는 왕릉 이상으로 많은 논란거리를 가지고 있다. 그중의 하나가 무령왕이 백제가 아닌 일본 땅에서 태어났다는 이야기이다. 결론부터 말하면 그것은 사실이기도 하고, 사실이 아니기도 하다.

『일본서기』의 기록에 의하면 무령왕은 461년 6월 1일 일본 북큐슈의 섬, 가카라시마(各羅島)에서 태어났다. 일본에 사신으로 파견된 부모, 곤지 부부의 사행 도중에 왕이 출산이 되었다는 것이다. 이 기록을 신빙하면 무령왕은 일본의 섬 가카라시마(各羅島)에서 태어난 것이 분명하다. 그러나 여기에는 한 가지 단서가 있다. 무령왕은 태어나자마자 곧

▌ 가라츠시 가카라시마에 세워진 무령왕 기념비(2006년, 김정헌 · 윤여관 설계)

백제, 한성으로 되돌려 보내졌다는 것이다. 이를 기준으로 보면 무령왕이 일본의 섬에서 태어난 것은 사실이지만, 그렇다고 그를 '일본 출생의 인물'이라고 보기는 어렵다. 공주 사는 사람이 대전에 있는 산부인과에 가서 출산을 하였다고 하여, 그 아이를 대전 출생이라고 말하기 어려운 것과 같은 이야기이다.

무령왕이 태어났다고 하는 가카라시마는 현재 일본 사가현 가라츠시 소재의 가카라시마(加唐島)라는 섬이다. 무령왕이 왕위에 오른 후, 가카라시마 부근을 지나는 백제 사람들은 이 섬을 가리켜 '니리무세마(主島)'라고 불렀다고 한다. '니리무세마'는 백제 말인데, '임금님의 섬'이란 뜻이다. 이 섬은 백제와 일본의 해로상에 위치한 항해상의 표지 섬이다. 백제에서 일본으로 갈 때 쓰시마와 잇키섬을 지나면 눈에 들어오는 것이 이 섬이다. 이 섬은 말하자면 배가 규슈에 거의 근접하고 있다는 표지가 되는 섬인 것이다.

무령왕이 태어났다는 6월 1일은 양력으로는 6월 24일에 해당한다. 조금 이르기는 하지만 경우에 따라서는 태풍을 만날 수도 있는 시기이다. 무령왕의 가카라시마 출산은 태풍으로 인한 비상 상황에서 이루어진 일이었는지도 모른다. 현재는 거주 인구 1백 명도 안되는 가카라시마 섬의 해변에 백제의 임금이 태어난 장소라는 동굴과, 갓난아이를 씻겼다는 전설을 가진 작은 샘이 있다.

무령왕, 누구의 아들인가?

출생 문제와 관련하여 무령왕의 아버지가 누구인가에 대해서도 논란이 많다. 곤지라고 하기도 하고, 한성시대 마지막 임금인 개로왕이라고

하기도 한다.

곤지는 개로왕의 동생이고 당대에 이미 정치적 영향력이 매우 컸던 인물이다. 운이 닿았으면 왕이 되었을 수도 있는 인물이다. 『일본서기』에 의하면 곤지는 461년 개로왕의 명을 받고 일본에 파견된다. 파견의 목적은 다소 불분명하지만, 기본적으로는 사신으로서의 역할을 수행하는 것이었다. 백제는 광개토왕 이후 고구려의 군사적 압박에 위기감이 점차 고조되고 있던 참이었다. 곤지는 일본에 거주하면서 왜 왕실과의 외교적 통로로서 아마도 백제와 왜 조정의 관계를 조율하는 일, 그리고 현지에 거주하는 다수의 백제 사람들을 관리하는 역할을 담당한 것으로 보인다. 461년 곤지가 일본에 파견될 때, 그는 개로왕의 여자를 아내로 데리고 갔는데 거기에서 무령왕이 태어난 것으로 되어 있다.

『일본서기』에는 무령왕의 출생에 대해 두 가지 다른 자료를 게재하고 있는데 곤지의 아들이라는 것과 함께, 또 하나의 자료에는 무령왕이 '사실은' 개로왕의 아들이라고 밝히고 있다. 곤지가 아내로 데려간 여인이 이미 개로왕의 씨를 임신한 상태였고, 따라서 아이를 낳으면 곧 자기에게 돌려보내라는 개로왕의 부탁에 의하여 무령왕이 태어나자마자 곧 백제로 돌려보내졌다는 것이다. 두 자료는 무령왕의 출자에 대하여 서로 상충하는 내용을 담고 있는 것이다.

자료가 상충하고 있기 때문에, 이에 대한 연구자의 의견도 엇갈리고 있다. 개로왕의 씨를 가진 여성을 곤지가 아내로 데리고 간다는 것은 상식적이지 않다는 것이, 무령왕을 곤지의 아들이라고 하는 사람들의 생각이다. '개로왕의 아들'이라는 이야기는 무령왕 즉위 이후 왕계의 정통성을 강조하기 위한 의도에서 조작된 이야기라는 것이다.

그런데 중요한 것은, 『일본서기』의 편찬자들도 바로 이 기록의 충돌을 이미 고민하였다는 사실이다. 그리고 적어도 8세기 초 『일본서기』의 편찬자들은, 이 문제에 대해 무령왕이 개로왕의 아들이라는 쪽에 손을 들어주었다. 곤지의 아들로 되어 있지만, '사실은 개로왕의 아들'이라는 것이 그것이다.

왕릉 지석이 말하는 것

1971년 발견된 무령왕의 지석은 몇 가지 중요한 사실을 우리에게 알려준다. 우선 '무령왕'이란 이름 자체가 후대에 붙여진 시호라는 것이다. 그래서 왕이 돌아가신 후 3년째에 제작된 이 지석에는 '무령왕'이 아닌, '사마왕'이라는 이름으로 기록되어 있다. 사마는 원래 왕의 이름이다. '부여 사마'인 것이다. 이와 관련하여 앞서의 『일본서기』에는 왕이 섬에서 태어났기 때문에 '사마(斯麻)'라는 이름을 갖게 되었다고 적고 있다.

또 하나 중요한 사실은 무령왕이 태어난 해를 확인하게 된 것이 이 무령왕 지석에 의하여 가능해졌다는 점이다. 물론 지석에는 왕의 출생 연도가 적혀 있지는 않다. 그러나 여기에 왕이 '62세'에 돌아가셨다고 되어 있다. 이에 의하여 계산하면 왕은 462년 출생이 되고, 나이 40이 되어서야 비로소 왕위에 올랐다는 것도 알 수 있다.

『삼국사기』에는 무령왕을 앞의 동성왕의 아들이라고 하였다. 그런데 『일본서기』의 동성왕 즉위에 대한 기록에는 동성왕이 왕위에 오를 때 '어린나이(幼年)'였다고 하였다. 무령왕이 40 나이에 왕위에 오른 사실이 지석에 의하여 확인되었기 때문에, 이에 의하여 25대 무령왕이 24대 동성왕의 아들이라는 기록은 입지를 잃었다. 대신 무령왕이 동성왕의

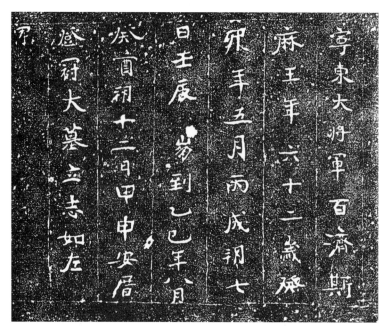

▌ 무령왕의 지석(왕릉의 출토유물 가운데 단연 가장 귀중한 자료이다)

배다른 형(異腹兄)이라는 다른 출전의 기록이 힘을 얻게 되었다.

　왕릉 지석에 의하여 확인되는 무령왕의 출생 462년은 『일본서기』 무령왕 출생 기록 461년과 거의 일치 한다. 무령왕 출생 관련의 기록이 상당히 사실적 내용을 담고 있다는 사실이 확인된 것이다. 그것이 가능한 것은 무령왕 관련 기록이 8세기 초에 기록된 것이 아니고, 백제인들에 의하여 기왕에 만들어진 자료에서 인용한 것이기 때문이다. 『일본서기』에 실려 전하기는 하지만, 그 자료 자체는 백제의 역사서에 실려 있던 것이었다는 점에서 기록의 신빙성이 매우 높은 자료임을 무령왕 지석이 입증한 것이다.

무령왕, 백제 제25대 임금

왕위는 기본적으로는 세습이었기 때문에 왕이 되는 것은 대개는 젊은 나이, 그리고 종종 아주 어린 나이에도 왕위에 오른다. 40 나이에 왕이 된다는 것은 그 자체가 이미 특별한 경우이다. 동생인 동성왕이 먼저 왕이 되었다는 것은 무령왕에게 있어서 왕이 될 기회는 이미 박탈되었다는 것을 의미한다. 그러한 의미에서 무령왕이 왕이 된 것은 백제의 '천운(天運)'이었다. 조선시대 세종이 왕위에 오른 것 이상의 천운이었다.

무령왕에게 기회가 온 것은 동성왕의 실패 때문이었다. 동성왕은 23년간 재위하면서 비로소 웅진시대 왕정을 안정시키고 공산성을 정비하고 도성으로서의 웅진을 자리 잡게 하는데 큰 공헌이 있었다. 그럼에도 불구하고 왕정의 말년에는 '폭정'으로 비난받을 만큼 심한 민심의 이반이 있었다. 심지어 왕을 뒷받침해야 할 중신들과도 소통이 단절되어 있었다. 서기 500년 연말의 한 겨울, 서천 방면의 사냥터에서 동성왕은 칼을 맞았고 얼마 후 사망하였다. 1979년 밤 궁정동에서 일어난 사건처럼, 이때 김재규의 역할을 담당한 것은 왕의 최측근이라 할 위사좌평을 역임한 '백가'라는 인물이었다.

동성왕의 이 갑작스러운 죽음으로 왕위에 오른 것이 무령왕이다. 말하자면 쿠데타에 의한 즉위였다. 그러나 당시 동성왕의 죽음과 무령왕의 즉위에 대해서는 '나라 사람들(國人)'이 제거하고, 세웠다고 하였다. 비약하자면 일종의 촛불과 '시민혁명'의 결과라는 뜻이다. 세습도 아니고, 정권을 탈취한 것도 아니고, '나라 사람이 세웠다'는 무령왕의 즉위는 그야말로 '천운'이었다고 하지 않을 수 없다.

어떤 이는 동생 동성왕을 제거하고 즉위한 이 쿠데타에 무령왕이 깊이 개입했을 것이라 추측하기도 한다. 그러나 정변이 무령왕에 의하여 치밀하게 기획된 정치적 작업이었을 것으로 보기는 어려운 것 같다. 정변의 주체를 '나라 사람들(國人)'이었다고 한 기록이 이를 암시 한다. 10.26과 같은 절대 위기의 시점에, 백제를 구하는 역사적 과업이 왕에게 맡겨진 것이었다.

출생 이후 즉위에 이르는 기간, 무령왕의 40년 세월에 대해서는 아무런 기록이 남겨져 있지 않다. 오로지 상상과 추측에 맡길 수밖에 없는 시간이다. 무령왕은 태어난 후 곤지와 함께 일본에서 생활하다 오랜 뒤에 백제에 귀국하였을 것이라는 견해가 있다. 심지어 첫 부인은 일본 황실의 여성이었을 것이라는 추측까지 있다. 그러나 출생 후 바로 백제로 돌아왔다는 기록을 신빙하게 되면, 일단은 한성(서울)에서 생활하다 475년 웅진 천도 때에 공주에 오게 되었다고 해야 한다. 열 네 살 되는 해의 일이다. 그러나 그가 줄곧 공주에 있다가 26년이 지나 왕이 되었다고 생각하기에는 이해하기 어려운 점이 너무 많다. 무엇보다 이 유력한 인물에 집중되었을 정치적 압박을 왕이 어떻게 모면하였을 것인가에 대한 의문 때문이다. 그래서 서울에서 먼 곳, 일본이나 아니면 지방 담로에서의 활동 등이 자연스레 떠오른다.

백제 '갱위강국'에의 꿈

1500년 전 공주의 무령왕은 인격적으로 훌륭하고, 인간적으로 매우 매력적인 인물이었다. 우선 큰 키의 늠름한 체격에, 수려한 외모의 소유자였다. '키가 8자에 얼굴은 그림 같았다'라는 『삼국사기』의 기록이 그것이다. 지금으로 보면 대략 190cm에 가까운 키의 '몸짱', '얼짱'의 남자였다. 인격적으로도 '인자관후'한 임금님이라는 특별한 평을 얻었다. 이 때문에 백성들이 모두 마음으로 왕을 따랐다는 것이다. 왕에 대한 인기와 국정 지지도가 80%가 넘었다는 이야기이다.

무령왕은 과단성 있고 치밀한 사고의 소유자였다. 위기의 시대에 자신이 해야 하는 일과 가야 하는 방향을 명확히 인식하고 있었다. 첫째는 내

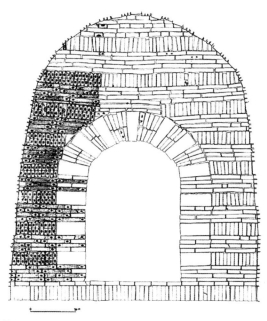

┃ 이해준이 그린 무령왕릉 실측도(현실 남벽, 1972)

정의 위기를 초래한 내부 세력을 정리하는 일이었다. 동성왕 시해의 배후 인물, 백가를 가차 없이 처단하였다. 고구려의 위협을 대비하는 일도 초미의 과제였다. 백제의 '국가 안보'에 대해서는 적극적 대응 조치를 선제적으로 취하였다. 중국과 일본, 쌍방을 확실하게 우방으로 확보하여, 신라 고구려에 대한 백제의 국제적 입지를 분명히 하였다. 일종의 '외교입국'이다. 그리고 무엇보다 일자리 창출에 많은 힘을 쏟았다. 당시 백제는 대량의 실업 사태로 많은 사람들이 일자리를 찾아 신라로 넘어 가는 일이 발생하고 있었다. 오랜 국정 혼란의 여파였다. 실업 문제를 해결하는 일은 농토를 늘려 많은 사람이 농사를 짓게 하는 일이었다. 바닷물이 들어오는 곳에 둑을 막고 저수지를 만들어 새로운 농지를

크게 늘렸다. 김제 벽골제의 증축과 간척은 이때 무령왕에 의하여 추진된 백제식 '뉴딜정책'이었다.

　서기 521년 백제의 사신이 중국 양나라 서울 남경 땅에 도착하였다. 사신의 손에는 무령왕이 양 무제에게 보내는 국서가 쥐여져 있었다. 백제의 그 국서에는 이렇게 쓰여 있었다. "여러 번 고구려를 격파하여, 다시 강국이 되었습니다(累破高句麗 更爲强國)." 한때는 고구려의 평양성을 쳐서 고국원왕을 죽이고, 신라와 가야를 압박하며 한반도 최강국, 선진의 나라로 이름을 떨쳤던 것이 백제였다. 그러나 475년을 경계로 그 백제는 풍지박산, 도산 직전의 나라가 되어 버렸다. 이제 그로부터 꼭 46년 만에 백제의 회복, '갱위강국'을 세계에 공개적으로 천명하고 있는 것이다. 이 갱위강국의 선언이야말로 백제 중흥의 선언이었으며, 538년 사비 천도의 첫 단추였다. 백제 '갱위강국'의 그 꿈은 무령왕이 일찍부터 꾸어왔던 꿈이었다. 그리고 이 꿈이 즉위 이후 20여 년 만에 이루어진 것이다. 분명한 목표와 비젼이 있었기 때문에 이것은 가능한 일이었다.

준비되어야 할 2021년

　부여 사마, 백제 무령왕은 523년 5월 7일(양력 6월 6일) 세상을 떴다. 그리고 2년 뒤인 525년 8월 12일(음) 왕릉에 모셔졌다. 이어서 526년 11월에는 왕비가 세상을 떴다. 한편 백제 불교의 원점(原點)이라 할 공주 시내의 대통사는 527년에 완공되었다. 왕이 돌아가신 지 4년, 왕릉에 모신 2년 뒤의 일이다.

　사람들은 대통사의 창건이 양 무제를 위하여 지은 것이라고도 하고, 성왕이 아들의 출생을 축하하는 뜻에서 지은 절이라고도 한다. 그러나 나는 대통사가 돌아가신 선친, 무령왕을 위하여 지은 절이 아니었을까 생각한다. 무령왕이 험난한 반전(反轉)의 세월을 살며 갱위강국에의 꿈을 향해 나갈 때 그를 지탱한 것은 종교적 신앙이었던 것 같다. 그래서 성왕은 돌아가신 아버지 무령왕의 능에 연꽃을 가득 장식하여 연화세계를 만들어 드렸다. 대통사의 창건도 말하자면 이러한 불교적 효심과 보은이 그 계기가 되지 않았을까.

무령왕으로부터 1500년이 지난 오늘, 공주는 또 다른 백제의 꿈을 가지고 있다. 백제 컨텐츠를 활용하여 백제의 영화(榮華)를 다시 보여주는 일이다. 백제의 문화와 정신을 새롭게 부활시키는 일이다. 그것은 바로 무령왕이 꾸었던 '갱위강국'의 백제 꿈과 같은 것이다. 공주의 무령왕국제네트워크협의회(회장 정영일)의 여러 활동은 그 무령왕의 꿈을 기억하려는 시민들의 작은 움직임이다. 무령왕 기념비의 건립, 가카라시마 무령왕 탄생제 참석과 백제문화제 교환 방문, '무령왕 별'의 등재와 별 축제, '무령왕 연꽃' 심기 등, 무령왕의 일을 17년째 지속하고 있다.

다가오는 2021년은 무령왕릉 '발굴 50주년'이 되는 해인데, 마침 무령왕의 갱위강국 선언 1500년이 되는 해이기도 하다. 아들 성왕이 대통사를 짓던 마음으로, 2021년은 지금부터 준비 되어야 한다. 2010년에 개최하였던 세계대백제전의 큰잔치가 2021년에 공주를 중심으로 치러져야 하는 이유이기도 하다. 무령왕 즉위 1500년을 그냥 흘려보냈던 우리의 무심함을 다시 되풀이하지는 않아야 할 것이다.

(윤용혁, 제19호, 2017.9)

부여 명농,
아들 위해 목숨을 버린 임금

2014년 4월 16일은 너무 슬픈 날이었다. 어떻게 그런 일이 있을 수 있었는지 아무도 납득하지 못하는 가운데, 우리 모두가 죄인이라는 자각을 갖게 한 슬픈 날이었다. 그 슬픔은 여름이 시작되는 지금도 누그러지지 않고 있는데, 세월이 지나도 '세월'의 이 아픈 기억은 결코 잊혀지지 않을 것 같다. 티비의 한 앵커는 이렇게 멘트를 하였다. "남편을 먼저 여읜 아내를 '미망인'이라 하고, 아내를 먼저 보낸 남자를 '홀아비'라고 합니다. 그러나 자식을 먼저 보낸 부모를 지칭하는 표현은 우리에게 없습니다."

진도 팽목항에 모인 부모들, 그들도 만일 할 수 있다면, 자식을 대신할 수 있기를 아마 간절히 염원했을 것이다. 1천 5백 년 전이나 지금이나, 그것이 부모의 자식에 대한 진정한 마음이 아닐까. 시정(市町)의 범인이나 뛰어난 불세출의 영웅이나를 막론하고, 이점에 있어서는 차이가 없지 않을까.

'성왕', '명왕'이라 불린 임금

"지혜와 식견이 뛰어나고 일에 결단성이 있었다. 나라사람들이 '성왕 (聖王)'이라 일컬었다." 이것이 '백제 중흥'의 대업을 이룬 군주, 성왕에 대한 『삼국사기』의 언급이다. 짧지만, 성왕의 인물됨과 백제 역사에서 차지하는 그의 비중을 짧은 한마디로 정리한 것이다.

우리나라 역사에서 왕위에 오른 인물의 총수는 거의 2백 명에 이른다. 그 왕들 가운데 국민들로부터 지금 가장 널리 존경받는 임금은 아마 세종 임금일 듯 싶다. 얼마나 많은 존경을 받으면, 행복도시의 이름을 '세종'이라 하였겠는가. 그러나 당대에 백성들로부터 가장 존경받던 인물을 꼽으라면, 백제의 성왕이 꼽히지 않을까 한다. 오죽하면 왕의 시호를 '성왕'이라 했겠는가. '성왕'은 사후 추증한 시호이기도 하지만, 재위시 백성들로부터 받은 칭송에서 기원한 것이라고 한다. 일본의 기록은 성왕을 '성명왕(聖明王)', 혹은 '명왕(明王)'이라 하고 있다. '부여 명농'은 바로 이 성왕의 이름인 것이다.

무령왕의 아들 성왕은 서기 523년부터 554년까지 32년을 재위한 제26대

■ 백제 성왕의 상(조용진 작)

백제 임금이다. 혹자는 성왕을 '부여의 인물'로 생각할 것이다. 공주에서는 성왕의 이름을 거의 입에 올리지 않기 때문이다. 그러나 재위 30년의 절반은 공주에서, 그리고 후반 15년을 부여에서 왕위에 있었던 인물이 성왕이다. 즉위하기 이전 성왕은 공주에서 태어나 공주에서 살았을 것이기 때문에, 부여보다 훨씬 많은 인연을 공주와 가진 인물이 성왕이다.

554년 사망한 성왕의 출생 연도는 미상이다. 큰 아들 창(위덕왕)이 즉위 전인 553년에 29세였다는 『일본서기』(흠명기)의 기록에 근거할 경우, 성왕이 큰 아들을 낳은 시점은 525년(성왕 3)경이 된다. 만일 이때 성왕의 나이가 24세였다고 가정한다면, 성왕이 태어난 것은 무령왕 즉위 이듬해인 502년의 일이었다는 계산이 나온다. 불확실한 가설의 연장이기는 하지만, 502년을 성왕의 출생 시점으로 가정할 때 그는 22세에 왕위에 올라 53세에 생을 마감한 것이 된다. 또 502년 출생이라고 가정하면, 성왕은 무령왕이 즉위한 이듬해, 공주에 소재한 백제 왕실에서 태어나 공주에서 37년을 살았던 확실한 '공주의 인물'이 되는 셈이다.

'중흥'의 문을 열다

성왕은 백제 역사에서 부여로의 천도를 단행한 인물, 그리고 잃었던 한강 유역을 회복하고 '백제 중흥'에의 위업을 이룬 위대한 임금으로 알려져 있다. 그러나 동시에 성왕은 적국 신라와의 전투에서 포로가 되어 참살당한 비극과 치욕의 주인공이기도 하다. 한 사람의 인생에서 이처럼 '영(榮)'과 '욕(辱)'이 극단적으로 교차하는 경우도 흔하지 않을 것이다.

538년, 성왕 16년 되던 해 봄, 왕은 공주에서 부여로의 천도를 단행하였다. 이는 진작부터 논의되고 준비되어 온 사업이기도 하였다. 475년의 위기 상황에서 천도지가 되었던 공주는, 백제가 다시 국력을 회복하게 된 시점에서는 도리어 새로운 발전의 한계점으로 작용하였다. 성왕은 부여로의 천도와 함께, 백제의 국호를 '남부여'라 칭하였다. 중국 동북 지역에 소재한 부여국은 원래 고구려와 백제 두 왕실의 선조에 해당하는 나라였다. 이제는 멸망한 '부여'의 이름을 국호로서 다시 표방함으로써, 백제는 새로운 단계의 발전, 부여의 정통성을 계승한 백제 중흥을 만방에 선포한 것이다.

16년 공주 재위 기간 동안 성왕이 공주에서 한 일의 하나는 부왕인 무령왕과 왕비를 지금의 왕릉에 안장하는 일이었다. 525년에 왕릉에 무령왕을 모시고, 1년 뒤인 526년 무령왕비가 세상을 뜨자, 529년에 무령왕비를 왕릉에 합장하였다. 이것이 지금의 무령왕릉이다. 무령왕릉에서 나온 4천 6백 점에 달하는 많은 유물들은 아들 성왕이 넣은 것이라 할 수 있는 것이다.

무령왕릉 이외에 성왕이 공주에 재위하는 동안 공주에 남긴 커다란 사업이 또 하나 있다. 대통사의 창건이다. 대통사는 알려진 최초의 백제 가람이라는 점에서 중요한 의미가 있다. 부여 정림사의 기원에 해당하는 것이다. 그 절의 정확한 위치는 아직 논란이 있지만, 공주대 부고 앞의 반죽동 거리 어디쯤일 것이라는 것이 대부분 학자들의 일반적 견해이다. 그 유적이 확인된다면, 공주에서는 무령왕릉 이후 가장 의미 있는 발굴의 하나가 될 것이다.

성왕은 무령왕을 이어 백제의 불교를 크게 발전시킨 인물이다. 526년 겸익이라는 스님을 인도에 파견하여 불경을 구하였고, 527년 대통사의 창건, 그리고 538년에는 백제 불교를 일본에 전수하여 이후 일본의 불교 문화 정착에 커다란 계기를 조성하였다. 공주 대통사의 창건이, 바로 이러한 큰 맥락에서 이루어진 것이라는 점에 주목할 필요가 있다. '대통사(大通寺)'라는 절 이름은 당시 교류가 깊었던 양나라 무제(武帝)의 연호에서 온 것이라는 견해와, 불교의 '대통' 신앙에서 기원한 것이라는 등의 논란이 있다. 서기 527년 대통사의 창건은 부여 천도 10여 년 전에 해당한다. 마침 이 시기는 성왕에 있어서, 태자에 해당하는 부여 창(扶餘昌)이 태어나 세 살쯤 되는 해이기도 하다.

부여 천도 이후, 551년 성왕은 고구려에게 탈취되었던 한강 유역의 옛 땅을 되찾는 데 성공한다. 실로 76년 만의 설욕이었다. 그러나 기쁨도 잠시, 성공은 실패의 또 다른 시작이었다. 한강유역의 전략적 의미에 착안한 신라가 이곳을 점거해버리고 말았기 때문이다. 553년의 일이다. 고구려에 대항하기 위하여 힘을 합쳤던 신라가, 이제 백제의 새로운 적국으로 떠올랐다. 결코 용서할 수 없는 배신이었다. 힘과 이해(利害)의 논리가 교차하는 국가 간의 관계에서는, 영원한 동지가 있을 수 없다는 사실을 입증하는 것이었다.

자식을 위하여 목숨을 던진 부정(父情)

554년 7월 성왕은 신라를 치기 위하여 국경 지역으로 출전하였다. 그러나 그것이 바로 성왕의 최후가 되고 말았다. 군사 5천을 거느리고 옥천의 구천(狗川)을 지나던 중 신라 복병의 기습을 받아 죽음을 맞게 된 것이다. 이것이 『삼국사기』의 성왕의 최후에 대한 기록이다. 그러나 『일본서기』에는 당시 사정에 대하여 훨씬 상세한 기록이 전하고 있다.

원래 신라 변경을 백제의 대군이 공격한 것은 아들 창(위덕왕)이 추진한 작전이었다. 창은 이 무렵 고구려와의 전투에서도 백제군을 지휘하여 큰 성과를 내고 있었다. 태자 창은 고구려, 신라와의 전투에서, 나름 자신감을 갖게 된 것처럼 보인다. 그러나 백제의 대신들은 창의 이번 계획이 무모하고 위험하다는 점을 지적하면서 출전을 적극 만류하였다고 한다. 창은 장차 왕위를 이을 계승자로서, 신라에 대한 공격적 모험을 감행함으로써 보다 확실한 자리매김을 하고 싶었는지도 모른다. 이상(理想)이 높은 사람들은 종종 엄중한 현실을 간과하는 경향이 있는 법이다. 당시 출전한 백제군의 규모는 3만이 넘는 대군이었고, 가야로부터도 원정군이 합세하였다. 그리고 전투는 용호상박의 치열한 국면이었다.

▌ 백제 기마군단의 모습(2010 세계대백제전)

아들 창의 출정은 성왕에게도 근심거리가 되었다. 출정 자체가 애초부터 무리한 점이 있었던 것 같다. 부여에서 전투 결과를 보고만 받기에는 조바심이 났던 듯, 걱정 끝에 성왕은 관산성(옥천)에 있는 아들 창을 지원하기 위하여 직접 전투의 현장을 향하였다. 호랑이 굴로 들어간 것이었다. 성왕의 출현 정보를 접한 신라는 이 기회를 놓치지 않고, 대군을 동원하여 백제군을 치열하게 공략하였다. 그리고 적진을 통과하던 성왕은 그만 신라군에 포로가 되고 말았다. 아들 창은 겨우 몸을 빠져 나와, 가까스로 목숨만은 건질 수 있었다. 그러나 백제군은 이때 "좌평 4명, 병 29,600명이 살해되고, 돌아간 말이 한 필도 없었다"고 한다. 백제군의 참담한 패배였다. 생각하면 성왕은, 아들을 구하기 위하여 죽음을 무릅쓰고 불 속에 뛰어들었던 셈이다.

▌부여 능사 출토 금동대향로(국립부여박물관)
(성왕의 제사를 위해 만들어진 향로이다)

신라는 포로로 잡은 성왕을 붙들어, 일부러 치욕스런 죽음을 맛보게 하였다. '고도'라는 이름의 종에게 왕을 참수토록 한 것이다. 성왕은 "왕의 머리를 종에 맡길 수는 없다"고 버티었지만, 이미 치욕을 피할 수 없다는 것을 알고, 차고 있던 칼을 풀어서 자신의 목을 베도록 하였다고 한다. 성왕의 시신은 백제에 보내졌지만, 목 벤 두골은 따로 수습하여 경주 북청(北廳)의 계단에 묻어 사람들이 밟고 다니도록 하였다는 것이다. 그 야만스러움과 치사함이란 상상하기 어려울 정도이다. 이때 신라의 왕은 진흥왕이었다.

1993년 부여에서는 공주의 무령왕릉 발굴 이후 최대의 성과라는 발굴이 이루어졌다. 나성과 능산리 왕릉 사이의 백제 절터에서 금동대향로가 출토된 것이다. 그런데 이 절터의 탑자리에서는 또 하나의 중요한 자료가 빛을 보았다. "백제 창왕 13년 정해년에 누이동생이 공양한 사리"라는 글이 적힌 돌로 만든 사리감이다. 이에 의하여 이 절이 567년에 조성된 것이며, 능산리 왕릉에 안장한 성왕의 추복(追福)을 위한 목적에서 만들어진 것이라는 것을 알게 되었다. 이후 이름을 알 수 없는 이 절은, '능사(陵寺)'라는 이름으로 불리게 되었다. 사리감이 안치되었던 능사의 그 탑을 복원하여 세운 것이 바로 부여 백제문화단지의 5층탑이다. 마침 이 5층탑은 일본 호류지(法隆寺)의 5층탑과도 매우 흡사한 모양으로 되어 있다.

하나님은 공평하신가

아스카와 나라의 중간, 이카루가(斑鳩)의 호류지(法隆寺)는 일본 최고(最古)의 목조 건축이 남아 있는 절로서 일찍 유네스코 세계유산으로 지정된 곳이다. 원래 담징의 벽화로 유명한 곳이지만, '백제관음'으로 불리는 목조 보살상으로도 널리 알려져 있다. 그런데 그 가운데 흥미 있는 이야기는 호류지(법륭사)의 몽전(夢殿)에 모셔진 '구세관음(救世觀音)'의 불상이 실은 성왕의 상이라는 기록이 전하고 있는 점이다. 15세기 초 성예

■ 능산리의 백제 왕릉(우측에서 두 번째가 2호분임)

(聖譽)라는 사람이 남긴 기록에 "위덕왕이 부왕의 모습을 연모하여 만든 존상(尊像)이 곧 구세관음상이다. 구세관음상은 성왕의 유상(遺像)을 모방 하였기 때문에 흩어진 머리와 그 위에 관을 쓴 형상을 하고 있다"라고 하였다. '구세관음상은 성왕의 상'이라는 점을 명시한 것이다. 이와는 별도로, 미술사학자 최완수는 위덕왕(창왕)이 아버지 성왕에 대한 '추선 공양(追善供養)'을 위하여 만든 것이 태안의 마애불이라는 견해를 내놓기 도 하였다.

성왕의 무덤이 능산리에 자리하고 있다는 것에 대해서는 거의 이견 이 없는 것 같다. 확정할 일은 아니지만 능산리의 왕릉 가운데서는 중 앙 아래쪽에 위치한 중하총(능산리 2호분)이 바로 성왕의 능으로 지목되고 있다. 길이 3.2m, 너비 2.0m, 높이 2.2m로서 왕릉군 가운데 가장 크고, 가장 오래된 형식에, 위치도 중앙에 자리 잡고 있기 때문이다. 이미 오래전 도굴된 것이어서 그 이상의 자료를 확인할 수 없다는 점이 유감이다. 성왕이 모셔지면서 능산리는 백제 왕들의 유택(幽宅)이 되었던 것이다.

공주가 무령왕의 나라라고 하면, 부여는 성왕의 나라이다. 공주는 무령왕 동상을 세우려고 몇 번을 시도하였지만 실현시키지 못하였다. 부여는 성왕의 동상을 시내 로타리 복판에 보란듯이 세웠다. 공주가 못하는 일을 부여는 실현한 것이다. 그러나 나는 이 성왕의 상을 지날 때마다, 송구한 마음을 금하지 못한다. 성왕에 대한 송구한 마음은 그의 비극적 죽음 때문이기도 하지만, 사실은 바로 그 동상의 '여유' 때문이다.

성왕의 죽음과 당한 치욕은 듣기만 하여도 머리카락이 곤두서는 일이다. 어떻게 그런 일이 있을 수 있을까. 아마도 성왕은 죽음에 즈음하여 분노와 수치감으로 인하여 결코 눈을 감지 못하였을 것이다. 그럼에도 불구하고 동상에서의 성왕의 모습은 평안하기 그지없다. 지폐에 그려진 세종대왕의 모습이다. 그러나 성왕이 당한 치욕을 생각한다면, 성왕의 동상을 절대 그렇게 만들 수는 없는 일이다. 적국의 노비에게 참수 당하는 그 치욕에도 불구하고, 어떻게 그렇게 인자한 얼굴로 태평스레 앉아 있을 수 있겠는가. 분기탱천(憤氣撑天), 장검을 높이 쳐들고 말에 박차를 가하며, 동쪽을 향하여 돌진하는 그런 상을 만들면 안되는 것인가? 이름이 '성왕'이니까, 안되는 것인가?

성왕은 인간적으로, 혹은 제왕으로서 그를 능가할 이가 없는 특별한 인물이었다. '천도(天道)와 지리에 통달하고' 판단력도 뛰어난 능력 있는 인물이었다. 도덕적으로 흠집이 잡혔던 인물도 아니다. "키가 여덟 척,

얼굴은 그럼처럼 아름다웠다"는 무령왕의 아들이고 보면, 외모도 수려한 인물이었음에 틀림없다. 그러나 그는 어떤 사람보다도, 가장 비극적이고 치욕적인 죽음으로 최후를 맞았다. 선한 사람이 불행을 맞고 악인이 형통하는 것을 볼 때, 우리는 하나님은 정말 공평하신 분인가 하는 의문을 갖게 된다. 성왕의 비극적 죽음, 그리고 지금, 세월에서 희생된 영혼들에 대해서도 비슷한 의문을 갖게 된다.

성왕이 목숨을 던져 건진 아들 창은 즉위하여 위덕왕이 되었다. 위덕왕에 있어서 아버지 성왕의 비극적 죽음은, 평생에 지울 수 없는 깊은 트라우마가 되었다. 『일본서기』의 기록에 의하면 아들 창은 부왕의 죽음에 대한 참담한 죄의식 때문에 왕이 되는 것을 고사하고, 세속을 초월한 스님이 되겠다는 생각을 고집하였다고 한다. 이 때문에 위덕왕의 즉위가 성왕의 죽음 2년 뒤에야 비로소 이루어진 것처럼 기록하고 있다. 그나마도 위덕왕(창왕)을 대신하여 1백 명이나 되는 사람들이 대신 스님이 되는 것으로, 왕을 가까스로 설득하였다는 것이다. 위덕왕의 즉위가 성왕의 사후 한참 뒤에 이루어졌다는 사실은, 앞에 언급한 능사의 사리감 기록에 의해서도 뒷받침되고 있다.

사왕추모제? 오왕추모제?

공주의 백제문화제는 사왕추모제로부터 시작한다. '사왕'은 잘 알다시피 공주에서 재위한 네 분의 임금이다. 문주왕, 삼근왕, 동성왕, 무령왕이다. 그런데 공주에서 태어나 공주에서 자라고 공주에서 왕위에 올라 16년이나 재위했던 성왕을, 공주 제사에서 뺀 이유는 무엇인가?

사왕추모제는 처음에는 '오왕추모제'로 지내졌다. 성왕을 포함한 것이다. 오왕 아닌 사왕추모제를 지내다 보니, 어느 사이 고향 사람들은 성왕을 기억에서 지우게 되었다. 사비천도를 주도한 성왕은 부여를 대표하는 인물이기도 하지만, 동시에 '공주의 인물'이라는 사실을 다시 인식할 필요가 있지 않을까. 공주인물로서의 성왕의 '복권'을 위하여, 앞으로 사왕추모제는 '오왕추모제'로 지내져야 한다는 것이 제60회 백제문화제에 즈음한 나의 개인적 소견이다.

그러나 그것이 어떻든 오늘은, 자식을 위하여 스스로 사지에 뛰어들지 않을 수 없었던 1천 5백 년 전, 백제 성왕의 부정(父情)을 조금은 헤아려 보고 싶다. 아직도 자녀의 시신을 찾지 못한 세월의 가족들은, 지금도 진도 바다를 떠나지 못하고 있다고 한다. 지금도 우리는 이 말 밖에 할 것이 없다. "미안합니다. 잊지 않겠습니다."

(윤용혁, 제7호, 2014.6)

제1장 백제의 임금들

곤지왕,

왕이 되지 못한 '왕'

공주에서 태어나 공주에서 성장하고, 학교와 직장을 거쳐 공주에서 종신한 '백프로' 공주 사람도 있지만, 그 밖에 서울로 진학하여 일찍 공주를 떠난 사람, 혹은 학교나 직장 근무로 몇 년이나 몇 십년 공주와의 인연을 갖게 된 사람 등, 실제로는 '여러 종류'의 공주사람이 있다. '공주의 인물'이라고 할 때, 그 범위는 과연 어디까지일까.

왕의 애인을 사랑하다

'곤지(昆支)'는 서기 477년 7월, 공주에서 세상을 뜬 인물이다. 장기간 백제를 떠나 일본에 파견되었다가 한성 함락의 위기를 맞아 공주로 귀국, 477년에 '내신좌평'의 직을 받은 인물이다. 『삼국사기』에서는 개로왕의 아들로 되어 있지만, 실제로는 개로왕과 문주왕의 동생이었던 것으로 보인다. 당시의 내신좌평이라면, 지금의 '행정안전부' 내지 '미래창조과학부'의 장관 쯤에 해당하는 것으로 보면 좋을 것이다. 문주왕은 이 때 곤지의 내신좌평 임명과 함께 큰 아들 삼근을 태자로 세우고 있

▍ 정재수가 만난 곤지왕(김영화 그림) ▍ 곤지네트워크 발간 '곤지왕을 말하다'

　다. 웅진에 새로 터를 잡은 문주가 자신의 좁은 입지를 극복하고 왕권 안정을 꾀하기 위하여 취한 조치가 바로 후계를 분명히 하는 것이었다. 일본에 있던 동생 곤지의 전격적 등용은 후계 구도의 안정성을 강화하려 했던 특단의 조치였다. 『일본서기』에서는 이 곤지를 '곤지왕'으로 칭하고 있다. 국왕에 비등할 만큼 강력한 세력 기반을 일본 사회에 구축하고 있었던 인물이라는 이야기이다.

　사실 곤지는 한성도읍기 개로왕대에 이미 백제의 유력한 정치인이었다. 458년 중국 송으로부터 '정로장군 좌현왕'에 봉해진 '여곤'이 바로 곤지였다고 추정되기 때문이다. '좌현왕'은 왕에 버금하는 정치적 영향력을 입증하는 작호였다. 그 후 곤지는 개로왕의 명으로 일본에 파견되어 가와치 아스카(河內飛鳥)에서 상당한 세력 기반을 구축하고 있었다. 475년 고구려에 쫓겨 공주로 천도한 문주는 동생인 이 곤지를 구원투수로 등판시켜 백제와 백제 왕실의 위기를 극복하고자 하였던 것이다.

곤지가 개로왕의 명을 받아 일본에 파견된 것은 461년(462)의 일이었다. 도중 현해탄 건너 가카라시마 섬에서 출산한 아이가 장성하여 무령왕이 되었다. 그의 일본행에 동행한 부인은 본래 개로왕의 여인이었다. 어떤 이는 이 여성을 개로왕의 왕비라고 말하지만, 그런 일은 아니고 아마 왕이 사랑했던 애인쯤으로 보면 좋을 것이다. 개로왕이 그녀를 "나의 임신한 여자(我之孕婦)"로 지칭하고 있기 때문이다. 왕비였다면 그렇게 불렀을 리가 없을 것이다. 그렇다 하더라도 어떻게 큰 형 쯤에 해당하는 개로왕의 여자를 자신의 부인으로 맞이할 수 있었을까. 왕의 애인을 사랑했던, 그러나 형인 왕으로부터 사랑하는 여인을 '양도' 받는다

▌ 2012년 가시와라 곤지 세미나(신용희 사진)

는 이 기이한 이야기 때문에, 어떤 이는 『일본서기』의 곤지왕 기록에 고개를 갸우뚱하기도 한다. 그러나 원래 이성적인 경계선을 들이대기 어려운 것이 남녀 관계의 본질이 아니던가.

소설가 정재수는 2001년에 소설 『곤지대왕』을 출판하였다. 곤지대왕을 집필 중이던 어느날 꿈 속에서 문득 한 귀인을 만난다. 그 후 그는 또 한 차례 다시 꿈을 꾸었는데, 꿈 속의 그 인물이 바로 곤지왕이었다. 그는 친분 있는 화가 김영화에게 부탁하여 자신의 기억을 한 장의 초상으로 남겼다. 정재수가 만난 곤지는 "얼굴이 그림처럼 아름다운 귀공자"로서, 마치 무령왕의 '미목여화(眉目如畵)'를 연상시키는 인상이었다. 김영화가 그린 그림 속 인물, 곤지의 눈에는 무어라 설명하기 어려운 우수(憂愁)가 서려 있다. 그리고 또, 무언가 사랑에 목숨을 걸 수 있을 법한 감성적 인물처럼 보이기도 한다.

실패한 구원투수?

곤지는 일본에서 오래 거주하면서 일본 조정에도 상당한 정치적 영향력을 가지고 있었다. 23대 삼근왕이 어린 나이에 사망한 이후, 일본에 있는 그의 아들 모대(동성왕)가 왕으로 세워진 것도 말하자면 곤지가 일본에 구축해 놓은 정치적 기반에 의하여 가능하였을 것이다. 오사카의 남쪽 하비키노시(羽曳野市)에 있는 아스카베 신사는 바로 곤지를 주신으로 모셨던 신사인데, 이 신사의 존재 역시 가와치아스카(河內飛鳥) 지역의 백제 세력을 대표하는 곤지의 영향력을 입증하는 것이다. 마을의 주변은 구릉이 많은 경작지로서 지금은 전형적인 농촌 지역이다. 포도가 특산이어서 포도밭이 구릉지에 넓게 펼쳐져 있고 산 중턱에는 백제식

**곤지왕을 주신으로 모셨던 하비키노시
아스카베 신사**(신용희 사진)

의 무덤 횡혈석실이 즐비
하게 분포한다. 1천 5백년
전 백제계 사람들의 무덤
인 것이다.

475년 공주로 천도한
문주왕에게 남겨져 있는
것은 높고 엄중한 '현실(現
實)의 벽'이었다. 그것을 타
개하는 것은 사실 어느 누
구에게도 쉽지 않은 일이
었다. 이러한 상황에서 해
외에 있는 실력자 곤지를
귀국시켜 정치적 안정을
확보한다는 것이 문주의
새판 짜기 구상이었다. 그
러나 결과는 실패였다. 천도 직후 문주의 구원 요청을 받아들여 귀국한
곤지가 내신좌평에 취임한 지 불과 4개월 만에 불귀의 객이 되고 말았
기 때문이다.

곤지의 죽음이 어떤 것이었는지는 밝혀져 있지 않다. 그러나 곤지
의 사망 이듬해에 문주왕마저 군사권을 장악한 권신 해구에 의해 암살
당하고 만 것은 곤지가 왜 죽음을 당했는지를 암시하고 있다. 그는 왕
권을 제약하는 권신 세력을 억누르면서 백제 개혁을 도모하였을 것이
다. 그러나 천도 초기 난맥에 빠진 백제는 이같은 이상이 실현될 수 있
을 만한 여유 있는 상황이 아니었다. 그것이 바로 그의 죽음을 불러왔

▌ 아스카베 신사 부근 관음총을 답사하는 공주 사람들(신용희 사진)

던 것이다. 이러한 의미에서 귀국한 곤지는 첫 등판에 바로 삼진 아웃을 당한, 실패한 구원투수였던 것이다. 공주로 천도했던 초기의, 엄중하고도 암울했던 정치 현실을 잘 말해주고 있다.

곤지가 공주에서 살았던 기간은 짧았다. 그러나 그 짧은 기간, 그는 공산성이며, 중학동이며, 공주의 여러 곳을 부지런히 왕래하였을 것이다. 그리고 제민천을 건너고 공산성을 오르면서 나라를 구원할 계책을 짜느라 노심초사 하였을 것이다. 곤지는 원래 서울 사람이고 오랜 외국 생활에 익숙한 인물이다. 천도 초기 모든 것이 불편한 공주에서의 생활에 적응하느라 많은 애를 먹기도 하였을 것이다.

곤지는 실패하였지만, 바로 얼마 후 479년 제24대 동성왕이 즉위하는데, 동성왕은 곤지가 일본에서 얻은 아들이었다. 그리고 다음 25대 무령왕은 곤지의 배 다른, 또 하나의 아들이었다. 그리고 이들 각각 23년을 왕위에 있었던 두 임금에 의해, 웅진시대는 견고한 터를 잡고 백제가 다시 강국이 되었음을 내외에 천명할 수 있게 되었다. 곤지가 꾸었던 큰 꿈과 포부는 바로 다음 세대, 그의 아들들에 의하여 이루어진 셈이다. 곤지는 결코 실패하지 않았던 것이다. 다만 그 꿈이 조금 더디게 이루어졌을 뿐이었다.

곤지는 어디에

곤지의 신사가 있고 백제식 횡혈무덤이 있는 오사카의 하비키노 시에서는 최근 '곤지왕 네트워크'라는 시민단체가 만들어지고 있다. 공주의 '무령왕 국제네트워크', 가라츠의 '무령왕 실행위원회'에 자극받은 결과이다. 2011년 가을에 아스카베 신사 앞 청과물 창고를 빌려 곤지왕 세미나를 개최하였다. 정재수와 함께 곤지왕에 마음을 빼앗긴 오사카 양형은 박사의 주동이었다. 마침 객원교수 신분으로 큐슈대학에 체재하고 있던 나는, 신칸센을 타고 가서 공주의 '무령왕 국제네트워크' 이야기를 운집한 참석자들과 나누게 되었다. 이 세미나가 진행되는 동안 내내 폭우가 쏟아져, 회의장으로 사용하는 청과물 창고의 함석지붕을 두드리는 소리가 장관이었다. 왕릉 발굴 때의 폭우, 무령왕 기념비 장도고사(壯途告祀), 무령왕 기념비 제막식 때의 엄청난 폭우를 방불하게 하는 것이었다.

2012년에 양형은은 하비키노의 흙을 가지고 그 곳 주민들과 함께 무령왕릉을 공식 방문하였다. 그리고 가을에는 하비키노 옆의 가시와라 시(栢原市)의 시민회관을 빌려 '곤지왕 네트워크' 주관의 학술세미나를 정

▌곤지의 무덤은 어디에 있을까? (사진은 송산리고분군 풍경, 신용희 사진)

식으로 개최하였다. '무령왕 국제네트워크 협의회'는 〈가와치 아스카와 곤지왕〉이라는 이 세미나의 공동주관 단체로 참여하였는데, 참석한 서정석 교수와 이창선 부의장 등의 전언에 의하면 6백 명 좌석의 회의장이 가득 채워진 뜨거운 열기의 세미나였다고 한다. 그리고 바로 목전의 6월 1일 가라츠 무령왕실행위원회 주관으로 가카라시마에서 열리는 제12회 무령왕탄생제에서 오사카의 '곤지네트워크'는 공주의 '무령왕 국제네트워크' 참석자들과 함께 조우하게 된다. 벌써부터 양 교수는 그 의미를 이렇게 강조하고 있다. "곤지왕과 무령왕, 두 분 부자가 1천 5백 년 만에 다시 만나는 역사적인 날이 될 것입니다." 탄생제가 열리는 6월 1일은 462년(461), 무령왕이 태어난 날인데, 혹 또 한 번의 폭우가 내리는 것은 아닌가, 나는 관망하고 있다.

비극의 주인공 곤지가 마지막 공주 땅에 남긴 것이 있다. 공주에서 생을 마감하였다는 점에서, 그의 무덤이 공주에 남겨졌을 것은 틀림없는 일이기 때문이다. 그가 가지고 있었던 정치적 경제적 영향력을 생각하면, 그의 장례 또한 호화롭게 치러졌을 것이다. 그렇다면 곤지는 지금 공주의 어느 언덕에 묻혀 있는 것일까. 백제무덤이 많이 있는 웅진동이나 금학동일까, 곤지가 무령왕의 아버지라고 하면, 혹 그의 무덤은 왕릉 부근 송산리 고분군에 함께 남겨져 있는 것은 아닐까, 아직은 알 수 없는 일이다.

비록 왕위에 오르지는 못했지만, 비록 백제 개혁과 안정의 정치적 포부를 당대에 실현하지는 못했지만, 재일(在日) 백제인들이 그에게 붙였던 칭호대로 오늘 우리도 그를 그렇게 부르고 싶다. '백제 곤지왕'이라고.

(윤용혁, 제3호, 2013.6.30)

제2장

정치의 소용돌이 속에서

향덕,

효란 무엇인가

공주는 어떤 고장인가, 그 가운데 하나는 공주가 효자를 많이 낸 도시, 효향(孝鄉)이라는 것이다. 그 공주의 효자 가운데 가장 앞 자리에 위치한 인물이 바로 향덕이다. 향덕이 효자의 가장 앞 자리를 차지하는 이유는 8세기, 가장 이른 시기의 효자라는 점 때문이다. 역사 기록상으로는 향덕은 공주에서가 아니라, 우리나라에서 가장 이른 시기의 대표 효자이기도 하다.

향덕 이후로 1천 년 이상 효는 우리나라 교육의 가장 중요한 키워드로서 중시되었지만, 시대가 바뀌어 지금 우리 시대에는 가장 인기 없는 덕목 가운데 하나가 '효'인 것 같은 느낌도 든다. 그럼에도 불구하고 받은 은혜를 기억하고, 어른을 공경하는 효의 덕목이야말로 여전히 소중한 한국의 미덕이지 않으면 안될 것이다. 그런 의미에서 1300년 전 공주의 효자 향덕의 효행은, 시대의 변화에도 불구하고 여전히 귀중한 공주의 가치임에 틀림없다.

통일신라를 대표하는 효자, 향덕

향덕은 웅천주(공주)의 '판적향(板積鄉)' 사람이다. 판적향은 지금의 공주시 소학동, 효가리 일대에 해당하는 행정단위 이름이다. 향덕의 아버지는 이름이 선(善), 자(字)가 반길(潘吉)이라고 하였다. 천성이 온순하고 착하여 평소 마을 사람들로부터 칭찬을 받았다. 아들 향덕도 역시 아버지를 닮아 사람들의 칭찬을 많이 받았다. 때는 백제가 멸망하고 난 후 100년이 지난 뒤였다.

755년(경덕왕 14) 봄 심각한 기근이 전국을 휩쓸었고 거기에 설상가상으로 전염병까지 돌기 시작하였다. 경덕왕대에 들어서면서는 유난히 흉년과 기근이 자주 농민들의 생활을 위협하고 있었다. 745년(경덕왕 4) 음력 4월에 서울에 계란 크기만한 우박이 내렸다. 그러더니 매년 가뭄이 이어졌고 겨울에는 눈조차 내리지 않았다. 백성들이 먹을 것이 없어 굶주린 것은 당연한 일이었다. 경덕왕 13년(754)에도 8월에 가뭄이 들고 황충(蝗蟲)이 일어났다. 결국 이해의 가뭄과 병충해는 이듬해(경덕왕 14년) 봄의 전국적인 기근을 몰고 왔다. 이에 대하여 『삼국사기』는 "14년 (755) 봄에 곡식이 귀하여지고 백성들이 굶주렸다"고 기록하고 있다.

이와 같이 전국적으로 기근이 만연하자 향덕은 부모 공양의 길이 막연해지게 되었다. 더군다나 거기에 역병까지 겹쳐 부모가 모두 굶주림과 질병으로 빈사 상태에 빠지고 말았다. 이에 향덕은 부모의 공양과 치유를 위하여 전력을 다하는데, 『삼국사기』에서는 이러한 향덕의 행적을 다음과 같이 기록하고 있다. "향덕이 밤낮으로 옷도 풀지 않고 정성을 다하여 위안하였으나 봉양할 수가 없었다. 이에 자기의 넓적다리 살을 베어먹이고 또 어머니의 종기처를 입으로 빨아내어 모두 낫게 되었다." 부모를 봉양하느라 자신의 살을 베어 드리고, 또 어머니의 종기를 치료하느라 환부를 입으로 빨아 치료했다는 것이다. 자기 신체를 훼손하면서까지 부모를 봉양한 향덕의 효행은 효로서는 다소 극단적인 행동이라 할 수도 있다. 이 때문에 향덕의 효행을 일반적으로 권할 수 있는 효행이라고 할 수 있을지에 대해서는 후대에도 이견이 없지 않았다.

향덕의 효행에 대해서는 '혈흔천'의 이야기가 전한다. 금강의 지류인 마을 앞의 북으로 흐르는 내가 있는데, 이것이 '혈흔천'이라는 이름의 하천이다. 향덕이 넓적다리 살을 벤 후 상처가 아직 아물기 전인데 부모 공양을 위해 이곳에서 물고기를 잡았고, 그때 다리 살 베인 곳에서 피가 흘러내려 간 데서 '혈흔(血痕)'이라는 내 이름이 붙게 되었다는 것이다. 근년까지도 마을 앞 내에서 송사리며 붕어며 물고기를 잡아 찌개 거리를 마련했던 것을 생각하면, 향덕이 이 내에서 물고기를 잡았다는 것은 당시 실제의 생활 모습을 전하는 것이라 할 수 있다.

향덕의 효행이 특별한 것이기는 하지만, 그 보다 더 특별한 것은 이러한 향덕의 효행을 신라 왕이 알고, 상을 주고, 정려를 내려 기리게 하였다는 사실이다. 아직 효행이 크게 강조되거나 사회적으로 현창되지 않았던 시기였기 때문이다.

경덕왕은 왜 향덕을 표창 하였나

향덕이 효행으로 세상에 그 이름이 드러나 것은 당 천보(天寶) 14년, 즉 통일신라 경덕왕 14년(755)의 일이다. 이 무렵은 백제가 멸망한 지 약 1세기가 되며 통일신라 전성기에 해당한다. 판적향의 향사(鄉司)에서 이 일을 웅천주에 보고하였고 웅천주에서는 다시 중앙 정부에 이를 보고한다. 향덕의 효행에 대하여 알게 된 경덕왕은 곧 향덕에 대한 포상을 지시하였다. 향덕에게 조(租) 300곡(穀), 집 1채와 토지 약간을 내렸다. 또 관계 기관에 명하여 '문려(門閭)를 정표(旌表)'하도록 하고, 석비를 세워 사실을 기록하여 알리게 하였다. 가히 파격적인 조치라 할 수 있다.

향덕은 웅천주의 판적향(板積鄕) 사람인데, 『삼국유사』에서는 그를 '사지(舍知)'라는 신라의 관위(官位)를 가진 인물이라고 하였다. '사지(舍知)'는 신라 17관등 중 13위이며, 골품으로서는 대략 4두품의 관위에 해당한다. 그가 원래 판적향의 유력한 인물이었으며 신분상으로도 일반농민과는 구별되는 지위에 있었음을 의미한다. 향덕이 '사지'라는 관등을 갖게 된 배경이 무엇인지는 분명하지 않다. 혹 효행에 대한 포상으로 받은 것인지, 아니면 백제 귀족의 후예로서 그 선대가 신라에 '귀순'함으로써 일정한 사회적 처우를 받았던 것인지도 알 수 없다. 문무왕 13년(673) 신라가 복속한 백제인에 대한 처우 규정을 만들 때, '사지'(13등)는 백제의 한솔(扞率, 16관품 중 제5품)에 대응하는 관등이었다. 그리고 아버지 반길이 판적향 향사(鄕司)의 업무에도 관계하고 있었던 때문에, 그의 효행이 바로 웅천주 관아에 보고되는 것이 가능하였다고 생각된다.

경덕왕이 향덕의 효행 사실을 특별히 기록하여 정려를 세우도록 조치한 것은 대민교화(對民敎化)를 목적으로 한 일종의 정표(旌表) 교화시책으로서 우리나라에 있어서 그 시원(始原)이 라 할 수 있다. 이러한 점에서 향덕에 대한 포상은 일반적 행정 사항은 아니었다. 여기에서 제기되는 의문은 경덕왕은 왜 멀리 웅천주 시골에 있는 향덕을 주목하고 특별 포상 조치를 시행하게 되었을까 하는 점이다. 향덕의 효행이 극진했기 때문이라는 것만으로는 그 포상의 이유가 얼른 이해되지 않는다.

향덕에 대한 포상 조치는 한화정책(漢化政策), '차이나 스탠다드'의 추진이라는 당시 경덕왕의 정책 방향에 부합하는 것이었다. 경덕왕은 주군현 지방제도의 명칭을 고치고, 관부를 개편하는 등 일련의 한화정책(漢化政策)을 추진하였고, 당과의 밀접한 교류관계를 유지함으로써 한문화의 적극적인 수용 정책을 일관하였다. 유교적 통치이념을 지향하는 정책적 방향에서, 향덕 효행에 대한 장려는 유교적 교화정책을 심화시키는 계기로서 유효했던 것이 아닌가 한다.

그런데 여기에 한 가지 더 주목하고 싶은 것은 포상의 대상자인 향덕의 지역이 백제의 왕도였던 웅천주라는 점이다. 향덕의 시대는 신라에 의한 백제 병합이 아직 1백 년이 지나지 않은 시점이고, 따라서 웅천주는 백제에 대한 회고지심이 어느 지역보다 강한 지역이었다고 생각된다. 향덕의 효행에 대한 신라 정부의 각별한 조치는 결국 구 백제지역 민심을 추스르는 효과도 계산에 있었던 것이 아닐까하는 생각이다.

향덕의 효행 사실은 고려시대에 만들어진 『삼국사기』와 『삼국유사』에 모두 실려 있다. 하나는 유교적 역사서이고, 또 하나는 불교적 역사서로서 성격이 다른 책이다. 두 책에 향덕 이야기가 모두 실려 있다는

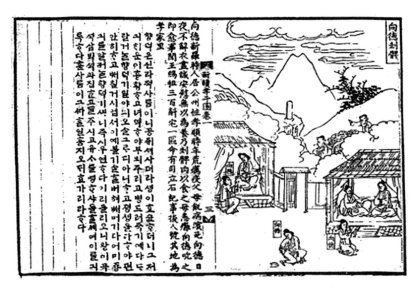

▌ 『동국신속삼강행실도』의 '향덕'

것은 고려시대 향덕에 대한 역사적 평가를 보여주는 것이라 할 수 있다. 두 책에 실린 기록은 같은 내용이지만 동일하지는 않다. 그중에 눈에 뜨이는 것 하나는 이름의 표기가 '향덕(向德)'과 '향득(向得)'으로 다르게 되어 있다는 점이다. 『삼국사기』는 향덕, 『삼국유사』에는 향득이라 하였다.

향덕, 향득에 대하여, '향'을 성으로 보고, '상'으로 읽어야 한다는 주장이 있다. 향덕의 '향(상)'이 성이었는지를 확신할 수 없는 상황에서 '향'을 '상'으로 바꾸어 읽기는 어려운 것 같다. 조선시대에도 향덕을 '상덕'이 아닌 '향덕'으로 읽었다는 것도 참고할 필요가 있다. 조선시대 『동국신속삼강행실도』의 한글판에 한글로 '향덕'으로 적고 있는 것이다.

소학동에 서 있는 향덕의 비석

향덕의 비는 현재 공주시 소학동, 공주-논산간의 23번 국도변에 위치하여 있다. 비석은 표석으로 보이는 중수비(重竪碑 : 舊碑)와 조선시대 새로 건립한 신비(新碑)가 나란히 세워져 있다. 1978년 공주사대 백제문화연구소에서 이에 대한 지표조사를 실시하였고, 이를 토대로 1982년 '공주 소학리 효자향덕비'가 충청남도 유형문화재 제99호로 지정 되었다.

현재 남아 있는 구비는 절단된 채 아랫부분만 잔존하여 있는데, 음각(陰刻) 종서(縱書)로 된 명문은 중앙에 '之閭(지려)'라 한 것과 좌측의 '丑三月日重立(축삼월일중립)'이라는 글자만이 남아있다. '지려(之閭)'라 한 것은 '孝子向德之閭(효자향덕지려)', 「丑三月日重立(축삼월일중립)」은 중수(重竪)의 시기를 밝힌 것이라 생각된다. 어느 시기에 세워진 것인지 정확하게 하기는 어렵지만, 조선시대 이전, 고려시기에 세워진 것은 아닐까 추측된다.

구비(좌)와 1741년에 세워진 향덕비(우)

그 옆의 신비는 영조 17년(1741)에 건립되었다. 비석 앞면 중앙에 「新羅孝子向德之閭(신라효자향덕지려)」라 하고, 그 하단부에 향덕의 효성을 찬양하는 다음과 같은 명(銘)을 잔 글씨로 새겨 놓았다. 그 내용을 번역하면 이렇다. "미쁘도다 효자여 / 능히 천성을 온전히 하였구나 / 그 다리를 가르고 / 또한 종기를 빨았도다. / 왕이 이를 아름다이 여기시어 / 밭을 주고 집을 주셨도다 / 그 이름으로 지명을 삼으니 / 백세토록 멸하지 않으리라."

신비의 건립 연대는 정려 이후 987년이 지난 영조 17년(1741)이라는 것, 마을사람들과 창고지기(庫直)인 오막(吳幕)에 의하여 비석이 건립되었고, 충청도관찰사 조영국(趙榮國)이 명을 하고 공주판관 이덕현(李德顯)이 글씨를 썼다고 하였다. 이것으로 보면 비석의 건립을 주도한 것은 오막(吳幕)이라는 인물이었는데, 아마도 그는 향덕과 같은 마을 효가리 사람이었을 것이다. 오막은 향덕의 역사적 흔적이 사라져가는 것을 한스럽게 생각하여 마을 사람들을 설득하여 비석 건립을 추진한 것으로 보인다.

관찰사와 목관아 판관의 협력을 얻어 1741년에 비를 건립한 것이다.

향덕의 비석과 관련하여 제기되는 의문은 755년에 건립된 원래의 향덕 비석이 어디로 갔을까 하는 점이다. 구비의 경우도 파손된 채 남아 있는데, 그 파손의 이유도 이해할 수 없는 일이다. 신라 이래 효는 고려, 조선으로 시대가 지날수록 더욱 높게 평가되는 덕목이었고 마을의 자랑이었을 것인데, 훼손과 멸실의 이유를 이해하기 어려운 것이다.

향덕의 효가리는 어디인가

'효가리'로 불렸다는 향덕이 살던 마을은 어디였을까. 소학동에서 국도를 따라 남쪽 논산방면으로 멀지 않은 공주시 신기동에 '효포' 등의 지명이 남아 있는데 이곳이 '효가리'로 불리는 곳이다. '신기리'라는 지명은 1914년 행정구역 폐합에 의하여 새로 지어진 이름이다.

효가리에는 조선시대에 '효가리원'이 있었다. 원(院)이라는 것은 중요한 교통 요지에 시설된 일종의 교통 숙박 시설이다. 이 지역이 호남에서 서울로 연결되는 대로상의 위치이고, 공주의 금강을 건너기 직전이라, 역원제에 의하여 효가리원이 설치되었음을 알 수 있다. 15세기 무렵 정추(鄭樞)가 지은 시라 하여, 향덕의 마을에 대한 다음과 같은 시가 전한다. "단풍잎 몰아치고 원(院) 마을 비었는데 / 산 앞에 있는 옛 빗돌 석양에 붉었네 / 넓적다리 살 베인 효자 지금은 어디 있느냐 / 밤마다 저 달빛이 거울 속에 떨어지네."

이에 의하면 15세기 당시에 효가리의 원에는 향덕의 옛 비가 여전히 서 있다고 하였다. 비석의 위치도 효가리였던 것이다. 그럼에도 불구하고 지금 향덕의 비석은 효가리(신기리)가 아닌 소학동(소학리)에 소재해 있다. 두 지점의 거리는 대략 1.5km로서 한 지역으로 보기는 어렵다. '효가리', '효포'라는 지명은 행정구역 통합에 의하여 1914년 이후 신기리로 편제 되었다. 원이 소재한 곳이라고 하면, 비석이 있는 소학동보다는 신기리의 효가리 마을이 적합하다. 규모 있는 마을과 시설이 입지할 수 있는 지형을 갖춘 곳이 신기리 쪽이기 때문이다.

18세기 『여지도서』에 "효가리는 관아에서 동쪽 십리 거리에 위치하고, 호수는 204호, 남자 279구, 여자 205구"라 하였다. 대단히 큰 마을인데, 이것은 신기리에는 부합하지만 소학동 향덕비의 소재지에는 적합하지 않다. 신기리는 웅천주 치소였던 공주 시내로 길이 이어지는 곳이다. 논산 방면에서 공주로 올라올 경우 신기리에서 능치라는 산길을 넘으면 금학동에 이르게 되어 있어서 예로부터 사람들의 통행이 많은 길이었다. 공주 시내에 가까운 또 하나의 원(院) 시설인 보통원과 효가리원의 거리 간격을 생각하더라도 신기리 방면이 유리하다. 그럼에도 불구하고 향덕의 비석은 신기리가 아닌 소학동에 있다. 그 불일치가 어디에서 야기된 것인지는 아직 풀리지 않은 의문으로 남는다. 다시 말해서 향덕의 마을은 소학동이었나, 아니면 신기리였는가 하는 문제가 제기되는 것이다.

2009년 충남역사문화연구원에서는 소학동의 비석 주변을 시굴 조사하였다. 혹 향덕과 연관된 유구의 존재가 확인될 수 있을지도 모른다는 기대 때문이었다. 시굴 결과 고려시대로 추정하는 건물지의 존재가 인정 되었고, 이 시기 와류와 청자편이 수습되었다. 제한된 면적에 대한 간략한 조사여서 전체적 상황을 파악하기는 어려웠지만 역원과 같은 규모 있는 시설, 혹은 통일신라시대의 유구는 있는 것 같지 않았다.

2016년 '효향 공주'를 상징하는 '효심공원'이 충남역사박물관 주차장

▌ 향덕 추모제(신용희 사진)

옆에 조성되었다. 고려 효자 이복과 관련한 전설의 장소 국고개를 콘텐츠화한 것이다. 효심공원은 고려 이복과 함께 신라 향덕을 함께 소재로 하여 공원을 조성하고 효자 향덕의 2기의 비석을 그대로 재현하여 세우기도 하였다. 향덕의 효행 내용이 선명하게 부각되어 있지 않은 것은 아쉬운 점이다. 2019년에는 옥룡동의 주민들이 중심이 되어 향덕의 비석이 있는 소학동 현지에서 제1회 향덕 추모제를 거행하였다.

(윤용혁, 새 원고)

제2장 정치의 소용돌이 속에서

김은부,

'내 인생의 기회'

2020년 벽두, 1월의 공주 인물은 고려 제8대 임금 현종과 당시 공주의 절도사였던 김은부였다. 두 사람의 공주에서의 운명적 만남은 1010년 전인 1011년 1월 7일(음)의 일이었다. 그 인연은 '기회'가 되어, 김은부의 세 딸은 모두 현종의 비가 되었다. 그리고 그 자자손손이 34대에 이르는 고려 왕통을 이어갔다는 점에서, 1011년 1월의 만남은 문자 그대로 역사적인 것이었다. 산소와 수소가 만나면 물이 되지만, 사람과 사람의 만남은 그 끝을 알 수 없다는 교훈을 보는 것이기도 하다.

공주에서, 왕을 영접하다

김은부(金殷傅)는 수원 관하의 안산현(安山縣) 출신으로, 본래 성품이 부지런하고 검소하였다고 한다. 한 마디로 현실적이고, 실용적인 인물이었다는 말이다. 성종 때 관직에 진출하여 1110년 현종 즉위 초에 절도사가 되어 공주에 파견되었다. 지금의 공주시장에 해당하는 직이다. 당시 충남의 거점도시에 해당하는 공주의 행정구역상 이름은 하남도(河

南道)의 '안절군(安節軍)', 따라서 김은부의 직책은 '안절군 절도사'였던 셈이다.

1009년(목종 12) 2월 현종은 목종의 모후(母后)인 천추태후(千秋太后)를 실각시키고 정변에 의하여 왕위에 오른다. 이에 거란은 고려의 정변을 기회로 잡아 침입을 개시한다. 정변 초기의 혼란 속에 거란 대군의 돌연한 침입을 막을 방도는 없었다. 1010년 12월 28일, 거란군이 개경에 박두하는 상황에서 현종은 개경을 출발하여 남으로 피란 길에 오른다. 초라한 왕의 피란 행렬이었다. 그나마도 내려오는 도중 봉변을 당하기도 하고, 호종하는 군사가 흩어져 달아나는 등 그 초라함은 표현하기 어려울 정도였다.

현종이 경기도 광주에 이른 1011년 1월 1일, 거란군은 개경에 진입하여 태묘와 궁궐을 불태웠고 황도 개경은 초토화되었다. 일행이 차령산맥을 넘어 금강, 공주에 이른 것은 1월 7일(음)의 일이었는데, 갈 길이 바쁜 탓에 그는 공주를 통과하여 남쪽 파산역에 이르러 하루를 묵게 된다.

현종이 공주에 이르자 김은부는 공주사람들을 데리고 고마나루까지 영접을 나가는 등 극진한 접대를 아끼지 않았다. 그는 예를 갖추고 나와서 왕에게 아뢰기를 "임금님께서 산을 넘고 물을 건너시며, 서리와 눈을 무릅쓰고 이런 곳에 오시게 될 줄을 어찌 생각이나 했겠습니까" 하였다. 그리고 왕에게 의복과 토산물을 바쳤다. "왕은 가상히 여겨 받아 옷을 갈아입고 토산물은 호종하는 신하에게 나누어 주었다"고 한다.

왕이 공주를 거쳐 파산역(巴山驛)에서 묵게 되었으나 저녁 끼니조차 챙겨줄 사람이 없었다. 왕이 온다는 소식에 아전들이 다 도망하여 버렸기 때문이다. 김은부가 또 음식을 올리어 아침 저녁을 나누어 공궤하였다.

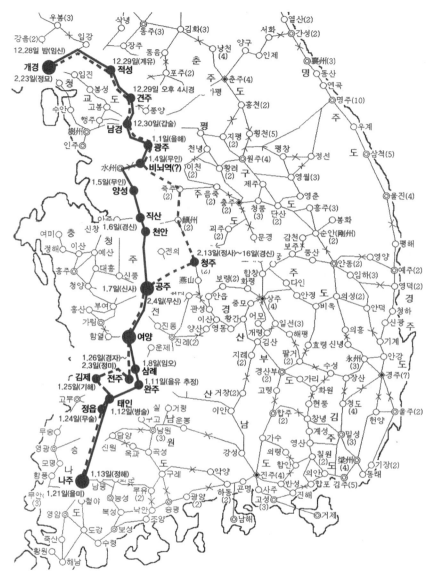

우봉(3)
강음(2)
입강
12.28일 밤(임신)

삭녕
통주(3)
김화(3)
열산(2)
서화
간성(2)

개경
2.23일(정묘)
임진
청
봉성
교 도
고봉
행주
수안
樹州
인주

적성
12.29일(계유)
포주(2)
동음
낭천(4)
춘
양구
인제
襄州(3)
명 동산
연곡
명주(10)

12.29일 오후 4시경
견주
12.30일(갑술)
남경
광주
1.1일(을해)
천녕
평
지평(2)
황천(5)
평창
원주(4)
영월(3)

주
춘주(4)
도
주
'평
홍천
주
우계
도
삼척(5)
정선

1.4일(무인)
비뇌역(?)
水州
이천
1.5일(무인)
양성
죽주(2)
주음죽(2)
충주(2)
청풍(2)
단산(2)
제주
영춘
흥주(3)
봉화
울진(4)

직산
1.6일(경신)
천안
아주
신창
鎭州(2)
괴주(2)
문경
감천
순안(剛州)
보주
평해

여미 충
이산
정해
예산
주
대흥
전의
2.13일(정사)~16일(경신)
청주(6)
풍기
안동(2)
임하(3)
영양
예주(2)
영덕(2)

홍주
신풍
1.7일(신사)
공주
2.4일(무신)
燕山
보령(2)
화령
합창
주
다인
안정(4)
도
의성(2)
안덕
청하
신광(2)
경
기계

청양
1.7일(신사)
부여
가림
함열
전
관성
이산
양산
영동
중모
황간
어모
일선(3)
해평
김산
개령
효령 신녕
영주
안강
경주(7)

여양
운제
진동
진례(2)
지례
부
팔거
경산부
수성(3)
장산
도

1.26일(경자)~
2.3일(정미)
김제
전주
1.25일(기해)
1.8일(임오)
삼례
1.11일(을유 추정)
완주
산 거창(2)
고령
가리
화원
현풍
창녕(2)
합주(2)
계성
영산
김
밀성(2)
梁州(4)
기장(2)
동래

고부
태인
정읍
1.24일(무술)
1.12일(병술)
실 거령
이안
남
가수
의령
함안(2)
칠원
의안
도
합포 김주(5)

무송
영광
모평
함풍
나
나주
1.13일(정해)
담양
신원
옥과
원(3)
남원(3)
곡성
강성
의령
진주(4)
반성(3)
진례

무안(3)
철야
영암
도
능성(2)
복성
낙안
구례
악양
광양
하동
승평(2)
사주
곤명
남해
고성(3)
진해
거제

강
도강
죽산
황원
보성
수령
조양
해남

▌ 현종의 파천길(홍영의 지도) (원성왕후와의 인연은 상경중인 1011년 2월 4일(음) 공주에 다시 들린 이후이다)

때는 추위가 살을 파고드는 한겨울이었다. 그때 왕이 느꼈을 한심스러움, 그러나 그러한 가운데 김은부의 정성이 왕을 어떻게 감동 시켰을 것인지 짐작이 가는 대목이다.

그날 밤, 역사가 움직였다?

김은부의 현종에 대한 각별한 접대는 당연한 일처럼 생각될 수 있다. 그런데 사실은 그렇지 않았다. 쿠데타로 즉위한 현종은 미구에 무너질 정권으로 인식되었기 때문이다. 그래서 개경에서 나주까지 피란하는 과정에서 현종은 어디에서도 제대로 된 대접을 받은 적이 없었다. 제 때의 음식은 물론 옷조차 제대로 갈아입을 형편이 되지 못하였다. 현종에 대한 각별한 접대는 김은부에게 하나의 도박이었던 것이다.

공주를 거쳐 내려간 현종의 피란 여정은 1월 13일 전라도 나주에 이르렀지만 거란군이 고려에서 철군하자 상경 길에 올랐다. 귀경중의 현종이 다시 공주에 들르는 것은 당연한 일이었을 것이다. 그때 김은부는 "그의 맏딸을 시켜 왕의 의복(어의)을 지어드리게 하였다"고 한다. 그 옷은 김은부의 귀띔으로 미리 마련한, 준비된 옷이었을 것이다. 현실 감각이 뛰어난 김은부의 '의도'가 읽히는 부분이기도 하다.

김은부의 큰 딸이 어의(御衣)를 가지고 현종의 방에 들어간 것은 필시 왕이 잠자리에 들기 전 저녁의 시간이었을 것이다. 그래서 그 날 밤 역사가 움직였으리라는 것, 그것이 우리의 상상이다. 현종이 피란 중 공주에 처음 들른 1월 7일은 양력으로는 2월 12일, 그리고 귀경 중 다시 공주를 들른 2월 4일은 양력으로는 3월 11일이었다.

그런데 여기에서 우리가 궁금하게 생각하는 문제 하나는 딸이 준비한 어의를 가지고 갔던, 그 '역사'의 공간이 어디였을까 하는 점이다. 옛 공주의료원 자리의 공주목 관아터였을까, 충청감영이 있었던 사대부고 자리일까, 아니면 고마나루의 한옥마을 쯤일까. 이에 대한 답을 구하는 것은 당시 공주목 관아의 위치가 어디였을까 하는 점이 열쇠가 될 수 있다. 그 현장이 공산성의 성안이었을 것으로 나는 생각하고 있다. 생각해보면 그로부터 6백 년 뒤 인조 임금도 공산성에서 6일을 머물렀던 예가 있다. 그렇다면 공산성은, 인조만이 아니고 고려 현종의 역사 현장이기도 했던 셈이다.

현종의 공주 시, 의천의 공주 시

현종은 공주에서 6일을 머물렀다. 그가 그렇게 여러 날을 공주에 머물게 된 것은 아무래도 김은부의 각별한 환대에 대한 감사의 표시였을 것이다.

현종은 원래 시와 글씨에 특별한 재능이 있었던 인물이다. 성장기, 10년이 훨씬 넘는 절에서의 불자 생활에서 익혔던 재능일 것이다. 그가 어렸을 때 지었다는 여러 편의 시가 전하는데, 그 외에 현종이 공주에서 지었다는 다음과 같은 공주 시가 지금까지 전하고 있다.

일찍이 남쪽에 공주라는 곳이 있다고 들었는데
선경(仙境) 영롱함이 길이길이 그치지 않도다
이렇게 마음 즐거운 곳에서
군신(群臣)과 함께 모여 일천 시름 놓아 본다

현종은 글 만이 아니고 글씨에도 특별한 재주가 있었다. 당시 현종이 지은 시는 현종이 직접 써서 공주에 선물로 남긴 작품이었을 것이다. 현종의 시가 공주의 큰 보물로 여겨졌을 것은 당연한 일이다. 세조의 필적으로 전하는 마곡사 '영산전'의 글씨가 지금도 화제에 오르는 것을 생각하면 짐작할 수 있는 일이다. 그리하여 현종의 공주 시는 이후 공주 관아 건물에 높이 걸려, 두고 두고 공주의 자랑이었고, '영험한 신물(靈物)'이 되었다.

세월이 흘러 현종의 친손자 되는 유명한 대각국사 의천이 어느날 공주를 지나게 되었다. 그의 외할머니가 바로 김은부의 둘째 따님 원혜태후였던지라, 처음 들른 공주이지만 감회가 남다른 곳이기도 하였을 것이다. 그 때 스님은 공주 관아에 높이 걸려 있는 현종의 공주 시를 보게 되었다. "선경(仙境) 영롱함이 길이길이 그치지 않도다." 그 시는 자신을 존재하게 한 역사적 인연을 보여주는 것이기도 하였다. 의천 스님에게 감흥이 없을 수 없었다. 그래서 스님은 다음과 같이 시를 읊었다.

옛날 현종 임금께서 시 한 수를 남기시니
지금은 영물(靈物)되어 특별히 보호하네
눈을 씻고 바라보며 무엇을 기도할까
별처럼 빛이 나서 억년의 터전이 되기를

스님이 "별처럼 빛이 나서 억년의 터전이 되기를" 기원한 것은, 바로 공주의 무궁한 발전이었을 것이다. 대각국사 의천은 천태종을 개창한 고려의 대표적 고승이다. 현종과 원혜태후 김씨 사이에서 태어난 11대 문종의 넷째아들이기도 하다. 김은부에게는 외증손자에 해당하는 셈이다. 그는 공주에서 현종의 시가 쓰여진 지 꼭 100년 뒤인 1101년에 세상을 떴다.

귀경한 현종은 민심 수습과 민생 안정을 위한 제반 시책을 추진하였다. 전몰 장병에 대한 공훈 표창, 사면령에 의한 죄수 석방, 부역 3년 면제와 조세 1년 면제 등이 그것이다. 불교 진흥에도 각별한 힘을 쏟았다. 현종은 귀경 후 김은부의 큰 딸을 왕비로 맞이하였다. 원성태후(元城太后)이다. 김은부는 큰 딸에 이어 둘째와 셋째도 모두 현종에게 시집보냈는데, 원혜태후(元惠太后)와 원평왕후(元平王后)이다. 한 가지 덧붙이면 현종은 34명의 고려 임금 중, 태조 왕건 다음으로 가장 많은 수의 왕비가 있었다. 개인정보에 속하는 것인지는 모르지만, 13명이었다.

김은부는 현종의 귀경 직후인 1011년(현종 2) 형부시랑(법무부 차관)에 임명되어 개경으로 돌아왔다. 1015년 지중추사가 되고, 이듬해 호부상서(정3품), 중추사(종2품) 상호군(上護軍) 등의 직에 차례로 올랐다. 김은부의 외손자인 원성태후의 아들들은 9대 덕종(德宗, 1031~1034)과 10대 정종(靖宗, 1034~1046)이 되었고, 원혜태후의 아들은 11대 문종이 되었다. 거기에 원혜태후의 딸은 덕종의 비(孝思王后)가 되고, 원성태후의 딸은 문종의 비(仁平王后)가 되었다. 김은부는 딸 셋이 왕비에, 외손자 3명이 국왕에 오르고, 외손녀 2명이 다시 왕비가 되었던 셈이다. 이 시기는 고려가 내우외환에서 벗어나 제도문물이 완비되고 평화와 번영의 시기가 시작되었던 때이다. 그의 외손자 3인에 의한 왕위 재위 기간은 1032~1083년으로 무려 51년에 이른다. 그리고 고려 왕통은 문종 후손을 통하여 이어졌다. 문종의 아들 중 세 아들이 왕위에 올랐고(순종, 선종, 숙종), 대각국사 의천은 넷째가 되었다.

1천 년 후, '풀꽃'의 공주 시

현종이 공주를 방문한 지 1천 년이 지난 2011년, 공주에 현종의 기념비가 세워졌다. 공주향토문화연구회는 고려 현종의 공주 방문 1천년이 되는 2011년 3월 11일(음력 2월 4일)을 잡아 인조 기념비와 함께 고려 제8대 임금 현종의 기념비를 공주 한옥마을에 건립하였다. 1천에 가까운 많은 시민들의 후원이 있었다. 추진위원장 최석원, 기념비의 제막식은 2011년 3월 11일. 그 날은 고려 현종이 상경 중 공주에 다시 들른 음력 2월 4일을 양력으로 환산한 것이었다. 기념비 제막식에서는 풀꽃 시인 나태주가 '천년의 강물을 건너'를 지어 낭송하였다. 현종의 공주 시를 상기하며, 그 1천 년을 기념하는 축시였다.

▌ 천년 되는 날, 2011년 3월 11일에 제막된 공주의 현종 기념비(신용희 사진)

천년, 천년이라 하셨나이까

오색 빛 구름에 싸여

일곱 빛 가마타고 오신 임

천년 강물을 건너 머나 먼 나라

고려의 현종 임금님

천년의 강물을 다시 건너

오늘에도 오시고 다시 천년

천년 뒤에 또 웅진 땅에 오소서

    김은부를 딸 덕분에 벼락출세한 인물이라고 사람들은 말하지만, 그 성공은 사실 김은부의 성실하고 진실된 단심(丹心)에서 출발된 것이었다. 그 인연의 장소가 공주였다는 점에서 김은부의 역사는 곧 공주 역사의 중요한 봉우리의 하나라고 할 수 있을 것이다.

    누구에게나 인생의 기회는 주어진다. 어떤 이는 그 기회를 포착하지만, 많은 사람은 그 기회를 흘려보낸다. 기회를 잡는다는 것은 그 대신 무엇을 포기했다는 것을 의미한다. 그래서 기회를 놓친 사람은, 기회를 잡은 사람을 결코 비난해서는 안된다. 시기를 잘 잡은 것을 '시기'해서도 안된다. 대신 이렇게 자문해야 한다. "내 인생의 기회는?"

(윤용혁, 제22호, 2019.12)

이도,

1100년 전 금강을 경영하다

지금은 사정이 달라졌지만, 금강은 중부지방 물류의 중요한 통행로였다. 지인준 선생이 촬영하여 남긴 사진 가운데 금강철교 교각 옆에 가득 정박해 있는 일단의 선박들은 금강의 수운 기능이 근대에까지 그 명맥을 잇고 있음을 생생하게 보여주는 것이었다. 금강이 갖는 물류시스템을 육로와 연결하는 중간 고리가 나루이다. 이 때문에 많은 나루가 금강의 물길을 따라 형성되어 있다. 이 금강을 무대로 하여 활동하였을 많은 사람들은 이제는 아무도 전혀 기억되지 않고 있다. 그런데 요행히도 한 사람의 이름이 가까스로 역사에 남겨져 있다. 1100년 전, 고려 건국 초기의, 바로 '이도(李棹)'라는 인물이다.

태조 왕건의 통일 공신 이도

이도는 전의 이씨(全義李氏)의 시조이다. 전의는 지금의 세종시, 북쪽에 위치한 지역이다. 전의 이씨의 시조 이도(李棹)에 대해서는 15세기의 자료인 『신증동국여지승람』(전의현)에 "태조(왕건)가 남쪽을 정벌하러 금강에 이르렀는데 물이 넘치므로 도(李棹)가 보호하여 건너는 공이 있었다.

이에 이름을 내려 '도'라 하고 벼슬이 태사 삼중대광에 이르렀다"고 소개되어 있다. 다른 자료에 의하면 그의 원래 이름은 '치(齒)'였다고 한다.

　여기에서 태조 왕건이 건넜다는 '금강'은 공주의 금강을 지칭하는 것이다. 왕건으로부터 하사받은 그의 이름 '도(棹)'의 글자 뜻은 배의 운항에 사용하는 기구인 '노'를 의미한다. 즉 동력선이 없는 옛날에 인력으로 저어 배를 전진하게 하는 노를 가리키는 것이다. 태사공 이도가 왕건을 호위하여 때마침 물이 넘치는 금강을 건너 후백제를 물리치고, 마침내 고려 통일을 이루게 되었다는 이야기라고 할 수 있다.

　여기에서 전의이씨 태사공 이도의 활동 공간은 '금강'으로 되어 있다. 금강은 원래 공주 인근에 제한적인 이름이었던 것이 근대에 이르러 강 전체를 대표하는 이름이 되었다. 예로부터 금강은 구간에 따라 다양한 이름이 붙여져 있었기 때문이다. 가령 이중환의 『택리지』에서는 금강의

▌ 신관동에 위치한 태사공 이도 선대 묘소('목 마른 용이 물을 먹는다'는 풍수 지형이다, 신용희 사진)

상류를 적등강, 공주 부근을 웅진강, 부여 부근을 백마강, 강경 부근을 강경강, 그리고 그 하류를 진강(鎭江)이라 하고 있다.

　'금강'의 이름에 대한 첫 기록은 15세기, 『세종실록지리지』부터의 일이다. 비슷한 시기 15세기 기록에서 자주 확인된다. 서거정(1420~1488)의 시에 다음과 같이 금강에 대한 언급이 있다. "이름난 동산이 저 금강을 눌러 나직하게 있는데, 옛날에 내가 찾으려다 길을 몰랐네." 또 같은 서거정의 시에 '금강의 봄놀이(錦江春遊)'라는 시가 있다. 이로써 보면 조선 초 15세기에 금강이라는 강 이름이 사용된 것은 분명한데, 고려시대에는 '공주강'이라는 이름이 사용되었다. 15세기에서 조금 거슬러 오르는 고려 후기 14세기경에 '금강'이라는 이름이 보편화된 것이 아닐까 생각된다.

▌ 금강에서 만난 태사공 이도와 태조 왕건(전의이씨 문중의 〈금강이섭도〉)

태사공 이도가 고려 공신으로 이름이 드러난 것은 10세기 고려의 통일과정 때의 일이지만, 그 선대는 아마 대대로 공주, 금강변에서 터를 잡고 살던 집안이었을 것이다. 통일신라기 '주호'라는 중국의 승려가 공주에 이르렀다가 '이방이(李芳伊)'라는 사공의 효행과 적덕에 감동하여 명당을 점지하여 주었다는 전설이 이 점을 암시한다. '목 마른 용이 물을 먹는다(渴龍飮水)'는 풍수 지형으로서, 그 덕에 이도와 같은 인물이 배출되었다는 것이다.

왕건을 호위하여

금강의 이도(李棹)는 태조 왕건에 의하여 '도'라는 이름과 함께 공신호를 받고 '태사 삼중대광'에 임명되었다고 한다. 이도는 전의 이씨의 시조인데, 그가 태조에 의하여 '도'라는 이름을 받았다는 『고려사』의 기록은 없다. 그러나 조선 건국 직후에 만들어진 『신증동국여지승람』에 이러한 사실이 언급되어 있는 것을 보면, 그 역사적 사실로서의 가능성은 매우 높아진다.

고려 초는 신분제를 비롯한 사회적 변동이 총체적으로 일고 있었던 시기이고, 이에 의하여 성의 사용 혹은 한자식 이름의 채택이 확산되던 때이다. 가령 태조의 일등공신인 '능산'은 신숭겸이 되고, 면천 출신의 공신 '사괴'는 복지겸이라는 이름을 갖게 된다. 이도가 전의 이씨의 시조가 되는 것도 이것과 궤를 같이하는 것으로 보인다. 이도는 '태사 삼중대광'에 이르렀다는데, 이는 실제의 직은 아니고 공신으로서의 최고의 위상을 나타내주는 직책이며 사후 후대에 추증된 것이다. 고려 태조대의 공신 중 '태사 삼중대광'이 추증된 경우는 면천의 박술희(朴述熙), 왕식렴(王式廉) 등에서 확인된다.

문제는 태사공 이도가 태조 왕건과 언제 만날 수 있었는가 하는 문제
이다. 이에 대해 앞의 『신증동국여지승람』 기록은 태조(왕건)가 "남쪽을
정벌하러 금강에 이르렀을" 때였다고 한다. 여기에서 왕건이 '정벌'하
려 했다는 '남쪽'은 물론 전주를 도읍으로 삼고 있던 후백제를 지칭하는
것이다.

고려 태조 왕건이 후백제와 쟁패를 겨눌 때 공주는 북과 남, 두 세력
의 교두보에 해당하는 요충이었다. 따라서 당연히 금강은 중요한 전략
적 요지였다. 방어측에서는 유효한 방어선이 되고 공격 측에서는 어려
운 장애 지대가 되었던 것이다. 당시 태조 왕건은 공격적 입장에 있었기
때문에 금강의 장애를 극복하기 위해서는 현지인의 도움이 필수적이었
다. 금강을 무대로 활동하던 공주사람 이도가 왕건의 고려군을 도와 통
일전쟁에 공헌하였다는 것은 이러한 점에서 역사적 맥락에 부합한다.
그러나 그 구체적인 시기는 여전히 불확실하다.

태조 왕건이 후백제를 공격하는데 금강의 물이 넘쳐 난관에 봉착하
였을 때, 이 문제를 해결한 인물이 태사공 이도라고 한다. 금강은 여름
이 되면 홍수로 물이 넘치는 일이 자주 있었다. 따라서 '물이 넘치는' 문
제의 발생 시기는 음력으로 6, 7월경이었음을 추측할 수 있다. 그러나
그 연대는 가늠하기가 쉽지 않다. 『고려사』에 이도의 행적을 입증할 자
료가 보이지 않기 때문이다. 왕건은 918년에 고려를 건국하고 거의 20
년 만인 936년에 후백제를 격파하여 통일을 성취하였다. 936년 9월 왕
건이 후백제를 칠 때는 천안에서 출발하여 경상도로 진출, 경북 선산에
서 후백제군을 격파하고 이어 이들을 추격하여 연산(논산시 연산면)에 이
르고 있다. 통일전쟁 당시 왕건은 남하 과정에서 직접 공주를 경유하지

않았던 것이다.

공주의 금강을 건너기 위해서는 우선 충남 지역에 대한 주도권을 장악하지 않으면 안된다. 왕건이 왕위에 올랐을 때, 충남의 많은 지역에서 이에 반발하여 후백제 쪽으로 돌아섰다. 때문에 왕건 즉위 초기 고려의 영향력은 아산을 비롯한 북부지역 일부에 한정되었다. 이후 925년 임존성(예산군 대흥)을 장악하고 930년에 후백제에 대한 교두보로서 천안부를 설치하였다. 934년 9월 홍주에서 왕건이 후백제군을 격파하자 '웅진 이북 30여 성'이 고려에 항복하였다고 한다. 요약하면 금강의 이도, 이도의 금강 주도권을 고려군이 절실히 필요했던 시점은 934, 935, 936년의 일이다. 그러나 정작 이 시기, 왕건이 후백제 공격을 위하여 금강을 건넜을 가능성은 많지 않은 것처럼 보인다.

▌ 금강 남쪽에서 바라본 이산(李山) 원경

호남대로의 목이었던 장깃대나루

이상과 같은 당시의 정세를 참고할 때, 태사공 이도의 고려 왕건에 대한 협력은 후백제 공격시의 일이 아니라 후백제와의 본격적 대결을 위한 준비 단계에서의 협조였던 것이 아닌가 생각된다. 전주에 거점을 둔 후백제를 공격할 경우 가장 큰 장애는 금강을 일거에 도강하는 일이다. 금강선단의 도움과 협조가 필수적이었던 것이다. 공주는 서울 방면에서 전주에 이르는 직선 도로 중간에 위치해 있다. 이순신 장군이 백의종군을 위해 남도로 내려갈 때도, 네덜란드의 표류 선원 하멜 일행이 여수에서 한양으로 옮겨질 때도 이들은 공주를 경유하고 금강을 건넜다. 따라서 후백제의 압박을 위해서는 금강의 교통권을 확보하는 것은 필수적인 일이었고, 그 연결 고리 역할을 바로 태사공 이도가 담당하였을 것이다. 이순신 장군은 정유재란이 일어나던 1597년 1월 함거에 실려 서울로 압송되었다가 풀려나 백의종군을 위하여 내려가던 중 4월 19일 일신역에서 1박하고 금강을 건너 논산 쪽으로 내려갔다.

공주의 금강에는 강을 건너는 많은 나루들이 있었다. 서쪽으로는 고마나루가 유명하고 동쪽으로는 장깃대나루가 대표적이다. 장깃대나루는 공주로부터 호남대로를 연결하는 나루라는 점에서 가장 중요하고 붐비던 나루였다. 장깃대나루는 금강의 다른 어느 나루와도 비교할 수 없을 정도의 중요성이 있었던 것이다. 장깃대나루 건너 남쪽 소학동으로 이어지는 대로변 일대는 신라시대 판적향(板積鄉)이라는 곳이었는데, 대로가 발전하면서 효가리원(孝家里院)이라는 공립의 숙박 시설이 운영되었다. 효가리원에 대응하는 금강의 북쪽 강변의 시설은 '금강원(錦江院)'이라는 이름이었다. 필시 장깃대나루와 연결되는 신관동 지역에 위치해 있었을 것이다. 호남대로를 이용하는 사람들이 금강을 이용하는데 주막과 숙박시설이 필수적이었던 것이다.

공주시 신관동 금강홍수통제소 뒷산, 장군산의 맥이 흘러 금강에 닿는 곳에 전의 이씨 시조 선대의 묘소가 위치한다. 공주시 신관동 공주대교가 내려다보이는 금강변의 다소 가파른 야산이다. 입구에는 '전의 이태사 선산 사적비'라는 표지석이 세워져 있다. 선대 묘소가 자리한 산은 예로부터 '이산(李山)'으로 전한다. 왕릉과 그 부근의 산, 송산(宋山), 박산(朴山), 한산(韓山) 등에 비견되는 지명인 것이다. 또 이산(李山)과 장깃대 나루를 포함한 금강 남북 양안(兩岸) 일대가 지금도 전의 이씨의 문중 소유로 되어 있는 점은, 시조 이도의 금강에 대한 연고권을 확인할 수 있

▌ 장깃대나루에 있었던 비석들이 금강변 한 쪽에 옮겨져 있다

는 자료라는 점에서 흥미 있는 일이다.

오랜 세월 금강을 건너는 사람으로 끊임없이 붐볐을 장깃대나루의 흔적은 강변에 광폭(廣幅)의 도로가 만들어지면서 거의 흔적을 볼 수 없게 되었다. 그나마 다행한 것은 원래 금강 북안 장깃대나루에 늘어서 있던 관원들의 송덕비와 느티나무 고목 한 그루가 공주대 정문으로 통하는 금강대교 사거리의 한 모퉁이에 옮겨져 있다는 점이다. 나루는 없어졌지만 그 흔적이 아직 남겨져 있는 셈이다. 그래서 나는 이곳을 장깃대나루와 태사공 이도를 기억할 수 있는 '작은 공원'으로 정비하면 좋겠다는 생각을 하고 있다. '장깃대 공원'이나 '이도 공원'이라는 이름을 붙여서.

전의 이씨의 시조인 고려 개국공신 태사공 이도와 후손들은 세종시 소재의 '이성(李城)'에서 살았다고 한다. '이성(李城)'이라는 이름도 여기에

▌ 세종시에 있는 이성(李城)의 성터

서 유래한다는 것이다. 아마도 태사공 이도가 공신호를 받은 후 이성이 있는 전의면 일대를 식읍으로 하사 받은 것이 아니었을까 추측한다. 전의 이씨는 고려 건국기 이후 세종시의 전의현이 세거지가 되었지만, 시조 이도는 금강의 공주에서 대대로 살아 온 공주의 인물이었을 것이다. 공주는 금강의 물길로 세종시와 연결되어 있다. 그런데 전의 이씨를 통해서도 세종시와 연결되어 있는 것이다.

고려 건국 1100년을 앞두고

근년에 고려 태조 왕건에 대한 역사적 재평가에 새삼스럽게 관심이 모아지고 있다. 지역분할 구도의 청산, 남북 대립정권의 통일 등 오늘날 우리가 처한 당면 과제와 현실이 후삼국의 분란기와 유사한 측면이 있고, 이같은 난세를 청산하고 새로운 시대를 연 인물이 왕건이었다는 점 때문이다. 공주의 태조와의 관련성은 940년(태조 23) '웅주'의 지명이 '공주'로 바뀐 것이다. 오늘날까지 사용되고 있는 '공주'라는 이름은 태조의 지명 변경 정책에 의해 서기 940년, 지금으로부터 1060년 전에 처음 등장하여 지금까지 사용되고 있는 것이다.

'통합'이라는 역사적 과업을 성공적으로 이루어가면서, 팔만대장경과 금속활자와 고려청자를 만들어낸 것이 고려의 역사이다. 그러면서도 무언가 우리의 관심에서 멀어져 있었던 것이 고려 역사이기도 하였다. 마침 내년 2018년은 왕건의 고려 건국 1100년이 되는 해이다. 천안에서는 왕건 콘텐츠에 주목하고 있고, 홍성과 예산에서는 지명 800년과 1100년 사업을 준비하고, 논산에서는 개태사지의 정비에 힘을 모으고 있다. 학계에서는 2018년을 '고려의 해'로 선포할 준비를 하고 있는 중인데, 고려 건국을 기념하는 이같은 사업은 아마 전국적으로 확산될 것으로 보인다.

문경호의 조사에 의하면 고려 왕조의 멸망과 함께 고려의 왕족 왕씨들은 멸문의 화를 입었는데, 조선조에 이르러 기록에 등장하는 2인의 왕씨는 모두 공주에 살고 있던 인물이라 한다. 공주의 경우 백제와 조선시대에 비하여 고려시대 자료는 매우 빈약하다. 고려 건국 1100년을 계기로 공주에서 고려 관련 콘텐츠를 보다 적극적으로 개발하여 잃어버린 공주 역사의 일부, 고대와 조선을 연결하는 그 중간 시기의 역사를 되찾는 계기로 활용하였으면 한다. 또 전의 이씨 태사공 이도를 매개로 하여 공주시와 세종시의 각별한 인연을 확인하는 기회가 되었으면 한다.

(윤용혁, 제18호, 2017.6.30)

이귀,
인조반정의 주역

인조반정의 주역으로 널리 알려진 연평부원군 이귀(李貴, 1557~1633)는 공주와 특별한 인연을 가지고 있다. 인조가 이괄의 난으로 공주로 파천할 때도 중요한 역할을 하였고, 공주시 이인면 만수리 아랫만수동에는 연평부원군 이귀의 묘소와 신도비, 그리고 이귀와 그의 세 아들을 제향하는 성봉서사(盛峰書社)가 있었다. 그런가하면 공주 안분재(安分齋)에도 손자인 이준과 그의 후손들이 대를 이어 공주에 터전과 묘소를 마련했고, 19세기에서 근·현대에는 대성단(大成壇)과 계룡백일주로 또 공주와 각별한 인연을 만든다.

연평부원군 이귀의 생애

이귀의 자는 옥여(玉汝), 호는 묵재(默齋)이다. 연안이씨 이정화(李廷華)와 안동권씨 사이의 아들로 태어나 이이(李珥)·성혼(成渾)의 문하에서 수학하였다. 뛰어난 문장력으로 유명하였고, 26세 되던 1582년(선조 15)에 생원시에 급제 하였고. 이듬해 일부 문신들이 이이와 성혼을 모함하자 여

러 선비들과 함께 글을 올려 논
변하여 스승을 구원하였다.

1592년에 강릉참봉으로 재임
하던 중에 임진왜란이 일어나 선
조가 의주로 피한다는 소식을 듣
자 제기를 땅에 묻고 능침에 곡
읍하고 물러나와 의병을 모집하
여 황정욱(黃廷彧)의 진중에 나갔
다. 그리하여 삼도소모관(三道召募
官)으로 군사를 모집, 세자를 도
와 흩어진 민심을 수습하고, 삼
도선유관(三道宣諭官)으로 명나라

▌ 이귀 초상

군중에 군량을 수송하는 임무를 맡기도 하였다. 이어 이덕형·이항복
등의 주청으로 다시 삼도소모관이 되어 체찰사 유성룡을 도와 각 읍을
순회하며 군졸을 모집하고 양곡을 거두어 개성으로 운반해서 서울 수
복전을 크게 도왔다.

1603년 정시문과에 병과로 급제하여 형조좌랑·안산군수·양재도찰
방·배천군수 등을 역임하고, 1616년(광해군 8)에 숙천부사, 1622년 평산
부사가 되었으나 1623년 광해군의 폭정을 개탄하고 김류(金瑬) 신경진
(申景禛) 등과 함께 인조반정을 일으켜 정사공신(靖社功臣) 1등에 책록 되었
다. 그 후 대사헌 좌찬성 등 많은 관직을 역임하고 연평부원군(延平府院君)
에 봉해졌다.

이귀는 김류, 최명길 등과 함께 1623년 3월 광해군을 폐위시키고 능
양군을 인조로 추대한 인조반정의 중심이었고, 아들인 시백, 시방, 양아

들인 시담까지 모두 반정에 참여시켰다. 당시 평산부사 이귀가 이끈 병력은 반정군이 대세를 장악하는 데 큰 힘이 되었다.

또한 이귀는 광해군 정권의 훈련대장 이흥립을 반정세력 편으로 돌아서게 하는 데 결정적 역할을 했다. 훈련대장 이흥립은 조정에서 중한 명망을 가지고 있었으므로 여러 사람이 걱정하여 그 사위 장신을 시켜 설득하게 하였다. 이에 이흥립은 이귀가 함께 공모하였는지를 묻고는 장신이 그렇다고 하자 이흥립이 그렇다면 이 의거는 반드시 성공할 것이라 하고 드디어 허락했다는 '연려실기술'의 기록은 당시 이귀의 위상과 신망을 잘 보여주고 있다.

그러나 인조반정 후 1626년(인조 4) 인헌왕후의 상기를 만 2년으로 할 것을 주장하였다가 대간의 탄핵으로 사직하였고 이듬해 정묘호란 때에는 왕을 강화도에 호종하여 최명길과 함께 화의를 주장하다가 다시 탄핵을 받았다. 당쟁이 치열하고 명·청 관계의 외교가 복잡한 시기에 일신의 안위를 잊고 나라를 위하여 공헌한 바가 컸다.

1633년 2월에 그가 세상을 떠나자 인조는 특별히 하교하기를, "연평부원군 이귀는 정성을 다하여 나라를 도왔다. 그 충직한 풍도가 세상에 비할 데 없었으므로 내 몹시 애석하게 여긴다. 염습이나 장례를 치르는 의물을 평상시의 수량보다 특별히 더 주라"고 명하였고, 중사(中使)를 보내 호상하게 하고는 어의(御衣) 및 내고의 쌀과 베를 내어 부의하였다. 특히 연평부원군을 스승으로 삼았던 세자는 예관의 반대에도 불구하고 직접 그의 집으로 가서 위문하기까지 하였다. 인조는 공의 죽음에 애도하면서 "그를 미처 정승으로 삼지 못한 것이 매우 후회스러우니, 영의정을 추증하도록 하라"고 하였다. 그리고는 특별히 묘 자리를 잘 잡는 사람을 보내어 길지(吉地)를 가려서 장례 지내도록 하는 한편, 제사를 올리게 하고 장례에 필요한 물품을 내리도록 하였으며, 장례 때에 이르러 서는 공의 자제들을 위문하고 물품을 내리는 일이 끊이지 않았다. 사후 영의정에 추증되었으며 인조 묘정에 배향되었다. 시호는 충정(忠定)이며 저서로 『묵재일기(默齋日記)』 3권이 있다.

이귀의 경륜과 후대의 평가

포저 조익이 지은 신도비에는 이귀의 품성과 정치적 역량의 탁월함을 전하는 내용이 많다. 예컨대 인조가 '이귀는 알고서는 말하지 않는 법이 없었다. 그는 정성을 다 바쳐 나라를 도운 충직한 신하였다'고 하는 기록이라거나, 이귀가 세상을 떠나자 조정의 사대부들로부터 민간의 천한 백성들까지 모두 충신이 죽었다고 말하였으며, 혹 조정에 잘못된 일이 있으면 으레 "연평(延平)이 살아 있다면 반드시 이런 일을 바로잡았을 것이다"라고 말하였다고 한다. 그리고 인조 또한 공의 말을 채용하지 않은 것을 후회하였는데, 남한산성에서 곤욕을 치를 때에는 "연평이 만약 있었다면 일이 어찌 이 지경까지 이르렀겠는가"라며 탄식하기도 하였다.

특히 조익은 이귀에 대한 인물평을 "사람들이 보지 못하는 바를 공만은 볼 수 있었고, 그 마음이 또 강직하고 과단성이 있어서 꺾이거나 동요하는 법이 없었으며, 담론하며 분변하는 것 역시 사람들이 미칠 수 없는 점이 있었다. 이 때문에 공이 항상 과감하게 말하면서 두려워하거나 꺼리는 일이 없었던 것인데, 상이 비록 염증을 내긴 하였어도 공이 충성심 외에는 다른 뜻이 없다는 것을 알고 있었던 데다가 뒤에 가서는 공의 말이 많이 입증되었으므로 매번 이와 같이 공을 그리워하였던 것이다"라고 총합하여 요약하고 있다.

묵재일기(默齋日記)

『묵재일기(默齋日記)』는 은봉(隱峯) 안방준(安邦俊)이 이귀(李貴)의 사실을 기록한 것인데, 필사본이 상, 중, 하 3권이 전해진다. 이 일기는 대체로 이귀 한 개인의 언행과 실제를 적은 것이지만, 실제로는 여러 가지 관련 자료도 참조할 수 있어 당시의 정치적 상황을 짐작할 수 있는 자료이다.

상권은 70세까지의 평거언행(平居言行), 반정시사(反正時事), 치역논변(治逆論辨)으로 출사와 임관시의 관직수행, 반정거사(反正擧事), 그 이후 추요직(樞要職)에서의 국정수행등 공의 생애 대부분이 기재되어 있다. 중권은 1627년(인조 5)에 이귀가 우찬성에 있던 때(71세)로부터 시작하여 74세까지 4년간에 걸쳐 조정에서 공이 수행하거나 참여한 국정의 시말이 기록되고 있다. 이 때 공은 노년임에도 왕의 절대적인 신임을 받아 병조판서와 의금부판사의 직에 있었거니와 특히 정묘호란의 과정에서 공의 역할이 기록되어 있다. 하권은 71세 되던 1631년(인조 9) 치사의 뜻을 밝힌 부분으로부터 시작하여, 1633

▌ 묵재일기

년 임종과 1634년 묘소를 공주 남면 괘성산으로 이장한 내용까지 기록하였다.

이상의 『묵재일기』 3권은 연평군 생애의 기록이지만, 연평군이 항상 국정의 중심에서 실질적인 정책을 구상하고 이를 직언으로 제시하였던 점을 감안할 때, 이 일기는 곧 선조·광해군·인조의 3대에 걸친 당시의 역사적 기록이며, 따라서 현재에서도 그 사료적 가치가 매우 크다고 평가할 수 있다.

연안이씨의 공주 세거

연평부원군 이귀(1557~1633)가 생전에 공주와 쌓은 인연은 아마도 이괄의 난으로 인조가 공주 쌍수정에 파천하였을 때가 유일하지 않은가 생각된다. 그럼에도 새로운 장지가 공주로 정해지면서 공주와 연안이씨의 인연은 크게 달라지게 되었으니, 연안이씨가와 공주와의 인연은 인조 12년(1634) 가을 묵재공의 묘를 공주 남면 괘성산에 이주함으로써 시작되었다. 따라서 이 때부터는 이 묘소를 관리하기 위한 인력과 거처가 필요하였고 해마다 성묘와 제향으로 공주와의 왕래가 이어졌다.

이와 관련하여 이귀의 자녀들이 부친 사후 3년이 지난 1636년에 분재하며 작성한 화회문기를 보면 봉제사의 몫으로 떼어 둔 재산이 사패(賜牌) 전답이라는 내용과 함께 공주 산소의 전답은 오로지 묘산(墓山)을 수직하는 것으로 삼는다고 되어 있다. 이를 미루어 보면 공주 일대에 사패지가 있었고, 봉사조 재산은 장남인 이시백에 의하여 관리되었으며, 그래서 이귀의 묘소와 신도비가 있고 대를 이어 이시백의 손자 이상주(李相冑), 증손 이영(李泳)이 대를 이어 만수리에 묘를 쓰고 있다.

한편 공주 검상동에는 안분재(安分齋)가 있는데 이준(李憬, 1631~1695)은 이시방의 넷째 아들로 자가 경략(景略)이고 호가 안분재였는데 백천군수를 역임하였으며, 자헌대부 이조판서를 증직받은 인물이다. 증손인 명빈(命彬)이 지은 묘지에 의하면 1674년(숙종 즉위년)에 연기현감에 제수되었으나 2차 예송논쟁에서 서인 노론계가 패배하여 허목 등 남인들이 득세하게 되자 세상의 도덕이 해이해졌다고 애통해 하면서 아버지인 이시방의 묘소가 있는 공주 이인 공주 검상동에 초가 삼칸의 안분재(安分齋)를 짓고 시주(詩酒)를 벗삼아 소요자적하였다고 한다.

연평부원군 이귀 묘역

이인면 만수리 아랫만수동에는 1634년 조성된 연평부원군 이귀의 묘와 1650년 건립된 신도비가 남아있다. 『묵재일기』에 의하면 1633년(인조 11) 2월 공이 졸하자 장지를 물색하게 되었는데, 이때 왕명으로 교하(파주) 월롱산 아래 상곡리에 묘소를 정하고 장례를 치루도록 하였다고 한다. 그러나 이듬해인 1634년(인조 12) 윤8월 교하의 묘소가 불길하다고 하는 설이 있자 마침내 공주로의 이장을 결정하게 되었고 마침내 이 해 9월 17일에 공주 남면 괘성산 아래로 이장하게 된다. 이때 왕은 내수사에 지시하여 공목(貢木) 50필을 보내어 이장 비용을 보태주고 양도(경기·충청)감사와 병조로 하여금 제반 물자와 역군(役軍)을 동원하도록 하였다고 한다. 그리고 이장시 선박을 이용해 서해를 지나 금강을 통해 만수리에 이르는 물길을 이용하였는데 당시 상여를 뒤따르는 만장의 행렬이 어마어마했다는 전설이 전해진다.

▌ 인조반정의 공신 연평부원군 이귀의 묘역

　왜 그때 묘역을 공주로 정했는지에 대한 자세한 연유는 정확히 전해
지지 않는다. 다만 문중에는 인조반정 공신으로 하사받은 사패지가 있
어서였다는 구전이 전해질 뿐이다. 묘역에 대한 풍수지리적인 명당 전
설은 정면으로 보이는 안산은 후대에 인물을 내는 형국이라고도 하고
괘성산은 산줄기가 다섯 개로 뻗어 내리는데 그중 이귀의 묘소는 내룡
자리를 차지한 명당이라는 평이 있다. 연평의 자손 9대가 봉군된 것은
바로 이러한 지세 덕분이라고 이야기하는 사람들도 있다.

　묘역은 인동장씨와 합장묘로 봉분의 둘레는 약 40cm 높이의 호석이
둘러있고, 그 앞에는 이수의 화려한 조각이 돋보이는 묘비가 세워져 있
다. 가운데에 향로석과 좌우에는 상석 높이 크기의 동자석이 각각 1기
씩 세워져 있다. 묘역의 전면에는 망주석과 문인석이 있는데 문인석은

얼굴에 미소를 띠고 있으며 홀을 든 금관조복차림이다. 모두 조각 수법이 뛰어나다.

묘비는 이귀의 사후 8년 만인 1641년(인조 19)에 건립되었다. 비문을 택당 이식(李植)이 찬하였다. 묘비의 크기는 높이 145cm, 폭 49.5cm, 두께 18cm이며 비수(碑首)는 신도비와 비슷한 양식으로 수려한 조각기법을 보이며 높이 64cm, 폭 36cm 이다.

이귀 신도비

아랫만수동 마을의 입구에 있는 연평부원군 이귀의 신도비는 1979년 충청남도 유형문화재 제89호로 지정되었다. 신도비명은 '증 의정부 영의정 연평부원군 충정 이공신도비명'이고, 조익(趙翼)이 짓고, 오준(吳竣)이 글자를 썼으며 전서는 여이징(呂爾徵)이 썼다. 1650년(효종 1)에 건립된 것으로 묘비 건립 후 9년 만에 신도비가 세워진 것이다.

비문을 지은 포저 조익은 이귀의 아들 이시백(李時白) 및 장유(張維) · 최명길(崔鳴吉)과 더불어 어려서부터 우정을 지켜 '사우정(四友情)'이라 불리던 인물이며 그의 아들과 이시백의 딸이 혼인함으로써 더욱 긴밀한 인연을 이어갔다.

신도비의 이수에는 쌍룡이 다투는 듯한 형상이 사실적이고 생동감있게 표현되어있고, 귀부는 소박한 형태이다. 귀부의 등은 8각형 모양이 규칙적으로 음각되었다. 비신의 높이 210cm, 이수의 높이 55cm, 비신의 너비 104cm, 폭 32cm, 귀부만의 높이 70cm, 길이 285cm, 너비 190cm이다. 최근 비각을 세워 신도비를 보호하고 있다.

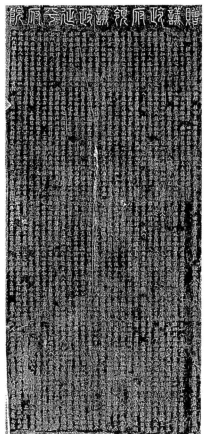

▌이귀 신도비와 비문 탁본

성봉서사(삼연영당)

삼연영당(三延影堂)은 이귀(李貴)와 두 아들 연양부원군 이시백(李時白), 연성군 이시방(李時昉)을 제향하던 영당으로 삼연이란 이름은 부조묘를 하사받은 3부자의 군호가 연평 연양 연원이어서였다. 이 영당은 18124년

어간에 건립된 것으로 그 연혁은 『삼연영당의절(三延影堂儀節)』에

> 공주 괘성산 아래 만수동에 있는 연평공 묘소 아래에서 부르면 대답할만한 곳에 영당을 세웠는 바, 이곳은 곧 연평공의 6세손 좌의정공의 거처였는데 이 때에 고쳐서 영당으로 만들었다고 하였다. 여기에 모신 영정은, 연평공은 만년의 상이며, 연양공은 40세 이후, 연성공은 30세 이후의 상이었다.

라는 기록을 통해 비교적 상세히 확인이 된다. 삼연영당 건립은 대종손 풍(豊)이 영건통문을 돌렸고 현응(顯膺), 도중(度中)이 맡아 종중에서 비용을 부담하여 영정을 이모, 영당을 건립하였다. 화산(花山)에서 모시던 충정공 이시방의 영정을 후손 도중(度中)의 집으로 이전하고, 흑석(黑石)에서 모시던 충정공 이귀, 충익공 이시백 영정도 도중의 집으로 옮긴 후 화사(畵師)

안득사에게 진본을 보내어 모사, 연평·연양·연성의 영정을 모시는 삼연영당이 건립되었다. 삼연영당 창건 당시의 건물 구조를 보여주는 '삼연영당도'를 보면 동서 양쪽에 계단을 두어 단을 높인 전면 3칸의 건물에 팔작지붕을 올리고 주위는 담을 둘렀으며 전면에는 중문

▌ 삼연영당도

▌ 대성단

(中門)이 있다. 그리고 영당의 동측 담과 연결된 건물에 장소장판각(章疏藏板
閣)과 재실(齋室), 대문(大門), 고직방(庫直房)이 있다. 장소장판각에서는 이 집
안의 전적과 판각을 보관하고 있었을 것이지만 지금 전해지는 것은 없다.
후손들이 나누어 소장하는 전적류가 아마도 원래 이 건물에 보관되어 있
던 것이 아닌가 생각된다.

삼연영당은 그 후 몇 십 년이 지나지 않은 1800년대 중반에 사우당
이시담(李時聃)을 추가로 모셔 4인을 제향하는 성봉서사(盛峰書社)로 이름
을 바뀌었다. 성봉서사는 1871년(고종 8)에 대원군의 서원철폐령으로 훼
철되어 현재까지 복원되지 못하고 터만이 아랫만수동 남서쪽 계성산
능선에 남아 있다.

대성단(大成壇) ; 대성단(大成壇)은 공주시 이인면 목동리 돌마루마을 와룡산 중턱에 위치한다. 대성단은 1961년 건립한 공자와 주자 이이 · 김장생 · 이귀 5인을 제향하는 단소(壇所)이다. 1960년에 이병연 등이 통문을 돌려 인근 지역 사람들의 협찬을 받아 1961년 준공하였고 제향의절은 문회서원(文會書院)과 강릉 오봉서원(五峯書院)의 예에 따랐다. 이병연(李秉延)이 지은 『대성단전말기(大成壇顚末記)』에 의하면 김장생은 예학으로 대성하고 이귀는 명륜으로 대성하였으므로 위패를 삼성(三聖 : 공자, 주자, 이이)의 아래에 제향한 것이라고 한다. 단묘에는 각각 단비를 세웠고, 입구에는 대성단기적비(205×54×26cm)가 세워져 있다. 관련 자료로 대성단을 건립하게 되는 동기와 과정 및 대성단 사적 등이 자세하게 기록된 『대성단실록(大成壇實錄)』(1962년, 후손 이병연 찬)이 있다.

이귀 초상 ; 이귀(李貴, 1557~1633)가 흑단령포를 입고 있는 반신상 형태의 초상이다. 본래 공주 삼연영당(三延影堂)에 아들 이시백(李時白), 이시방(李時昉)의 영정과 함께 봉안되었던 것으로 상단에 해서체로 '정사공신증영의정연평부원군충정공묵재이선생진상(靖社功臣贈領議政延平府院君忠定公默齋李先生眞像)'이라 적혀있다. 정확한 제작연대와 그린 인물은 불명이다.

1품관이 착용하는 공작흉배와 서대를 착용하고 있어 도상 자체는 인조반정으로 정사공신 1등 연평부원군에 봉해졌을 때의 공신도상과 일치한다. 얼굴에 연분을 섞는 분홍색을 배채하고 비단 앞면에서 다시 연분을 섞은 분황색을 후채한 뒤 적갈색 필선으로 얼굴을 선묘하고 주름 사이를 더 어둡게 선염하여 명암을 표현했다. 초상은 광대뼈가 튀어나오고 턱이 뾰족하며 눈이 부리부리해 평소 성품이 강개하였다는 선생의 모습을 잘 전해주고 있다. 충청남도 문화재자료 제393호로 지정

(2005.10.31)되었다.

연안이씨가의 전통주 '계룡 백일주'

백일주(百日酒)는 술을 빚는 데 100일 정도 걸린다고 해서 붙은 이름이다. 백일주 중 지금까지 전통 방식대로 빚고 있는 대표적인 것이 바로 '계룡 백일주'이다. 계룡 백일주는 공주 연평부원군 이귀(1557~1633) 종가에 전해져온 가양주로 대를 이어 집안에 전승되어 오다가 1989년 충남무형문화재 7호로 지정되었다.

전하는 일화로 인조는 반정 성공 후 이귀의 공을 치하하면서 그 선물로 궁중에서 빚어 사용하던 백일주를 하사했고, 그 후 제조법이 연안이씨 가문에 전승되었다고 한다. 특히 이귀의 부인인 인동장씨가 왕실에서 전수한 양조 비법으로 술을 빚었는데, 솜씨가 좋아 궁중에서 하사한 술보다 맛이 더 좋았다고 평해져 그 술을 다시 임금에게 진상했다는 이야기도 전하고 있다. 이후 연안이씨 가문에서 백일주는 며느리들에 의해 대를 이어 400여 년을 이어지게 되었고 충남무형문화재 제7호로 지정되면서 '계룡 백일주'라는 이름으로 세상에 이름이 알려진다. 이귀의 14대손 이횡의 부인 지복남(1926~2008)이 그 기능보유자로 등록되었고, 지복남은 1994년 전통식품(계룡 백일주 제조기능) 명인으로 선정되기도 했다. 지금은 지복남의 아들이자 이귀의 15대손인 이성우씨가 그 전수자가 되어 충남 공주시 봉정동(봉정길 32)에서 계룡 백일주를 빚고 있다.

(이해준, 제15호, 2016.6)

오백령과 오시수,
당쟁을 만나 불우했던 정치인

공주의 동복오씨는 묵재공파(默齋公派)로 통칭된다. 묵재(默齋)는 오백령(吳百齡)의 호로 그가 직접 공주와 인연을 가진 근거는 없지만, 그의 자-손-증손대에 공주에 많은 유서를 남기고, 공주에 터전을 마련 번창하였기 때문이다.

동복오씨와 공주의 인연, 그 흔적들을 찾아보면 비교적 짧은 시기에 공주에 터전을 마련하였음에도 입향 이후 기라성 같은 인물들을 연이어 배출하면서 공주의 저명 성씨로 부각하였을 뿐만 아니라, 특히 충청관찰사를 3~4대 사이에 연이어 배출함으로써 특별한 연고를 지니게 된다.

공주에는 입향시기의 인물 묘소가 있고, 오백령 영당이 복설되어 그 의미가 크다. 그런가하면 당쟁의 과정에서 불우한 삶을 살았던 수촌 오시수의 신도비, 그리고 동복오씨 삼세정려도 중건되어 그 역사를 전해주고 있다. 이와 함께 그의 손자인 오정원, 증손자인 오시수의 신도비와 묘소, 그리고 동복오씨삼세정려 등 동복오씨 문화유적들이 보존되어 있다. 또한 공주 월굴에서 수촌의 신원활동이 연이어 이루어졌으며, 동복오씨의 족보가 편간되는 등 가벼이 볼 수 없는 역사들이 이 가문과 관련되어 일어났다. 1858년에 간행된 『공산지』에는 '월굴영당(月窟影堂)'

이 있고 이곳에는 오백령(吳百齡, 1560~1633)의 영정이 봉안되어 있었다. 현재는 이름을 묵재영당(默齋影堂)으로 고쳐 우성면 단지리 월굴 마을에 새롭게 건립되어 있다.

오백령과 공주의 인연

공주와 동복오씨가 인연을 맺게 된 것은 오시수(吳始壽, 1632~1681)가 우성면 단지리 월굴(月窟)로 입향하면서 비롯된 것으로 알려진다. 그런데 공주와 동복오씨의 인연을 거슬러 올라가 추적해보면 이보다 훨씬 앞선 오시수의 증조부 오백령(吳百齡, 1560~1633)의 행적에서 그 단초가 이미 발견되고 있다. 오백령은 자가 덕교(德喬), 호가 묵재(默齋)로 임진왜란 때인 1593년, 1594년 분조를 행하던 광해군을 호종했던 공으로 위성공신 3등에 입록된다. 당시 광해군은 전후 3차례에 걸쳐 공주에 80여 일을 체류하였는데, 오백령은 광해군과 함께 공주에 머물렀음을 유추할 수 있다. 또한 1624년 인조의 공주 파천을 호종한 공으로 승급하였다는 기록도 전해져 이괄의 난으로 인조가 공주에 파천하였을 때 공주에 다시 왔을 것으로 보인다.

그러나 동복오씨가 이보다 더욱 확실하고 크게 공주와 인연을 가지게 되는 것은 오백령의 아들인 오단(吳端)과 손자 오정환(吳挺垣), 증손자인 오시수(吳始壽, 1632~1681) 때이다. 즉 오단이 의당 수촌의 청송심씨와 혼인을 한 것이나, 그의 아들 오정환이 수촌과 월굴에 신후지지를 마련한 것, 이어 수촌 오시수가 은거하여 이곳에 선영과 사당을 마련한 것이 바로 그것이다.

그런가하면 더욱 중요한 것은 다음에 열거하는 기라성 같은 인물들

■ 오백령의 영정

이 1600년대 중후반에 동복 오씨 가문에서 집중적으로 배출, 활동하였다는 점이다. 묵재 오백령에게는 준(竣), 단(端), 횡(竑), 입의(立義)와 우봉 이씨 이흡 처 등 모두 4남 1녀가 있었는데 장남인 오준(吳竣, 1587~1666)은 중앙정계에서 활약하였고, 문장에 능하고 글씨를 잘 써서 왕가의 길흉책문(吉凶冊文)과 삼전도비(三田渡碑)의 비문을 비롯하여, 수많은 비문을 쓰는 등

명필로 유명하였다. 특히 그는 왕희지체(王羲之體)를 따라 단아한 모양의 해서를 잘 썼다. 아산의 충무공이순신비(忠武公李舜臣碑)도 그의 글씨이다.

차남인 오단(吳端, 1592~1640)도 예조참의와 형조참의를 지냈으며, 둘째 딸을 인평대군에게 출가시켰다. 오단의 아들인 오정일(吳挺一, 1610~1670)과 오정창(吳挺昌, 1634~1680)이 각각 한성부 판윤과 예조판서를 지내는 등 당시 동복오씨는 전성기라 할 만큼 중앙 정계에 활발하게 진출하였다. 예컨대 오백령 이하 3~4대에 대과에 급제한 인물만도 아들 준(竣)과 단(端), 손자 정일(挺一), 정원(挺垣), 정위(挺緯), 정창(挺昌), 그리고 증손자 시수(始壽), 시대(始大), 시만(始萬), 시항(始恒)이 연이어 배출되었고, 그 인물들의 관력을 보면 호조판서 오정일(吳挺一, 1610~1670), 관찰사 증 영의정 오정원(吳挺垣, 1614~1667), 우참찬 오정위(吳挺緯, 1616~1692), 예조판서 오정창(吳挺昌,1634~1680), 우의정 오시수(吳始壽,1632~1681), 관찰사 오시대(吳始大, 1634~1697), 이조판서 오시복(吳始大, 1637~1716), 형조좌랑 오시항(吳始恒, 1645~1685), 대사간 오시만(吳1始萬, 1647~1700) 등등 실로 기라성 같은 인물배출이 있었다.

그러나 이러한 오백령 가문의 위상도 정치적 사건으로 인해 많은 피해를 입게 되었다. 즉 1680년 경신대출척으로 오정창(吳挺昌, 1636~1680)과 그의 아들 오시원, 그리고 오시수가 사사되고, 오정창의 부인인 해주정씨와 오시원(吳始元)의 처 진주유씨가 함께 자결하였으며 오시만(吳始萬, 1647~?)은 1694년 갑술옥사로 용천·강서 등지로 유배되는 등 정치적 피화는 계속되었다.

어쩌면 이처럼 동복오씨 집안은 경신대출척을 계기로 정치적 몰락과 가문의 피화를 입게 되고 그것이 결국 공주로 입향하게 되는 직접적인 계기로 작용한 것으로 보인다. 물론 동복오씨가 공주와 인연을 마련하는 것은 둘째 아들 오단(吳端)이 공주의 청송심씨와 혼인하였던 것, 그리고 충청관찰사를 역임한 것이 인연이 되지 않았을까 생각해 보게 된다.

이 가계에서는 오백령의 차자인 오단(吳端, 1592~1640)이 1637년 충청관찰사를 역임하였고, 22년 뒤인 1659년에는 오단의 아들인 오정원(吳挺垣, 1614~1667)이, 오정원의 아우인 오정위(吳挺緯)도 1661년 충청도 관찰사로 부임하여 외조부 유근이 지은 공북루를 60여 년 만에 중수하고 산성을 수축하였으며, 성내에 사찰을 지어 승도들을 모집한 것, 그리고 더욱 중요한 것으로 『서경집』, 『인주유고』, 『만취집』을 공주에서 간행하고 있다.

공북루 중수와 관련하여서는 후일 당쟁으로 서로 다투게 되는 입장의 우암 송시열에게 동사공이 부탁하여 지은 공북루 중수기가 있다. 여

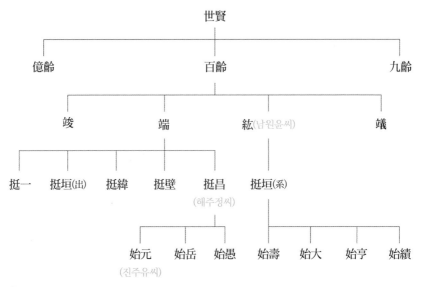

世賢

億齡　　　　　　百齡　　　　　　九齡

竣　　　　端　　　　紘(남원윤씨)　　　　義

挺一　挺垣(出)　挺緯　挺壁　挺昌　挺垣(系)
　　　　　　　　　　　　　　(해주정씨)

始元　始岳　始愚　始壽　始大　始亨　始績
(진주유씨)

▌ 동복오씨 가계도(▇ : 정려포장인물)

기에 더하여 오정원의 차자 오시대(吳始大, 1634~1697)까지 1679년 충청
도 관찰사에 임명되었으니, 전후 25년 동안에 내리 3대 4명의 충청관
찰사를 배출, 역임했던 것은 정말로 특이한 사례가 아니었나 생각된다.
그리고 앞에 든 것처럼 아마 동복오씨의 역사 중에서 묵재공파의 위세
가 가장 번성했던 시기가 바로 이 공주 입향을 전후한 시기가 아니었던
가 싶다.

오정원-오시수와 공주 입향과정

동복오씨가 공주와 결정적 인연을 맺게 된 것은 오정원의 묘소 택점
과 숙종 대 남인세력의 중심인물이었던 오시수(吳始壽, 1632~1681)가 우성

면 단지리 월굴(月窟)로 입향에서 비롯된다.

후손들에게 전해지는 바로는 오단의 아들이자 오시수의 아버지인 오정원(吳挺垣, 1614~1667)은 공주 입향의 결정적 계기를 만든 인물로 알려진다. 즉 오정원은 자신의 신후지지(묘소)를 의당의 수촌에 잡았었다고 한다. 오정원은 석성현감과 충청관찰사를 역임하였는데 충청관찰사 재임 중에 의당 수촌리를 신후지지로 정하였다 한다. 그러나 막상 오정원이 잡았던 수촌의 묘소 자리는 외가인 청송심씨에게 넘겨주고, 자신은 월굴의 현재 묘소 자리를 다시 잡았다고 전해진다.

오정원이 1667년(현종 8) 졸하자 아들 오시수는 현재 묵재영당 자리에 망배루(望拜樓)라는 시묘자리를 짓고 이곳에서 시묘살이를 한 뒤에 그곳에 아버지의 위패를 모시는 사당으로 건립하였다고 한다. 당시 아들 오시수는 우부승지에 재임 중이었는데, 묘역을 조성할 때 인근 4개 지역의 군민을 동원하여 바구리로 흙을 날랐다는 구전이 전해지며, 당시 관상감사의 도움으로 명 지관이 터를 잡았다는 일화도 전해진다.

수촌 오시수는 스스로 호를 수촌이라 한 것에서 보듯이 스스로 공주와의 깊은 인연을 강조한 인물이다. 그는 부친의 묘소를 이곳으로 정하면서 시묘살이를 하던 1670년 어간에 단지리 월굴에 사당과 재실을 마련한다. 월굴에서 이루어지는 묘제사의 모습이 『동복오씨세덕십장』에 「월굴승사」로 묘사되고 있기도 하다.

오시수(吳始壽, 1632~1681)의 관력과 행적은 화려하고 다채롭기도 했지만, 당쟁과 연관되면서 대표적 인물로 남인으로 사화기마다 숙청과 탄핵, 관직 추탈과 삭직, 복권과 신원을 여러 번 반복한 불우한 인물이었다. 오시수의 자는 덕이(德而), 호는 수촌(水邨)이다. 1656년(효종 7) 25세에 별시문과에 병과로 급제하여 정언·문학·지평·교리·이조정랑을 역

▌월굴의 오정원, 오시수 묘역과 묵재영당

임하였다. 이어 집의, 응교·사인을 거쳐 1666년 35세로 중시문과에 장
원하였으며, 예빈시정, 승지를 거쳐 1670년 전라도관찰사로 부임하여
많은 공적을 남겼다. 1672년 이조참의·평안도관찰사·강화부유수를
거쳐 1674년 도승지가 되었다. 이조판서, 대사헌·우참찬을 거쳐 1676
년 호조판서, 이듬해에 대사헌·판의금·이조판서·예조판서를 지내고,
1679년 우의정이 되었다. 1680년 경신대출척으로 허적(許積) 등 남인
일파가 숙청될 때 김석주(金錫胄) 등 서인들로부터 허적에게 아부하였다
는 탄핵을 받아 유배되었다. 이때 모친 윤씨가 상언하여 억울함을 말한
것은 아주 유명한 일화이다. 그리하여 11월에 위리안치의 명이 내리고

다음해인 1681년 6월에 사사되었다.

1681년(숙종 7) 오시수가 사사 당하자 아들 오상유(吳尙游)와 아우 오시적(吳始績)이 공주 월굴에 장사지냈고 이후 후손들이 세거하면서 번성하게 되는데, 이후 자손대대로 수촌 오시수의 신원과 복작을 위한 노력들이 간단없이 이어진다.

1680년 유배지에서 잡혀와 국문을 당하게 되자 모친 윤씨가 상언을 하여 그 억울함을 알리고 1689년 기사환국으로 관작을 회복하고 아들 오상유가 격쟁(擊錚)으로 마침내 복관되었다. 그러나 다시 1694년 갑술옥사로 관직을 추탈 당하자, 1716년에는 아들 오상부가, 1743년에는 손자 오성운의 신원을 청하는 격쟁 원정, 그리고 1783년(정조 7)에는 증손자 오석충이 여러 차례나 격쟁하여 오시수의 신원복관을 요청하여 마침내 1784년(정조 8) 8월 관작이 회복되었다. 모부인을 비롯하여 자-손-증손이 대를 이어 100여 년 동안 신원을 상언하고 격쟁한 사례는 일찍이 그 유례를 찾기 힘들 것이다.

오시수의 관력과 행적은 이처럼 화려하고 다채롭기도 했지만, 당쟁과 연관되면서 동복오씨의 위상은 부침을 거듭하게 된다. 특히 오시수는 그 대표적 인물로 남인으로 당쟁의 과정에서 사화기마다 숙청과 탄핵, 관직 추탈과 삭직, 복권과 신원을 여러 번 반복한 불우한 인물이었다. 이처럼 숙종 대의 혼란한 정치적 변화가 오시수로 하여금 공주 우성면 월굴로 낙향하여 정착하게 하는 결정적 계기로 작용한 것은 아닐까 생각되기도 한다. 후손의 증언에 의하면 처음에 정착하기로 정한 곳은 원래 월굴이 아니라 현재의 의당면 수촌에 신위지지를 마련했다고 한다. 의당면 수촌에는 오시수의 동생인 오시대의 후손들이 세거하였고, 그 후 오시수의 후손들이 월굴로 이거하여 세거하게 되었다고 한다.

저서로 『수촌문집(水村文集)』이 있고, 오시수의 행적에 대하여는 이서우(李瑞雨)가 지은 행장, 유명천(柳命天)이 지은 묘지명, 신도비명에 상세하다.

관련 유적과 유물

묵재영당 그 후 묵재 오백령의 영정은 황해도 배천의 문회서원(文會書院)에 봉안되어 있었는데, 1868년(고종 5) 대원군의 서원훼철령으로 문회서원도 훼철의 운명을 맞게 되자 영정을 충북 단양으로 임시 봉안하게 되었다. 그러다가 1876년 후손들의 노력으로 이곳 오시수의 묘소와 신도비가 있는 공주 월굴로 옮기고, 사우를 개수하고 영정을 이안하면서 오백령 사우(휴복영당)으로 향사를 지내왔다. 최근 2004년 사우가 많이 노후되자 현재의 초익공 팔작지붕의 현재의 건물로 재건하고 묵재영당으로 개칭하였다.

사우는 정면 3칸 측면 2칸의 단일 건물로 익공 형식의 맞배지붕을 하고 있다. 영당 주위 사면이 담으로 둘러져 있으며, 영당 내에는 위패, 오백령의 영정과 증직교지가 보관되어 있다.

1928년 오인영(吳麟泳, 1844~?)이 지은 「묵재공영각중수기(默齋公影閣重修記)」에 의하면 오백령의 영정은 원래 황해도 배천에 있는 문회서원(文會書院)에 그의 형 오억령(吳億齡, 1552~1618)의 영정과 함께 봉안되어 있었던 것이었다고 한다. 그러나 1871년(고종 8) 대원군의 서원 철폐령으로 문회서원이 훼철되어 옮겨 모셨다고 한다.

그러나 세월이 오래되어 영정의 색이 바래고 좀먹게 되자 희상(熹相, 1859~?), 연흥(然興) 등이 1926년 진본을 모사하였다. 현재 사당내에 보관되어 있는 영정이 바로 이 때 모사한 것이며, 진본은 약 70여 년 전에

■ 묵재영당

■ 묵재공영각중수기(默齋公影閣重修記)

도난을 당하였다.

　오시수 신도비는 공주시 우성면 단지리 월굴 마을에 위치한다. 신도비는 나란히 2기가 있는데 우측의 비는 1694년(숙종 20)에 세워진 것으로 비문은 오시수의 아들 상유의 장인인 우의정 민암(閔黯) 찬(撰), 전주부윤 박경후(朴慶後) 서(書), 대사간 이서우(李瑞雨)의 전(篆)이다. 비신 높이 243cm, 폭 124cm, 두께 54cm, 자경은 2.5cm 정도이다. 좌측의 비

▌오시수 신도비

는 1694년(숙종 20) 갑술옥사에 연루되어 추탈되었던 오시수의 관작이 1784년(정조 8)에 신원, 복관되자 오시수의 증손인 석명(錫溟)이 장령 정종노(鄭宗魯)에게 부탁하여 비문을 지어 1810년(순조 10)에 세운 것이다.

오시수와 부친 오정원의 묘소는 월굴 마을 뒤 구릉에 있다. 묘에는 묘비와 동자상, 망주석, 장군상이 배치되어 있다. 오정원의 묘비는 1709년(숙종 35)에 이서우(李瑞雨)가 짓고, 심단(沈檀)이 썼다.

열녀 동복오씨 삼쌍정려(同福吳氏三雙旌閭)는 동복오씨 가문에서 배출한 오횡(吳竤)의 처 남원윤씨, 오정창(吳挺昌)의 처 해주정씨, 오시원(吳始元)의 처 진주유씨의 행적을 기리기 위해 건립된 것이다. 공주시 향토문화유적 유형 제31호로 지정되었다.

오횡(吳竤, 1606~1626)의 처 남원윤씨는 찰방 형준(衡俊)의 딸로 남편이 죽자 장례를 치른 후 음식을 먹지 않고 정려를 받았으며, 해주정씨는 그의 남편인 오정창(吳挺昌, 1636~1680)과 아들 오시원(吳始元)이 1680년(숙종 6) 경신대출척에 연루되어 사사되자 자부인 진주유씨와 함께 자결하여 명정을 받았다. 명정연대는 『조선환여승람』에 의하면 1869년(고종 6)에 명정을 받은 것으로 기록하고 있으며, 오횡의 처 남원윤씨의 정려는 특명으로 양주에 건립된 후 세월이 흘러 퇴락하고 중건하지 못한 채 명정 현판을 종가집 마루에 보존하였다고 한다. 그러다가 1865년(고종 2) 종중의 공론으로 3세 3위의 열부 정려를 중건하기에 이르렀다고 한다.

현재 정려는 정면 3칸, 측면 1칸의 건물이다. 정려각 내에는 우측으로부터 '열녀 오횡의 처 남원유씨의 정려(烈女 贈嘉善大夫 吏曹參判 兼 同知義禁府事 五衛都摠府副摠管 吳竑 妻 贈貞夫人 南原尹氏之門)', '열녀 오정창의 처 해주정씨 정려(烈女 資憲大夫 禮曹判書 兼 知經筵藝文館提學 吳挺昌妻 貞夫人 海州鄭氏之門)' '효부 오시원의 처 진주유씨 정려(孝婦 通德郎 吳始元妻 恭人 晉州柳氏之門)'라는 내용

❚ 동복오씨 삼쌍정려

의 현판이 차례로 걸려 있다.

동복오씨 소장 문서들

공주의 동복오씨 후손들은 다양한 고문헌 자료를 소장하고 있다. 특히 교지류는 방대한 양이 전하는데 1641년(인조 19)에 오백령이 아들 오준(吳埈)의 공으로 좌의정에 증직된 교지를 비롯하여, 공주 입향조 오시수의 교지는 1784년(정조 8) 우의정으로 복관하는 교지 등 무려 92점에 이른다. 오시수의 동생 오시대도 1674년(숙종 원년) 직산현감에 임명하는 교지 외 35점이 전해지고 있다. 또 1711년(숙종 37)에 발급 된 오시성(吳始成)의 준호구(准戶口)를 비롯한 각종 호구단자(戶口單子)가 40여 점 이상 남아있어 당시 공주지역 내 동복오씨 집안의 규모와 가족관계, 거주지, 노비 등의 현황을 파악하는 사회사적 자료가 되고 있다. 이 외에도 시권(詩卷), 입안(立案), 완문(完文), 그리고 각종 간찰류(簡札類) 등 집안 내 소장 고문서는 250여 점에 달한다. 특별하게는 동복오씨 집안의 유적 중 의미 있고 경관이 좋은 곳 10곳을 꼽아 그림으로 그려 설명을 붙여 놓은 「동복오씨세덕십경(同福吳氏世德十景)」을 꼽을 수 있다. 『동복오씨세덕십장』에 수록된 월굴승사(月窟勝事)는 공주 월굴의 동복오씨 초기 모습을 너무나도 잘 보여주고 있는 귀중한 자료이다. 『동복오씨세덕십장』은 모두 11장의 그림과 화제가 시로 기록된 서화첩으로 오시유(吳始有)가 1689년 기사환국으로 신원되어 고향으로 돌아온 후 1694년 갑술사옥로 다시 유배되기 전 5년 사이에 세덕십장을 저작한 것으로 추정하고 있다. 이중 공주와 직접 관련되는 것이 바로 제10장의 월굴승사(月窟勝事)이다. 그림 속의 월굴은 소나무에 둘러싸인 가옥과 버드나무 숲이 무성하고, 집 앞에 막 도착한 듯한 관리의 일행이 보인다. 이 관리가 바로 수촌 오시수이며 1679년 정승에 제수되어 아버지 오정원의 산소를 성묘하기 위해 내려와 충청도 호서안찰사였던 동생 참판공 오시대를 만나는 순간을 그림으로 옮긴 것이다. 나무 아래에는 이 광경을 바라보는 사람들이 모여 있으니, 시에서도 묘사되었듯 충청도 내 여러 고을에서 인사를 온 사람들과 구경하는 어른들인 듯하다.

전적류도 약 70여 점 이상이 있는데 대체로 경서류와 문집류가 주를 이룬다. 유물로는 고종 때 그린 오백령의 영정과 영정 제작과정으로 보여 주는 영정초본이 있다. 1928년 후손 오인영이 지은 「묵재공 영각중수기(默齋公影閣重修記)」에는 오백령의 영정이 월굴에 봉안되는 내력과 중수 사실을 확인하게 한다.

이와 함께 또 하나 주목할 것은 동복오씨 족보가 대부분 공주 월굴에서 편찬되었다는 사실이다. 원래 동복오씨 족보는 만취공 오억령이 선대의 유서와 고적을 수집하여 편찬을 시도하다가 성사를 시키지 못하였고 그나마 임진왜란으로 세보도 유실되자 동사공 오정위가 수보(修補)하여 서문을 짓고 출판하려 하였으나 뜻을 이루지 못하였다. 이것이 정묘보(숙종 13, 1687년)이다. 이를 토대로 오상유가 임진보 2권(숙종 38, 1712년)을 발간하게 된다. 이 모든 작업이 공주 월굴에서 이루어졌고, 당시의 족보 목판도 월굴에 보존되었었다고 한다. 이후의 동복오씨의 족보 편찬사업(1792년 임자보, 1846년 병오보, 1866년 병인보)도 모두 이곳에서 계속되었다는 점이다.

(이해준, 제17호, 2016.12)

제3장
학문과 예술의 세계로

贈謚文貞公者
監事世子師姜栢年
藝文館春秋館觀象
政無領經筵弘文館
祿大夫議政府領議
提學贈大匡輔國崇

서기, 호서유학의 씨를 퍼뜨리다

강백년, 조선 제일의 청백리 학자

이유태, 공주가 챙겨야 할 충청의 대표 선비

정규한, 공주의 향약절목을 편찬하다

이삼평, 아리타에서 꽃 피운 도예 혼

서기,

호서유학의 씨를 퍼뜨리다

고청 서기(孤靑 徐起, 1523~1591)는 보령 남포(藍浦)의 한미한 출신으로, 부친은 구령(龜齡)이며, 본관은 이천이다. 자는 대가(大可), 호는 고청(孤靑), 초로(樵老), 구당(龜堂), 이와(頤窩)이다. 그는 비록 출신이 한미함에도 조선시대 신분사회의 질곡 속에서 거의 개인적 역량으로 한 시대에 기록될 만한 학문적 성과를 이루었던 전설적 인물이다.

고청의 생애와 학맥

그리고 무엇보다도 그는 만년기에 공주 공암에 정착하여 19년동안 많은 제자를 양성함으로써, 16세기 후반 공주지역의 성리학적 분위기 형성에 지대한 영향을 미쳤으며, 충남에서 최초로 사액을 받는 충현서원은 그가 강학하면서 세웠던 공암서원(孔巖書院)이 발전을 이룬 것이다.

고청은 어렸을 적부터 학문에 매진하여 제자백가는 물론 기술의 이론까지 통달하였으며 선학(禪學)도 좋아 하였다 한다. 화담 서경덕의 문인인 토정 이지함을 만나 유학이 정도(正道)임을 깨닫고 배움에 임하였다. 한훤당 김굉필의 학통을 이은 이중호에게서 성리학에 대한 가르침을 받았고, 박지화(朴枝華), 조헌(趙憲), 송익필(宋翼弼) 등 당대 최고의 학자들과도 교유하였다.

토정 이지함은 제자 가르치기를 좋아하였다 하는데, 고청은 토정의 문인 중 가장 주목되는 사람이 둘인데 바로 중봉 조헌(趙憲)과 고청 서기(徐起)였다고 한다. 조헌은 홍주목의 교관으로 재직할 때 가까운 보령에 은거하고 있던 토정을 찾아 사제의 연을 맺었는데, 토정은 조헌에게 스승으로서는 이이, 성혼, 송익필을, 학우로서는 이산보와 서기를 추천하였다고 한다. 송익필과 서기는 당시에 비천한 출신임에도 불구하고 이들을 스승과 학우로 추천한 것은 토정의 개방적인 신분관이 신분차별을 벗어났음을 말한다. 서기는 이지함과 가까운 지역에 살다가 그의 명성을 듣고 찾아와 제자가 되었다고 한다.

고청은 장년기에 당시 기거하던 홍성에서 향약 등 성리학적 향촌질서를 실현하려 하다가 뜻대로 되지 않자 지리산으로 옮겨가 학문과 강학에만 전념하였다. 그러다가 50세가 되던 1572년 계룡산 고청봉 아래의 공암(孔岩)에 기거하며 '고청(孤靑)'이라 자호하고 강학을 하였으며, 강학하는 곳에 함께 사당을 세워 주자(朱子)의 영정을 봉안하였다. 69세에 죽기까지 19년간을 살면서, 많은 제자들을 가르쳐 공주의 사림문화 형성에 지대한 공헌을 했다. 이 때에 사계 김장생은 서기를 찾아 성의(誠意)에 대한 강론을 한 적이 있었고, 동춘당 송준길의 아버지 송이창은 서기의 문인이었다. 그리하여 송이창은 서기의 제문을 지었을 정도였다.

공암서원의 창건과 '충현' 사액

바로 공암은 고청의 만년생활을 하던 곳이자, 후학 양성과 학문 연찬의 은거지였다. 그런 이곳에 1581년(선조 14) 그의 가르침을 받은 제자들이 주도하고, 당시 공주목사로 와 있던 권문해(權文海)가 재정을 지원하여 공암서원을 세우게 된다. 창설 당시 공암서원에는 성리학을 집대성한 중국의 주자가 중앙에 모셔지고, 공주의 향현인 석탄(石灘) 이존오(李存吾), 한재(寒齋) 이목(李穆), 동주(東洲) 성제원(成悌元)이 제향되었다.

이 공암서원은 서기가 죽은 다음 해에 임진왜란이 발발하여 폐허화된다. 이를 1610년(광해군 2)에 제자들인 박로(朴輅), 박희성(朴希聖) 등의 주도하여 중수하였고, 14년 뒤인 1624년(인조 2) 공암서원은 '충현(忠賢)'이라는 사액을 받는다. 당시는 서인이 인조반정을 통하여 대북정권을 몰아내고 정권을 잡은 직후로, 사액과 함께 토지 3결에 대한 면세권 및 일정부분 관의 경제적 후원이 보장되었다. 그리하여 사액을 받은 다음 해인 인조 3년 중건을 통해 서원 면모를 일신했고, 서원 창설자인 서기를 남강고사(南康故事)를 모방하여 별사(別祀)하기 시작했다.

이 후 충현서원은 연산의 돈암서원(遯巖書院)이 1660년(현종 원년)에 사액받기까지 약 30여 년간, 이 지역 유일의 사액서원으로 많은 역할을 한다. 그리고 조헌·김장생·송준길·송시열 등 이 지역 명현들의 추배가 이루어졌다. 조헌의 추배는 죽은 지 60여 년이 지난 효종조에, 1674년(현종 15)에는 김장생이, 1686년(숙종 12)에는 송준길이, 그리고 송시열이 1713년(숙종 39)에 추배되어 충현서원은 서인 노론계의 중심 서원이된다.

다시 보는 고청, 그의 특별한 삶

윤봉구는 고청 서기의 묘갈명에서 '고청 선생은 진실로 호걸의 재주와 독실한 학문을 지녀 온 세상에 찾아보아도 그와 짝하는 이가 드물다'고 칭송하여 마지 않으며, 그가 깊은 학식에도 한미한 신분으로 인해 생전에 관직에 천거되지 못하였을 뿐만 아니라, 죽어서도 서원에 올바로 제향되지 못함을 무척 안타까워하였다.

1751년(영조 27) 홍계희(洪啓禧)는 서기의 업적에 대하여 평하며 그의 추증을 기대하면서 이르길 "그 궁리(窮理) 격물(格物)의 학문은 하늘에서 타고난 것입니다. 주자(朱子)를 존경하고 숭상하여 학문이 정심(精深)하였고 …… 호중(湖中)의 학문이 성대하여진 것은 서기(徐起)의 힘이 대부분을 차지한다"라 하였다. 이로써 1752년(영조 28)에는 지평(持平)에 추증되었고, 때는 늦었지만 1910년에는 정2품의 관직이 추증되었고, '문목(文穆)'(博學多聞曰文 中心見貌曰穆)이라는 시호도 내려졌다. 그리고 묘소 앞에 신도비가 세워졌고, 태생적 한계로 충현서원에 배향되지 못하고 별사되다가 1925년에 훼철되었던 서원의 사우가 복원되면서 다른 향현과 함께 제향되어 오늘에 이르고 있다.

문집『고청선생유고』

고청의 문집으로는『고청선생유고(孤靑先生遺槁)』가 전한다. 그가 세상을 떠난 지 160여 년이 지난 1750년(영조 26) 충청도 관찰사 홍계희(洪啓禧)가 공주에서 간행하였다. 수록되어 있다. 고청 서기가 남긴 글과 시문들은 임진왜란을 겪는 사이 대부분 유실되어 문집을 간행하는데 어려

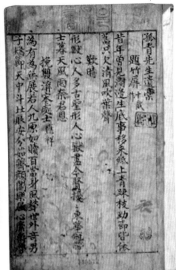

┃ 고청선생유고(孤靑先生遺稿)

움이 많았다.

　이에 5대손 서행원(徐行遠)이 집안에서 전해지는 오래된 기록과 서기의 제자나 문인들의 문집에서 자료를 수습하여 시(詩) 11수와 박지화(朴枝華)가 지은 묘갈명 등을 찾아 1책으로 정리한 후, 이것을 충청도 관찰사 홍계희(洪啓禧)에게 가져가 간행을 부탁하였다. 홍계희는 이를 다시 편집하면서 윤봉구(尹鳳九)에게 행장(行狀)을 짓게 하고 자신이 발문을 붙여 1750년(영조 26) 공주에서 목활자로 발행하였다.

　『고청선생유고』에는 서기의 시 11수가 실려 있는데, 10세에 지었다는 「제죽병(題竹屛)」과 1589년 공주 제독관 중봉 조헌에게 보낸 시 「기조제독(奇趙提督)」이 대표적이다. 그리고 보은의 객사에서 머무르며 쓴 「숙보은객사(宿報恩客舍)」는 스승 송익필을 만나던 일과 연관된 것으로 보인다.

그 뒤 후손들이 추가로 수집한 시와 조한영(曺漢英)이 쓴 '배선생묘(拜先生墓)', 정존중(鄭存中)이 쓴 '충현서원중수기', '사우록(師友錄)' 등을 더하여 2권 1책으로 편집하여 목활자로 1909년에 중간하였다. 서문은 송병준(宋炳俊)이 작성하였다.

남아 전하는 고청의 유적들

충현서원과 함께 공암에 남아 전하는 고청 서기의 유적으로는 연정과 묘소, 그리고 공암굴 등이 있다.

고청 서기가 공암에 처음으로 터를 마련한 후 학생들을 가르쳤던 연정(蓮亭)은 그 유지에 후손과 후학들이 1794년 3월에 상량(崇禎 三甲寅 寅

▌ 연정(박약재)

거북골유지 암각문

時)한 것이다. 정면에는 박약당(博約堂)이라는 현판이 걸려 있다. 연정 앞에는 1987년에 세운 문목공고청서선생유허비(文穆公孤靑徐先生遺墟碑, 충청남도 유림회장 金大泳 撰, 성균관장 朴重勳 書)가 서 있다. 연정의 뒤쪽으로는 연지가있는데, 10수 년 전까지만 해도 이 연지에서 잡은 잉어를 고청 서기의제향에 올렸다고 하는데, 지금은 부들이 자라고 있으며, 연지는 거의 메꾸어져 있다.

서기의 묘소는 고청봉 남쪽 산기슭에 정부인 영천이씨(永川李氏)의 묘와 함께 자리하고 있다. 묘역 중앙에는 새로 단장한 신묘비와 1755년(영조 31)의 묘갈명이 함께 세워져 있으며, 부인의 묘 동쪽으로 구묘비와신묘갈명이 있다. 1752년(영조 28) 충청감사 홍계희(洪啓禧)의 주청으로 서기가 지평(持平)에 추증되자 서기의 5대손 서덕원(徐德遠)이 비문을 청하여 세운 것으로 높이 125cm, 폭 46cm이며, 윤봉구(尹鳳九)가 찬하고 홍계희(洪啓禧)가 썼다.

새로 세운 신묘갈은 호패형이며 높이는 125cm, 폭 46cm이다. 새로

▌ 고청 서기의 묘소

운 묘갈명은 1935년 후손들이 임간재(林艮宰)에게 글을 부탁하여 새로 새운 것이다. 한편 서기의 신도비(神道碑)는 묘역 입구 고청재 인근에 위치한다. 신도비는 1910년 서기에게 문목(文穆)이라는 시호가 내려진 후, 1914년 송병화(宋炳華)가 비문을 지어 건립한 것이다. 전면에 '증 규장각 제학 시문목공 고청서선생 신도비명(贈 奎章閣提學 諡文穆公 孤青徐先生 神道碑銘)'이라 쓰여 있고 서기의 생애와 행적이 자세하게 기록되었다.

이 외에 공암리에는 고청 서기와 그 제자들의 흔적으로 거북골 유지(遺址)가 있다. 이곳은 고청

▌ 고청묘비(1755년)

은 지리산에서 나와 공암에 정착하기 전에 잠시 머무르던 곳으로, 반포면 온천리이다. 고청은 이곳에서 자신을 구당(龜堂)이라 불렀으며, 1749년(영조 25) 충청도관찰사 홍계희(洪啓禧)가 '고청서선생유지(孤靑徐先生遺址)'라 새긴 글씨가 남아있고, 또 박약재 뒤 둠배산에도 '고청서선생유허(孤靑徐先生遺墟)'라 쓴 글씨가 남아있는데, 이는 1610년(광해군 2) 공암서원의 중수를 주도한 박희성(朴希聖)의 아들 박고의 글씨이다. 서기는 연지를 들러 이곳에서 종종 휴식을 취하곤 했다고 전한다.

계룡구선 설화와 고청

이와 짝하여 민중들 사이에서는 다양한 서고청 설화가 양산되었다. 고청 서기의 역사적 실재와 달리 다양한 설화가 민중들의 입에 오르내리게 된 이유는 당시 사족 위주의 철저한 신분제 사회 속에서 한미한 출신인 그가 거의 개인적 역량으로 한 시대를 주름잡을 수 있는 학문적 성과를 이루었기 때문에, 후대인에 의해 그의 신비한 성향이 증폭된 결과일 것이다.

계룡산은 상고시대 이래 우리나라의 명산들에는 명인(名人)들의 이야기가 깃들어 있는데, 계룡산에도 "계룡구선(鷄龍九仙)"의 전설이 구전으로 내려오고 있다. 9선, 즉 아홉 신선은 구봉 송익필, 율곡 이이, 우계 성혼, 남명 조식, 토정 이지함, 고청 서기, 중봉 조헌, 제봉 고경명, 기허당 영규 대사가 바로 그들로 이들은 생전에 계룡산에서 자주 만났는데, 사후에도 매년 음력 칠월 칠석전후 사흘간을 계룡산 수정봉(水晶峰)에 모여 선계(仙界)의 기생들도 불러놓고 아주 재밌게 노닌다는 것이 전설의 내용이다. 특기할 것은 구선가운데 율곡과 우계를 제외한 나머지 인물 모두가 당시 나라에 중용되지 못한 재야인사들이었다.

한편 공암마을에는 고청 서기와 관련하여 그의 탄생설화와 관련된 '고청굴'도 있다. 이 굴이 바로 공암으로, 이로 인해 마을 이름도 공암리라 불린다. 서고청의 탄생이 공암굴과 관련된다는 전설이 구전으로 전해지는 것이다. 물론 공암은 태생지가 이곳이 아니고 만년에 정착한 마을로 중년 이전의 고청 서기와는 무관한 곳이지만, 민중들은 한미한 신분의 한계를 딛고 당대의 신분제 사회라는 질곡을 극복하며 그의 이름답게[起] 우뚝 선 인물에게 그에 걸 맞는 출생담과 탄생지를 만들어주고 싶었을 것이다.

(이해준, 제11호, 2015.6)

강백년,

조선 제일의 청백리 학자

조선시대 청백리(淸白吏)로 이름이 높았던 설봉(雪峯) 강백년(姜栢年, 1603~1681)은 조선 중기의 인물로 그가 공주와 인연을 맺게 되는 것은 크게 두가지이다. 하나는 충청도사와 충청감사로 부임하였던 인연, 그

▌설봉 강백년을 기리는 문정사

리고 다른 하나는 사후 묘소를 공주 도신리에 마련하면서 후손들이 10
여 대를 세거하며 번성하였다는 점이다.

설봉(雪峯) 강백년(姜栢年, 1603~1681)과 그 후손들이 공주와 인연을 맺는
결정적인 계기는 1681년 강백년이 죽은 뒤 묘소를 도신리에 마련하면
서부터이다. 도리미 뒷산 통미라 불리는 곳에는 강백년의 묘소가 있는
데, 강백년이 죽은 뒤 후손들은 사패지로 전해지는 이곳 도신리에 묘소
를 마련하였고, 그 후 집성촌을 이루고 현재까지 살아오고 있으며 도신
리에는 2002년 문정사(文貞祠)를 지어 설봉 강백년을 기리고 있다.

충청감사 강백년과 충청감영 이건

설봉 강백년은 1637년(인조 15)에 충청도사, 그리고 17년이 지난
1653년(효종 4)에 다시 충청감사로 부임하여 충청도의 대동법을 시행하
면서 백성들의 노고와 세금의 부담을 경감시켜주고 공평하게 하여 칭송
이 높았다고 전한다. 그런데 우리가 더욱 주목하게 되는 공주와의 인연
이 바로 강백년의 충청감사 재임시 충청감영을 이건하였던 사실이다.

충청감영은 1603년 충청관찰사 유근(柳根)이 공산성 수축과 함께 감
영을 공산성 안으로 이전함으로서 비로소 유영(留營) 체제로 변화되었
다. 공산성의 충청감영은 성지(城池)가 좁아 오래가지 못하고 다음 해인
1604년 공주 구영(舊營)으로 다시 옮기게 된다. 유근이 수축한 공산성
안의 감영건물은 존치되었고, 인조가 이괄의 난으로 인해 공주로 파천
하여 5박 6일간 공산성에 주필할 때 행재소로 사용되었을 것으로 추측
된다.

그러다가 40여 년 뒤인 1646년에 다시 충청감영은 공산성으로 옮겨

진다. 이해 4월에 노성에서 안익신·유탁 등의 변란이 일어나고 충청감사 임담이 이를 토평하면서, 구영(舊營)에 방어시설이 없음을 염려하여 1646년 7월 공산성 안으로 다시 감영을 옮겼던 것이다.

신유(申濡, 1610~1665)가 지은 「호서순영중수기(湖西巡營重修記)」에서는 이 시기 공산성 감영의 모습을 "성의 동쪽은 월성산(月城山)의 쌍봉이 우뚝 솟아 있어 골짜기는 깊고, 감영의 건물 절반은 낭떠러지에 걸쳐 있고 집들은 마치 돌에 붙은 굴조개와 같다"고 하면서, 여기에 더하여 감영[순영]의 위치가 정청(政廳)에서 산성까지의 거리가 5리나 떨어져 있고, 순영(巡營)에 이르는 성 안팎의 길 또한 험하고 경사도가 심하여 교령(敎令)을 받들고 물품을 공급하기가 어려울 뿐만 아니라, 여러 고을에서 문서들을 갖고 순영을 찾아오는 자가 몸을 의탁할 주막조차 없어 배고파도 먹을 수 없고, 추워도 감쌀 수가 없었다고 한다. 그리하여 감영의 영속과 각 고을 사령들의 불만이 대단하였으며 모두가 순영의 복원을 바라는 실정이었다고 한다.

바로 이러한 상황에서 충청감영의 이건을 이룬 인물이 바로 설봉 강백년이었다. 즉 1653년 감사 강백년은 이러한 불만과 불편함을 이유로 공산성의 감영을 봉황산 아래의 구영으로 옮겼는데, 당시 구영 건물로 남아 있었던 것은 오직 청사(廳舍) 뿐이고 기타 건물은 철거하여 옮겼었기 때문에 이때 감영을 대대적으로 복원하게 된다. 이 복원에 소요된 막대한 경비는 환곡 출납을 절약하여 마련하고, 기와와 벽돌은 재목과 함께 금강 상류에서 뗏목으로 날랐다고 한다. 이 때의 복원공사는 1653년 겨울에 시작하여 다음해 봄에 완성된다.

강백년에 의해 복원된 구영(舊營)은 대천(현재의 제민천)의 낮은 지대에 위치하여 홍수를 당해 관아가 침수되기 일쑤였고, 그래서 건물이 퇴락하여 감사가 도사의 처소인 파향당(披香堂)에 임시로 머물 정도가 되었다고 한다. 이에 구영이 복원된 지 50여 년만인 1703년에 충청감사를 지낸 김연(金演)이 감영을 공산성 안으로 다시 옮길 것을 청한 바 있고, 우여곡절로 미루어지다가 1706년 이언경 감사에 의하여 이건 작업이 시작되었고, 뒤를 이어 부임한 감사 허지에 의하여 1707년에 완성된다. 이때 완성된 감영 건물의 총 규모는 260칸으로 동향인 선화당의 좌우에 관아건물이 배치되었으며, 신 감영지가 바로 우리가 오늘날 감영 터로 알고 있는 현 공주사대부고 일대이다. 충청감영은 1707년에 자리 잡은 이후 1932년 대전으로 도청이 이전 될 때까지, 200여 년간 변함없이 존속하였다.

설봉 강백년의 도산리(道山里, 도리미) 정착

1681년 설봉 강백년(1603~1681)이 돌아가자 묘소를 도신리에 마련하게 된다. 도리미 뒷산 통미라 불리는 곳에는 강백년의 묘소가 있는데, 강백년이 죽은 뒤 후손들은 사패지로 전해지는 이곳 도신리에 묘소를 마련하였다고 한다. 그런데 후손들의 구전에 의하면 이곳에 설봉의 묘소를 마련하게 되는 연유를

'임금이 평생을 청렴함과 직언으로 살아 온 설봉의 공과 덕을 높이 평가하고, 낙향하여 도리미에 터를 잡은 설봉에게 늙어서나 편안히 여생을 보내라 하면서 도리미의 뒷산에 올라가 눈에 보이는 모든 토지를 하사하였다 한다. 그런 까닭으로 도신리는 물론 중흥리와 송학리 뒷산까지 설봉 선생의 토지가 되었으며 이를 기반으로 아흔

아홉 칸 집을 짓고 살았다.'(이걸재, 「의당면 도신리」 『공주의 전통마을 6』, 공주문화원, 2007)

고 한다. 물론 이 이야기는 설화로 전해지는 것이어서 모두 사실이라고는 하기 어렵다. 그러나 대체로 그 연유나 의미가 부합되기에 요약하여 전승되어 온 것이라고 생각된다. 도신리에 진주강씨의 연고가 마련되는 것은 앞에서 소개하였던 것처럼 설봉 강백년이 1637년에 충청도사, 1653년에 충청감사로 부임하였던 공주와의 인연과 결코 무관하지 않을 듯하다.

이와 관련해 집안에 전해지는 또 다른 일화로는 설봉이 '충청감사로 공주에 재임할 때 도신리를 찾게 되는데, 마을의 산수를 둘러보고는 자기의 성품과 맞는 곳이라 하고 자신의 묘 터를 이곳에 마련해 두었던 것'이라고 한다. 그 후 도신리는 진주강씨 설봉공파의 세거지가 되었고 집성촌을 이루며 현재까지 살고 있다.

공주 의당면 도신리 마을 뒷산에는 강백년의 묘소와 묘비, 신도비가 있다. 묘비는 사헌부 대사헌 홍문관 제학 임상원(任相元)이 지었으며, 신도비는 1705년에 세운 것으로 비문은 임상원(任相元)이 짓고 조상우(趙相愚)가 썼으며, 전자(篆字)는 강백년의 첫째 아들 선(銑)이 썼다.

남송북강으로 유명했던 회덕의 진주강씨

강백년(姜栢年, 1603~1681)은 진주강씨로 그 선대는 공주에서 가까운 회덕의 자운골(진골, 석봉동)에서 대대로 번성하며 살았었다. 회덕의 진주강씨는 강백년의 고조인 강문한(姜文翰, 1464~1547)이 회덕으로 입향하여 주요 사족가문으로 성장하였는데 동지중추부사를 지낸 강문한은 고려조

▌설봉 강백년 묘소

의 은열공(殷烈公) 강민첨(姜民瞻)의 11세손으로 세거지였던 충남 온양에서
광산 김씨 숙준(叔準)의 사위로 회덕 석봉동 지역으로 입향하게 되었다.

회덕의 저명성씨와 위세를 이야기 할 때 "남송북강"이라는 말이 있는
데, 1672년 송시열은 회덕향안을 중수하면서 그 「회덕향안서」에서

> 호서에 예부터 3대족의 칭이 있으니, 연산의 김(金, 광산김씨)과 니
> 산(尼山)의 윤(尹, 파평윤씨)과 우리 회덕의 송(宋, 은진송씨)이다. 그러
> 므로 회덕향안에는 송씨가 가장 많다. 또 '남송북강(南宋北姜)'의 칭
> 이 있으니 강씨가 다음으로 많다.

라 하여 '남송북강(南宋北姜)'이라는 표현을 쓴 것으로도 알 수가 있다. 이는
남(南)쪽에는 송씨(宋氏)가, 북(北)쪽에는 강씨(姜氏)가 많이 살고 위세가 있었
다는 말로, 은진송씨와 진주강씨의 상징적 위세를 대변해 온 말이다.

이러한 '북강(北姜)'을 상징하는 인물들로는 '12죽'으로 지칭되는 인물들이 있다. 소위 진주강씨 '12竹'이란 강문한의 증손자들로 강첨(姜籤, 1557~1611)의 종형제 12명(簪, 符, 筠, 節, 輅, 籤, 籍, 篁, 筍, 範, 筬, 篆)이 죽림정(竹林亭)에 모여서 강씨 가문의 결속과 우애를 다진 것에 연유하는데, 1591년 10월 죽림정에서 강황의 종형제 12명이 계(稧)를 만들어 모여, 서로 우애를 더욱 돈독하게 하기 위해, 각각 한 구씩 지은 죽림정(竹林亭) 12죽 연구(聯句) 12운(韻)이 자료로 전한다. 강백년은 바로 이들 진주강씨 12죽 중 강주의 아들로 태어난다.

설봉 강백년의 생애와 학문

강백년(姜栢年, 1603~1681)은 조선 중기의 문신으로 본관은 진주, 자는 숙구(叔久), 호는 설봉(雪峯)·한계(閒溪)·청월헌(聽月軒)이다. 회덕 자운골(잔골, 석봉동)에서 강주의 둘째 아들로 태어났다. 강백년의 아버지 강주(姜籒, 1567~1650)는 강운상의 둘째 아들로 자는 사고(師古)이며 호는 죽창(竹窓)이다. 1585년(선조 18) 진사시에 합격하고 선조 28년(1595) 문과에 급제, 검열과 이조정랑을 지냈다. 광해군 때는 광해군의 폐정에 염증을 느끼고 벼슬을 포기하였고, 인조반정 후 다시 출사하여 첨지중추부사에 이르렀다. 시문(詩文)과 서예에 뛰어났다. 저서에 「죽창집(竹窓集)」이 있다.

설봉 강백년의 행장에 의하면 그는 어려서부터 마음씨와 몸가짐이 남다른 데가 있어서 총명 신중하였으며 3세 때 어머니를 여의고 아버지 강주(姜籒)에게 유가의 기본 경전은 물론 제자백가서와 시문 등을 두루 배우고 익혀 15세기 되기 전에 이미 세상에 문명을 얻었다고 한다.

아버지 강주의 가르침을 받으면서 성장한 강백년은 15세 때에 향시에 급제하였다. 1627년(인조 5) 정시문과에 을과로 급제, 정언(正言)·장령(掌令)을 지내고, 1646년에 강빈옥사(姜嬪獄事)가 일어나자 부교리로서 강빈의 억울함을 상소하였다가 삭직 당했다. 이해에 문과중시에 장원하여 동부승지에 오르고, 이듬해 상소하여 전국에 걸쳐 향교를 부흥케 하였고, 1648년 대사간으로 다시 강빈의 신원(伸寃)을 상소했다가 청풍군수로 좌천되었다. 그는 청풍군수, 강릉부사와 충청·황해·경기감사 등 외직도 두루 역임하였는데, 특히 청풍군수 때에는 어사가 그의 청백함과 백성의 사랑함을 효종에게 아뢰니 왕이 옷 한 벌을 상으로 내리었고, 1653년에 충청감사로 부임하여 호서에서 대동법을 처음으로 시행하는 일을 잘 처리하여 호서인의 칭송을 받았고 앞에서 소개한 것처럼 충청감영을 이설하기도 하였다.

1660년(현종 1)에 예조참판으로서 동지부사(冬至副使)가 되어 청나라에 다녀왔다. 1670년 도승지·이조참판을 역임한 뒤 현종이 죽자 그 시책문(諡冊文)을 지었고 예조판서·우참찬·판중추부사(判中樞府事)에 이르렀다. 관직 재직 중 청백하기로 이름이 높았으며 기로소에 들어갔다. 또한 강백년의 둘째 아들 강현(姜鋧, 1650~1733), 시·서·화 삼절(三節)로 유명했던 손자 표암 강세황(姜世晃, 1713~1791)은 3대가 기로소에 들어갔다고 하여 '삼세기영지가(三世耆英之家)'라 한다.

강백년은 대사간, 대사헌 등 많은 관직을 거쳐 좌참찬, 판중추부사를 끝으로 1681년(숙종 7) 졸하였는데, 사후 충청도 청주의 기암서원, 온양의 정퇴서원, 황해도 수안의 용계서원에 배향되었다. 1690년(숙종 16)에 영의정에 증직되었다.

그의 문장은 일세를 풍미하였지만, 겸손하여 이를 나타내려고 하지 않았다. 새벽에 일어나서는 반드시 대학을 한번 외우고, 염락의 책들을

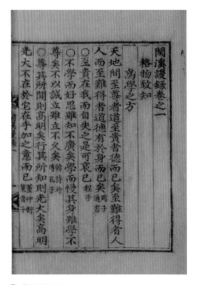

『한계만록』

항상 몸에 지녀서 따로 이름짓기를 『한계만록』이라 하고, 심학의 중요한 말과 고금의 가언 선행 대학 8조목 등에 대한 견해를 펴서 남에게 보이지 아니하고 오직 자신을 경계하는 자료로 삼았는데, 항상 말하기를, "평생에 큰 허물이 없는 것은 모두 이 책의 공이다"라 하였다.

그런데 우리가 또 이 글에서 주목할 것은 바로 설봉 강백년의 문집 『설봉유고』 목판이 공주 마곡사에 소장되어 있다는 사실이다. 강백년의 아들 강선(姜銑)이 1693년에 충청도(忠淸道) 관찰사(觀察使)로 부임했고, 본집의 책판(冊板)이 공주(公州) 마곡사에 있는 점을 고려해 보면 바로 그 시기 어간에 간행되었다고 생각된다. 문집의 편찬과 간행은 저자의 행적을 정리한 임상원(任相元)과 저자의 아들 강선(姜銑), 강현(姜鋧) 등이 주관하였다.

『설봉유고』는 30권 8책으로 강백년이 생전에 대체로 정리해 두었던 것에 부록을 합하여 1690년대에 간행한 것이다. 서(序), 발(跋) 등의 자료가 없어서 상세한 간행 경위는 알 수 없지만, 저자는 내외 관직을 거칠 때마다 임소에서 지은 작품들을 모아 초고를 만들어 두었던 듯하며, 이러한 초고를 바탕으로 문집이 간행되었으리라 추측된다. 『설봉유고』의 내용은 권1부터 권21까지가 시(詩)로 대략 시기, 지역별로 편차되어 있는데, 이중 권10이 「금영록(錦營錄)」인데 이는 강백년이 충청

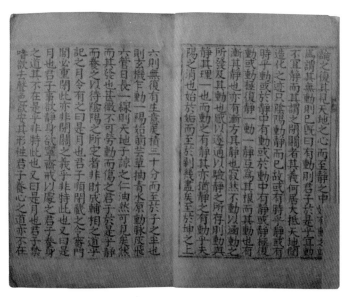

『설봉유고』 필초본

감사로 재임할 때의 시문들을 모아 놓은 것으로 이중에 등공북루(登拱北樓), 유구도중(維鳩道中), 공산관(公山館) 같이 공주와 관련된 시문들도 여러 편 보인다.

청백리로서의 삶과 정신

강백년은 기질이 청명하고 행실이 단정하였으며, 효우가 돈독한 인물이었다. 강백년은 자신의 학문을 이끌어준 아버지에 대한 효성이 지극하였다. 부친이 나이 80세를 넘자, 강백년은 부친을 조석으로 정성껏 섬기고 뜻을 받드는 일에 충실했다. 부친상을 당하여서는 3년 동안 여묘살이를 하였는데, 이때 슬퍼하기를 지극히 하였고, 곡하는 나머지 시

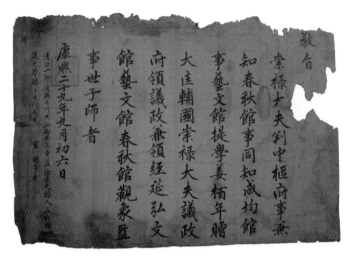

영의정 증직교지

문정공 시호교지

간은 오직 예서를 읽을 뿐이었다. 제삿날을 맞아서는 슬퍼하고 사모하기를 처음과 같이 해서 비록 늙고 피곤해도 제사를 반드시 친히 받들고 자손으로 하여금 대신하게 하지 않았다. 또한 여러 조카들을 어루만지기를 자식과 같이 하였고, 두 아들이 과거에 급제하였을 때도 풍속을 따라 잔치를 베푸는 행사를 하지 않고, 겸손하고 억제하는 뜻을 보였다.

세상적인 향락을 일체 좋아하지 아니하고, 세상 사람들이 치닫고 좋아하는 것에 대해 고고하게 스스로를 구별하여 혹시라도 자신을 더럽힐까 조심하였으며, 평생토록 첩을 두지 않았다.『조선왕조실록』숙종 7년(1681) 1월 17일의 강백년의 졸기에서

강백년은 처음 벼슬길에 나온 이후 두려워하고 삼가함이 특별히 심하여 일찍이 남의 과실을 논박하지 아니하였고 자신을 단속하여 청렴하고 검소하였으며 그 한고(寒苦)가 가난한 선비와 같았다. 일찍이 시문[詞翰]으로 이름을 드날렸고, 만년(晩年)에는 크게 높은 지위에 임용되어 여러 번 문형(文衡)에 추천되었으며, 벼슬이 종백(宗伯)에 이르렀다.

라 기록될 정도로 행실과 문명이 남달랐고 '청렴' 두 글자를 종신토록 받들어 그것을 힘써 체득하고 구현하였다.

따라서 사는 곳이 비록 초가집 두어 칸에 풍우를 가릴 수도 없고, 맨밥과 거친 밥으로 살아가는 것이 마치 궁핍한 선비와 같아서 벼슬과 명망이 높은 관원이었음을 알지 못하였다. 추운 겨울에 차가운 구들을 견디기 어려움에도 눈을 붙이며 편안한 듯 처해서 말하기를, "내 사는 것은 비록 괴로우나 요격하고 순찰하는 졸개에 비하면 편안하다"라 하였다. 기쁘고 노여움을 발하는 것을 반드시 삼가고, 남의 잘못을 지적하지 않았다. 상스런 말과 조소하고 해학하는 말을 하지 않고, 이치에 어긋나는 일에 이르면 웃으면서 그것에 응해서 더불어 다투지 않았다. 집

사람들이 잘못이 있으면 반드시 먼저 따스하게 일깨워서 소리 내고 성내는 빛을 보이지 않았고, 자제를 가르침에 반드시 지조 있는 행동을 앞세워서 말하기를 "과거보는 일은 밖의 일이다. 선비는 마땅히 충효로 근본을 삼아야 한다"고 가르쳤다.

이 같은 행적으로 인해 1695년 청백리에 녹선(錄選)되는 영광을 누리게 된다. 조선시대 청백리는 관직 수행 능력도 뛰어나 백성들의 신망을 얻어야 했음은 물론이고, 청렴·근검·도덕·경효·인의 등의 덕목을 두루 겸비한 가장 이상적인 관료상이었다. 까다로운 기준과 자격에 의해 선출되었기 때문에 조선왕조 500년을 통틀어 단 219명만이 청백리로 선출되었다.

(이해준, 제16호, 2016.9)

이유태,
공주가 챙겨야 할 충청의 대표 선비

초려 이유태(草廬 李惟泰, 1607~1684)는 공주가 낳은 조선시대의 대표적인 유학자이다. 그러나 많은 공주사람들은 초려 이유태가 누구인지, 또 정확하게 어떠한 행적과 사상을 가진 인물이었는지 알지 못한다. 그가 당대 최고 경국의 사상을 체계화하여 제시했던 인물임에도 말이다.

초려 이유태, 그는 누구인가?

임진-정유왜란이 조선 강토를 휩쓸고 지나간 시기에 태어난 선생은 호서 유학의 종장인 사계 김장생과 신독재 김집의 문인이며, 조선 중기 한국 예학(禮學)의 큰 봉우리였다. 선생은 당대 저명인사였던 우암 송시열, 동춘당 송준길과 더불어 삼족(三足)으로 칭해졌고, 인조-효종조에 나라의 큰 인재로 왕의 부름을 받아 등용된 산림 오신(山林 五臣) 중의 한 사람이기도 하였다. 또한 송시열, 송준길, 윤선거, 유계 등과 함께 충청오현(忠淸五賢)의 한분으로 일컬어진 호서 명현이다.

사실 초려 이유태는 송시열과 절친한 친구로서 정치적 입장이 비슷

┃ 용문서원

하였으나, 북벌론(北伐論)에 있어서는 오히려 송시열보다도 강경하고 구체적이었다는 평을 받고 있다. 또한 이유태는 북벌을 단행하기에 앞서 향촌사회의 개편을 통한 힘의 축적이 이루어져야 함을 체계적으로 주장한 것으로 더욱 유명하다.

초려 이유태는 탁월한 경세철학을 지니고 혼란했던 당대 현실을 개혁하고자 다양한 노력을 하였으니, 그의 유명한 여러 저술들이 그것을 잘 보여주고 있다. 즉 율곡 이이(李珥)의 만언봉사에 견주어지는 국가 개혁정책 설계서라 할 기해봉사(己亥封事)에서 주도면밀하면서도 탁월한 현실비판의 경장론을 제시한다. 그리고 이를 뒷받침할 향촌단위의 사회개선론을 향약(鄕約)에서 제안하고, 선비가문의 생활 규범이자 가정교육의 요체를 정리한 정훈(庭訓)을 저술하였다. 이 정훈은 정신과 도덕적 불감증과 개인주의적 의식이 팽배한 오늘날의 우리들에게 더욱 많은 가르침을 주는 생생한 교육서로, 공주문화원에서는 이를 『초려 이유태의 향약과 정훈』(1996, 이해준 편)이라는 책자로 간행한 바도 있다.

학자와 선비로서의 생애

초려 이유태는 경주이씨로 자는 태지(泰之), 호는 초려(草廬), 시호는 문헌(文憲)이다. 1607년(선조 40)에 금산군 노동리에서 이서(李曙)와 청풍김씨의 사이에서 5형제 중 3남으로 태어났다. 초려의 집안은 원래 서울에서 세거하다가 부친인 이서가 그의 형과 함께 임진왜란 말기에 금산으로 낙남하였다고 한다.

금산에서 태어나 성장한 이유태는 큰 형의 보호와 모친의 엄격한 교육을 받으면서 학문에 전념하다가 15세 되던 해에는 당시 진잠의 가둔촌(嘉遯村)에 은거하여 강학하고 있었던 민재문(閔在汶)에게 가르침을 받았으며, 18세부터는 연산에 살던 사계 김장생(沙溪 金長生)에게 수업하면서 김장생의 문인들과 친교를 맺는다. 바로 이때 신독재 김집(金集)과 송준길, 송시열, 윤선거, 유계 등을 만나 학문과 교유의 계기를 얻게 된다.

┃ 초려의 저술인 『초려선생유고』

초려는 이들 가운데 1년 연상인 동춘 송준길, 동년인 우암 송시열과 의기상합했고 이들은 '생동지 사동전(生同志 死同傳)'의 맹세를 할 정도로 각별한 관계를 맺었다.

초려는 24세 되던 해인 인조 8년(1630)에 별시(別試)에 합격하였으나 모친의 병환 때문에 전시에는 응시하지 않았고, 28세 되던 인조 12년(1634)에 신독재의 천거로 희릉 참봉에 제수되어 6개월간, 인조 14년(1636)에는 건원릉 참봉으로 5개월간 각각 재직한 바 있다. 이 시기에 인조가 청태종에게 굴욕적인 항복을 한 병자호란의 삼전도 굴욕을 경험하고, 초려는 이후 '사무가사지의(士無可仕之義)'라는 선비로서 출처의 명분을 내세워 관직을 버리고 무주의 덕유산 아래 산미촌으로 은거하였고, 이때부터 향촌에 숨어 학문과 교육에만 전념하였다. 물론 이후 초려는 인조의 신망으로 대군사부(33세, 38세), 세자시강원 자의(41세)에 제수되었으나 부임하지 않았다.

효종이 즉위하면서 친청파인 김자점 일파를 견제하고 북벌을 도모하

초려의 친필과 유묵들

▌ 초려가에 소장된 유품들

기 위해 김상헌(金尙憲)·김집(金集) 등 척화파와 산림학자들을 대거 기용
하였는데, 이때 이유태도 송준길·송시열·권시 등과 함께 은일로 출사
하여 공조좌랑에 취임한다. 그런데 당시 친청파들이 김상헌을 공격하
자 앞장서서 이들의 죄과를 논하는 상소를 올려 조정에서 격심한 논
란이 빚어졌고, 결국은 이듬해 2월 김자점 일파가 청나라에 조선의 북
벌동향을 밀고함으로써, 결국 이유태를 포함한 척화파들은 모두 조정
에서 물러나게 되었다. 그 후 친청 세력이 축출되자 이듬해부터 다시
이유태의 재 등용에 관한 논의가 제기되었고 효종 7년(50세) 마침내 공
조정랑에 제수되나 부임하지 않았다. 이후 조정에서는 효종 말년까지
이유태를 지평, 진선, 장령, 집의 등에 제수했으나 한 번도 부임하지 않
았다.

그러다가 효종 10년(1659) 이유태는 다시 송시열·송준길·유계·허적 등과 함께 밀지를 받고 조정에 나아갔지만, 당시 조정이 분열되고 사회개혁의 필요성을 느끼고 곧 낙향하여 만언봉사를 작성하기 시작하였다. 그러나 불행하게도 초고를 정서하는 과정에 효종이 급서하여 현종 원년(1660)에야 조정에 제출되었다. 이 상소가 그 유명한 초령의 기해봉사(己亥封事)이다. 조정에서 이 기해봉사를 놓고 격론도 일어났지만, 이유태는 이로서 산림의 중망인으로 추앙되었으며, 현종 조에만 22회에 걸쳐 관직이 제수되었고 현종 말년에는 이조참판, 숙종 원년에는 대사헌에 까지 이르렀다. 그러나 이유태는 한번도 관직에 나아가지 않았다.

공주에 터를 잡은 초려 이유태

한편 이유태는 금산에 정착한 후 향교와 서원을 수리하며 서당과 서재를 짓고 학문을 강론하는 등 왕성한 사족활동과 향촌교화에 주력하였으나, 지역 기반이 취약했던 이유태는 토착세력의 반발을 받게 된다. 그리하여 45세 되던 해에 급기야 금산을 떠나 일시 공주의 초외(草外)에 이거를 하였는데, 그곳이 바로 송준길의 전장이 있었던 곳이었다. 그러다가 57세 되던 1663년에 드디어 이유태의 종손이 오늘날까지도 거주하고 있는 공주 금강의 남쪽 계룡산 북서쪽 자락에 위치해 있는 중동골(中湖)로 이거하기에 이른다.

공주 중동에 거주하던 이유태의 말년생활은 17세기 후반 논란이 분분하던 예론에 관여되면서 순탄하지만은 않았다. 1차 예송에서는 송시열·송준길 등과 함께 기년설을 주장하여 남인과의 예송에서 승리하였으나, 현종 15년에 시작된 2차 예송에서는 윤휴 등 남인의 배척을 받아 이유태도 영변에서 5년 반동안 유배생활을 해야만 했다. 더군다나 이 유배기간동안 예론논쟁과 연관된 알력으로 절친하던 송시열과의 관계마저 소원해지게 되었다. 유배에서 풀려난 숙종 5년(73세) 이후의 생활은 더 이상 정치와 연관된 활동은 하지 않고, 공주의 중동에서 독서로 여생을 보내다가 5년 후인 숙종 10년(1684)에 78세로 졸하였다. 반포에 있는 충현서원의 원장을 지내기도 하였으며, 시호는 문경(文敬)이다.

빛나는 저술과 교훈서들

이유태의 학통은 김장생과 김집을 사사하였으므로 조광조-이이-김장생으로 이어지는 기호학파의 정통에 놓여있다. 특히 경세론에 있어서는 율곡 이이를 모범으로 삼아 점진적인 경장론을 전개하였다. 예학에도 뛰어나 김집과 함께 『상례비요(喪禮備要)』, 『의례문해(疑禮問解)』 등을 교감하였다. 초려의 저술을 모은 문집 『초려집(草廬集)』 17책이 전하며, 1659년(효종 10) 낙향하여 사회 개혁의 필요성을 간하는 만언봉사(萬言封事)로 작성한 기해봉사(己亥封事)와 향약(鄕約)이 특히 유명하다.

초려의 사회개선론을 가장 극명하게 보여주는 「기해봉사」는 율곡 만언봉사의 취지를 계승하고 있으며 그가 효종 말에 향리에서 작성한 것이다. 이 봉사는 원래 현실비판과 경국의 요체를 집약하여 효종에게 올리기 위해 작성되기 시작하였으나, 효종이 갑자기 서거하자 실제로는 1659년(현종 원) 5월에 올려진 것이다. 기해봉사는 양란 이후의 혼돈된 정국과 국정전반에 걸친 사회개혁안이자 효종의 북벌사업에 기초가 될 국가만전의 방략으로 착안된 것이었다. 기해봉사는 설폐(說弊), 구폐(救弊), 군덕(君德)의 세 부분으로 구성되어 있는데, 설폐론에서는 실공(實功)

이 결여되어 야기된 당시의 7가지 폐단을 지적하고 있다. 구폐론은 설폐론에서 지적된 폐단들을 구제하기 위한 구체적 대안으로 제시된 국정 전반의 포괄적 개혁안으로 정풍속(正風俗)·양인재(養人材)·혁구폐(革舊弊)를 3대 강목으로 삼고, 모두 16조목을 설정하여 종합적이며 유기적인 변통의 구제책을 제시하고 있다. 결론부라 할 군덕론은 군주가 갖추어야 할 덕목을 논한 것으로, 수기론(修己論)과 제가론(齊家論)으로 나뉘어져 있다.

호서 산림의 정신과 정치적 이상을 심화시킨 초려 이유태 선생의 「기해봉사」는 조선 중흥의 대 방략이자 시무와 변통의 요체를 제시한 무실(務實)의 경세론이며 개혁론이었다. 기해봉사는 초려 선생의 학문의 정신과 지향을 오롯이 보여주는 중요한 역사적 유산이며, 선생의 현실 비판과 탁월한 개혁논리, 종합 체계적인 구성은 어쩌면 350여 년이 지난 혼돈의 현 시대에 다시 되새겨야 할 높은 경륜이 아닐 수 없다.

다음 기해봉사와 짝을 이루는 초려의 대 저술이 바로 초려의 향약(鄕約)이다. 이는 1659년(현종 1) 기해봉사와 함께 올려진 것으로 기해봉사의 별책으로 작성된 개혁론의 실천적 지침이기도 하였다. 현재는 초본으로만 전해지는데 초려가 구상하는 향촌사회 개선안의 구체적인 모습을 제시한 실용론이며, 향촌사회 개선의 시행령적인 성격을 띠기 때문에 조직과 운영 면에 있어서 상당히 구체적이고 치밀한 것이 특징이다.

다음으로 조선 후기 가훈을 대표하는 자료인 이유태의 『정훈(庭訓)』은 그가 평안도 영변에 유배 중이던 71세 때인 1677년(숙종 3) 철옹에서 지은 것으로 방대한 분량, 세밀한 애용으로 주목된다. 가훈이란 집안 어른이 자녀 또는 후손들에게 주는 가르침, 교훈을 일컫는다. 가훈은 "가정교육의 텍스트"로써 집안을 어떻게 경영해야 다음 세대에서도 유지

되고 발전될 수 있는지에 대한 고민의 결정체였고, 가훈은 또한 저자의 평생 공부, 인생경험의 총합이었다고 생각된다. 유배 중이던 노년의 예학자 이유태가 자손들에게 남긴 이 정훈(庭訓)은 모두 19장으로 구성된 방대한 내용으로 특히 내용이 원칙론보다 구체적, 실용적인 가정생활의 종합설계서라 할 만하다.

초려의 유서가 남겨진 왕촌 중동골

공주시 상왕동 중동골(中湖)에는 초려의 후손들이 300여 년을 세거해왔고, 고택과 함께 선생을 기리는 용문서원과 유물관, 전통문화교육관이 자리 잡고 있다. 지금으로부터 350여 년 전 초려가 이거한 이후 후손들이 선조의 유업을 이어 학문 전통과 의식을 고스란히 전승한 곳이

▌중동골 초려 이유태의 고택

다. 이곳에는 400여 종에 이르는 다양한 내용의 문서와 전적 자료, 유물들이 보존되고 있으며, 이중 관련고문서와 전적, 유물 중 일부는 충청남도 유형문화재(104호)와 문화재자료(302호), 민속자료(제5호)로 지정되어 있다. 현존하는 유품으로는 호패, 인장, 옥관자, 표주박, 첨통, 강경통 등의 생활 용구가 있고, 이유태의 묘를 이장하는 과정에서 출토된 백자 두 점이 있다. 이들 자료들은 현재 공주대학교 박물관에 이전 위탁보관하고 있다.

그런데 사실 우리들이 더욱 유의할 것은 초려 이유태 가문이 19세기 혼돈의 시대와 20세기 서구화의 흐름 속에서도 일말의 동요됨도 없이 옛 선비의 전통을 고수하였다는 점이다. 초려 이후 대를 이은 학자의 배출로 학문이 단절되지 않아 전통 유도와 한학가문으로서의 고집스러움은 전국적으로 알려질 정도이다. 특히 학문과 의리정신을 실천한 후손들이 연이어 배출되었으니 그의 9세손인 성암 이철영(1867~1919)의 항일운동과 철도개설 반대, 창씨개명 반대 등등으로 의기를 드러냈고, 용호 이회영(龍湖 李晦榮, 1861~1944)과 긍당 이규헌(肯堂 李圭憲)은 경주이씨가의 문서와 자료를 최근까지 보존되게 하고 그 의미를 재조명할 수 있도록 노력했다. 이들은 대를 이어 문집『성암집(醒菴集)』4책,『용호실기(龍湖實紀)』1책,『긍당사초(肯堂私草)』10책을 남겼다.

초려 이유태 유허지와 용문서원

상왕동에 있는 공주 이유태 유허지는 2004년 충청남도 문화재자료 제390호로 지정되었는데, 이유태가 말년에 후학을 가르치고 독서로 여생을 보냈던 유적들이다.

이곳 용문서원의 모체는 이유태가 공주 중호(현 공주시 상왕동)에 강학 육영을 위해 1663년(현종 4)에 세운 용문서재(龍門書齋)와 사송서재(四松書齋)였다. 용문서재는 후손인 호은 이재원(湖隱 李在元)이 용문서사라고 이름을 고치고, 잠시 이유태를 제향하기도 하였으나, 관의 허락 없이 사사로이 선현의 제사를 지내는 것은 의리에 맞지 않는다고 하여 중단하였다. 그러나 후손들은 이유태 선생을 제향하는 서원이 없는 것을 안타깝게 여겨 용문서재 자리에 서원을 세우기로 유림들과 합의하고, 각 향교 및 서원에 통문을 돌려 1977년에 관비의 지원을 받아 복원되었다. 1986년에는 유물관을 신축하여 이유태의 유물과 관련 문서들을 전시하고 있다. 용문서원은 사우 6칸, 신문 1칸, 좌우 협문 각 1칸, 장서각 6칸, 동재 6칸, 유물 전시관 8칸, 강당 8칸, 고사 1칸, 대문 3칸 등을 갖추고 있다.

▌ 용문서원 제향 모습(신용희 사진)

한편 용문서원 왼쪽에는 종손이 거주하는 고택이 있다. 중동정사로 명명되는 고택은 초려의 정훈에 기록된 규모를 토대로 마련된 종가이다. 그리고 오른쪽에는 공주전통문화교육원이 자리 잡고 있다. 용문서원 부설로 세워진 이 공주전통문화교육원은 2006년 10월 17일 상량식을 했으며, 2008년 1월에 1기를 시작으로 학생들에게 한문교육을 실시하고 있다. 전통 학맥을 계승하려는 노력의 일환으로 전국적으로 지원자를 모집, 한문 경전 강독을 통하여 국학 인재들을 배출하고 있다. 앞으로 용문서원은 소멸되어 가는 국학의 전통을 계승, 발전시키는 한국 국학의 요람으로 자리 잡기를 기대하여 본다.

(이해준, 제10호, 2015.3)

정규한,
공주의 향약절목을 편찬하다

화산 정규한(華山 鄭奎漢, 1751~1824)은 조선시대 전통적인 향촌사회와 집안교육에 남다른 활동을 하였던 공주 인물이다. 예컨대 공주 향약의 실시라든가, 가문의 자녀 교육 규범이나 문중 운영의 방략을 규범으로 마련한 점, 그리고 마지막으로 화산정사와 화산영당[화산새]의 창건, 운영이 주목되어서이다.

정규한(鄭奎漢)의 생애

조선 정조대에 문장으로 널리 알려졌던 화산 정규한(華山 鄭奎漢, 1751~1824)은 화헌리 장기정씨가의 대표적인 인물이다. 정규한의 자는 맹문(孟文)이며, 호는 화산(華山) 혹은 운수산인(雲水山人)이다. 성리학자로 이름을 날렸던 성담 송환기(性潭 宋煥箕, 1728~1807)의 문하에서 수학하였고, 조선후기 문사이자 학자의 양면을 갖춘 사림의 전형적 인물이었다.

정규한은 어려서부터 보통아이들과는 달리 노는 것을 별로 좋아하지 않았다고 한다. 점점 자라면서 독서를 좋아하여 간혹 밤이 샐 때까

▌정규한의 영정

지 잠자리에 들지 않아서 집안 어른들이 병이 날까 걱정되어 책을 덮고 쉬게끔 하기도 했다. 그러나 정규한은 어른들이 잠들기를 기다렸다가 반드시 정한 횟수를 읽어서 마치니 이때부터 문리나 뛰어났다고 한다.

정규한은 장성한 뒤 항상 말하기를 '사람이, 사람이 될 수 있는 까닭은 의(義)를 행하기 때문이다. 학문은 효도와 공경에 근본을 둔 이후에야 가히 성인의 경지로 들어갈 수 있는 것이니 요순의 도도 효제일 뿐인 것이다'라고 했다고 한다. 이런 까닭으로 부모를 섬김에 살아서는 뜻과 물질의 봉양에 그 힘을 다하고, 돌아가신 후에는 애도의 절차가 예에 지남이 있어서 아침저녁으로 묘에 오르며 비바람이 불어도 그만두지 않았다고 한다. 제사에는 더욱 마음을 써서 마당 쓸기와 제기 닦기까지도 직접 살폈다고 한다. 그리고 제사 전날 밤에는 깨끗한 옷을 입고 닭이 울기를 기다리면서 마치 부모님이 살아 계신 것 같은 정성을 다 바쳤다고 한다.

정규한은 성담(性潭) 송환기(宋煥箕)의 수제자로 30세 되던 1780년(정조 4) 사마시에 합격하였으나 출세를 위한 과거준비보다는 오로지 학문연

■ 화산 정규한의 문집 『화산집』

구에 전념하였다. 1790년(정조 14) 왕이 친히 성균관에서 책문(策問)을 내
릴 때 정규한의 대책(對策)이 1위로 뽑혔으나 주관자가 2위로 낮추어 회
시에 응시하도록 하는데 그치고 벼슬에 나갈 기회를 놓치게 된다. 이를
본 사람들이 모두 애석해 하였으나 본인은 조금도 마음에 두지 않고 태
연하였다고 행장과 묘표에 적고 있다. 그러나 그 뒤 1795년(정조 19)에
는 왕명에 응제하여 7언 고시를 바쳤는데 왕은 '삼상(三上)'의 등급을 주
었고, 정조가 직접 편찬한 『주자백선(朱子百選)』을 하사받기도 하였다. 이
책은 당시 일반인들에게 널리 반포되지 않았던 것이어서 주변사람들은
이를 커다란 영광으로 여겼다고 한다.

　과거에 합격한 뒤에는 성현의 실학에 전념한다는 뜻으로 과거를 그
만두었으며 이는 스승 성담 송환기의 생애를 따른 것으로 알려진다. 정
규한은 학문을 논할 때 반드시 효도와 공경에 근본을 두어야 함을 강

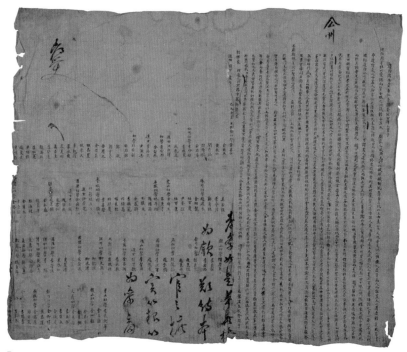
정규한의 증직을 청원하는 상서

조하면서 이를 몸소 실천하기에 조금도 소홀함이 없었다. 말년에 『주역
(周易)』 연구에 몰두하여 주역의 논술을 저술하여 남기고자 하였으나 뜻
을 이루지 못하였다. 산수를 좋아하여 공주에 은거하면서 자연을 벗삼
아 시문에도 정진한 결과 문명을 크게 떨쳤다. 홍석주가 충청관찰사로
부임하여 정규한의 명성을 듣고 조정에 천거하기도 하였으나 등용되지
는 못하였다. 1824년(순조 24) 5월 향리 화산에서 향년 74세를 일기로 생
애를 마치자, 선비들이 모두 '군자가 세상을 떠났다'고 애석해 하였으며
문인과 친구들 중에 상복을 입은 자가 85명이나 되었다고 한다.

정규한의 묘소는 화산사 바로 뒷 편 산기슭에 위치하고 있다. 묘역은 정규한의 배위 청송심씨와 성산이씨와 합장묘로 묘비, 상석, 석주 등의 석물이 조성되어 있다. 묘비는 그가 죽은지 11년 후인 1835년(헌종 1)에 세워진 것으로 묘비명은 1830년 정규한의 재종질이기도 한 송치규(宋穉圭)가 찬하고, 정규한이 증직된 후 1895년에 손자인 정혼(鄭焜)이 짓고 현손 정봉(鄭金鳳)이 쓴 음기가 추기되었다. 정규한의 가계와 그의 효행, 학문에 관한 일화를 기록하고 있다.

문집의 발간과 사후 추숭

화산 정규한 사후 6년 후인 1830년(순조 30) 후손들에 의해 문집 『화산집(華山集)』이 발간되었다. 『화산집(華山集)』은 6권 3책으로 서문은 1830년 은진송씨 송흠대(宋欽大)가 썼고, 발문은 1825년 정재풍(鄭在豊)이 썼다. 화산집 서문은 화산집과는 별도의 필초본(21×33cm) 1책으로 전한다.

이후 본격적으로 정규한에 대한 추숭 작업이 추진되었으니 1858년 (철종 9) 공주의 유학 정해명(鄭海明) 외 31명이 공주목사에게, 같은 해에 충청도 여러 고을의 유생 144명이 연명으로 충청감사에게 정규한의 증직을 청하였다. 다시 30여 년이 흐른 1886년(고종 23) 공주에 사는 유학 윤재눌(尹載訥) 등 78명의 유생이 공주목에, 충청도 내 22개 고을의 유생 206명이 연명으로 충청감영에 증직을 청원하였으나 역시 이때도 뜻을 이루지 못하였다. 같은 해 부여 진사 황옥(黃鈺)과 충청도 21개 고을 유생 216명이 연명으로 암행어사에게 상서하는 등 증직 상서가 올려졌고 마침내 1892년에 비로소 통훈대부 사헌부지평(通訓大夫 司憲府持平)으로 증직되었다.

화산영당(華山影堂)의 창건

공주시 계룡면 화헌리 산11-4~6번지에 소재한 화산사(충남 문화재자료 제69호)는 원래 1832년(순조 32)에 창건된 화산 정규한의 영당이었다.

정규한은 생전에 일가의 도움으로 화산 아래에 화산정사(華山精舍)를 짓고 학문을 강독한 바 있었다. 『화산집』에 수록된 「화산정사중건상량문(華山精舍重建上樑文)」에 의하면 당시 화산정사는 7칸 건물로 세워졌던 것임을 알 수 있다. 그러나 1824년 정규한 사후 화산정사는 어떻게 운영되었는지 알 수 없고, 화산정사 당시의 것으로 추정되는 「유사기(有司記)」(27.5×38.5cm, 1824)와 연대불명의 「명안(名案)」(17×27cm)이 화산사에 남아 전한다.

▌ 화산사 전경

화산영당(華山影堂)은 이를 모태로 1832년(순조 32) 정규한의 학문세계를 흠모하는 여러 고을의 사림(士林)들이 청원하고 관찰사가 상언하여 고향인 화헌리에 건립되었다. 정규한의 문하생인 부안임씨 임연회(林挻會)가 1832년에 지은 「화산영당창건기」(『화산영당지(華山影堂誌)』, 1961년 간행)에 의하면 화산사는 정규한이 죽은 8년 후인 1832년(순조 32)에 정규한의 도학을 숭모하던 열읍

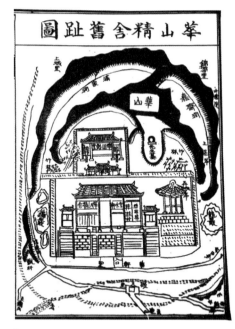

▌ 화산정사도

의 사림, 문인과 후손들이 건립을 청원하고 관찰사가 상언(上言)하여 정규한의 고향인 화헌리에 화산영당을 창건하게 되었다고 한다. 이에 앞서 문인과 후손들은 1830년 정규한의 문집인 『화산집(華山集)』을 발간하였다.

화산영당은 건립 후 40여 년이 지난 1871년에 1차 중수가 있었고, 1931년에는 소병관(蘇秉寬), 정현택(鄭玄澤), 임헌직(林憲直), 정일창(鄭一昌)이 중심이 된 2차 중수, 그리고 1953년과 1961년에 정일찬(鄭一粲)이 화산사를 재차 중수하였다. 정규한의 영정이 봉안된 영당이었던 화산영당이 화산사로 개칭되게 된 것도 이때였다. 그 후 1971년에 규모를 줄여 원래 위치에서 약 50m 뒤쪽인 현재의 위치로 이건하여 오늘에 이르고 있

다. 매년 음력 3월 22일과 정규한이 태어난 음력 9월 22일에 제향한다.

영정이 봉안된 영당이었던 화산영당이 화산사로 개칭되게 된 것도 이때였다. 그후 1971년에 당우(堂宇)와 담장이 허물어졌고 터도 좁고 습하므로 사우의 규모를 줄여 백여 보 뒤쪽으로 옮겨 이건하여 오늘에 이르고 있다. 이같은 중수 사실은 『화산영당지』「화산사이건기(華山祠移建記)」로 상세히 기록되어 있다. 그런데 얼마 뒤 그동안 보존되어 오던 화산의 영정을 도난당하여 1980년대 후반에 새로 영정을 그렸다고 한다. 1970년대 후반에 군비로 담을 정비하고 단청을 새로 했다. 유림들이 매년 음력 3월 22일과 정규한이 태어난 음력 9월 22일에 제향한다.

화산영당은 지면에서 높은 경사면 중단부에 자리잡고 있으며 영당은 정면 3칸, 측면 1칸반의 건물에 맞배지붕을 올린 형태이고 주위에 낮은 담을 둘렀고 삼문이 있다.

정규한의 공주 『향약절목』

정조대 정규한이 찬한 『향약절목(鄕約節目)』은 1책 6장으로 가로 29.5cm, 세로 38cm의 필사원본이다. 1700년대 후반의 향약으로 특히 주목된다. 찬자가 기록되어있지 않지만, 화산집에 수록되어 있어 정규한이 직접 지은 글임을 알 수 있다.

정규한은 향당(鄕黨)의 여러 사족들과 함께 고사(古事)를 서술하고 절목을 제정하여 향약을 실시하였다. 그는 '입효출제지도(入孝出悌之道)'를 강하고 봄에는 향음례를, 가을에는 향사례를 실시하고 선(善)에는 상을 주고 악(惡)에는 벌을 주어 향속(鄕俗)이 크게 변하였다고 한다.

그의 향약은 「향약절목(鄕約節目)」, 「입약범례(立約凡例)」, 「벌목(罰目)」으

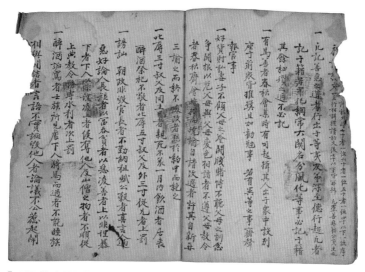

■ 정규한이 찬한 『향약절목』

로 구성되어 있고, 서문은 없다. 한편 『화산영당지』에는 규한의 후손 우가 쓴 향약장(鄕約章)이 앞에 첨부되어 있다. 이는 규한대의 향약을 재실시하면서 그 취지를 밝힌 것이라고 볼 수 있다.

「입약범례(立約凡例)」는 덕업상권(德業相勸), 과실상규(過失相規), 예속상교(禮俗相交), 환난상휼(患難相恤)에 대한 설명과 향약 실시와 관련한 구체적인 내용을 담은 16개의 조항으로 이루어져 있다.

16개의 조항 가운데 눈에 띄는 것은 동약지인(同約之人)이 상사를 당하였거나 모함을 받을 때, 재난을 당하였을 때 구제하도록 하고, 구제하지 않으면 벌을 논한다는 조항이 가장 많다. 특히 상을 당하여 농사를 짓지 못하는 동약인(同約人)이 있으면 각자 힘을 내어 농사를 짓게 하는 조항이 있다. 그리고 뒤에 종합적으로 역시 효제를 사람이 마땅히 지킬 도리라고 강조하였는데, 이는 그가 평소 종중 자제들과 문인들을 가르치고 권면하는데 가장 중요한 덕목이었던 것이다.

　또한 향약의 「벌목(罰目)」은 상벌(上罰), 차상벌(次上罰), 중벌(中罰), 하벌(下罰)로 나누어 등급별로 규정하였으며 사류(士類)와 하인을 나누어 정하고 있다. 상벌(上罰)은 사류는 말단에 별도로 앉히고 북을 치며 벌을 게시한다. 하인은 태(笞) 40대이다. 차상벌(次上罰)은 사류는 말단에 앉히고 면책(面責)하고 술로써 벌을 행한다. 하인은 태 30대이다. 중벌(中罰)은 사류는 말단에 앉히고 규책(規責)을 받는다. 하인은 태 20대이다. 하벌(下罰)은 사류는 주벌(酒罰)로 행한다. 하인은 태 10대이다. 이렇게 사류의 벌은 인격과 관련된 벌을, 하인에게는 태형을 가하고 있다.

　끝부분에는 향약과 관련한 임원에 대한 규정이 적혀있는데 도약장(都約長) 1인, 부약장(副約長) 2인, 장의(掌議) 1인, 공원(公員) 1인, 유사(有司) 1인, 색장(色掌) 1인으로 구성되어 있으며 각 리마다 리약장(里約長) 1인, 하색장(下色掌) 1인을 두었다고 기록하고 있다. 관인과 수결이 있어 이 향약이 면약(面約)이었던 것으로 보인다.

(이해준, 새 원고)

이삼평,
아리타에서 꽃 피운 도예 혼

지금은 퇴임하신 미술교육과의 어느 교수님으로부터 어느 날 나는 항의 섞인 전화 한 통을 받았다. "윤 교수, 우리나라가 세계에서 두 번째로 도자기를 만든 나라라면서요?" "네, 그런데요?" "왜 그런 사실을 학교에서는 가르치지 않지요?" 유명한 고려 청자에 대하여 비로소 그 의미를 알았다는 이야기였다. 솔직히 말하면 가르치지 않아서가 아니고, 관심이 없었기 때문에 잘 모르고 있던 사실이었을 것이다. 우리 것에 대하여 '자세히 보지도', '오래 보지도' 않는 이유는, 다름 아닌 관심이 없기 때문인 것이다. 그래서 실재하는 가치를 알지 못한 채 지나치는 것이다.

'자기의 고장', 공주

다 아는 이야기이지만 청자에 뒤이어 도자문화가 꽃 피워진 것이 분청사기이다. 그리고 그 다음이 백자. 청자는 강진과 부안이 유명하고, 백자는 광주(廣州), 이천, 여주이다. 15, 6세기를 풍미한 분청사기는 특

▌ 공주시 반포면 상신리의 계룡산 도자예술촌 입구(신용희 사진)

별히 공주가 우리나라에서 가장 유명하다. 반포면 학봉리, 동학사 앞의 철화분청사기 때문이다. 그러나 세 가지 중 가장 알려지지 않은 무명으로 남겨져 있는 것이 공주의 분청사기이다. 백자는 세계도자비엔날레를 매년 개최하고, 청자도 도예 축제나 박물관 건립은 물론이고, 세계 문화 유산에 등재한다, 청자선(靑磁船)을 복원한다는 등 여러 가지 사업으로 분주하다. 학봉리의 철화분청만은 공주 사람들에게조차 잘 알려져 있지 않은 상태여서, 그야말로 그 존재감은 적막하기 짝이 없다.

청자도 좋고, 백자도 좋지만, 현대적 미감에 가장 걸맞는 것은 역시 분청인 것 같다. 추상성, 환경친화성, 민중성, 자유분방한 표현 방식 등이 그것이다. 이 분청의 가치를 주목한 것은 일제강점기의 일인들이었다. 1927년 일제강점기에 발굴이라는 것이 거의 없었던 공주에서 거의 유일하게, 그리고 처음으로 이루어진 발굴이 학봉리 유적이었다는 사실이 이점을 입증한다. 이들은 학봉리에서와 같은 철화분청을 다른 자기와 구별하여 아예 '계룡산'이라는 이름으로 불렀다. 그러나 이 유적이 국가사적으로 지정되는 것은 그로부터 60여 년이 지난 1990년에 이르러서의 일이었고, 1992년에 비로소 유적에 대한 새로운 조사 작업이 이루어졌다. 늦어도 '너어무' 늦은 것이다. 일본 아리타의 도자기 시조로 유명한 이삼평의 기념비가 1990년 계룡산과 학봉리가 바라다 보이는 동학사 입구 박정자에 세워진 것도, 따지고 보면 이 '계룡산' 도자기의 명성 때문이었다. 공주는 정말 '우리의 고장'이기도 하지만, '자기의 고장'이기도 한 것이다.

'공주사람' 이삼평

이삼평(李參平, 1579~1655)은 1579년에 출생하여 1598년 임진왜란이 끝나는 시점에 나베시마군에 의하여 일본으로 붙들려가 1655년까지 살았던, '아마도(!) 공주 출신'의 도예가이다. 1616년 이삼평은 사가현의 작은 산촌 마을 아리타(有田)에서 백자의 생산에 성공함으로써 일본 도자기의 역사를 열었는데, 일본 생활 거의 10년이 다 되어가는 때의 일이다. 이 아리타 도자기가 부근 이마리 항을 통하여 유럽에까지 대량 수출됨으로써 이른바 일본에 있어서 '도예입국'의 신화를 열었다는 것은 많이 알려져 있는 사실이다. 당시 많은 도공들이 일본에 잡혀갔지만, 조선 도공 중 가장 유명한 인물이 역시 이삼평이었던 것이다.

이삼평에 대한 자료가 한국에는 남아 있지 않기 때문인지 실제 그에 대한 사실은 잘 정리되어 있지 않다. 가령 이삼평에 대한 자료를 검색하면 그의 출생 연도는 '?'로 되어 있고, 일본으로 끌려간 시기도 '1592년' '1593년' '1598년', 혹은 막연히 '임진왜란 때'로 되어 있다. 그러나

▍쿠로카미 씨의 이삼평 소설 표지와 이삼평 묘비

그의 관련 기록에 의하면 1616년 아리타 도자기를 개발했을 때 그의 나이가 '38년'이었다는 것이 명시되어 있다. 이에 근거하면 그의 생년은 1579년(선조 12)이 되고 그가 77세의 생애를 살았다는 것, 그가 일본에 잡혀간 시기도 정유재란 때이고, 1598년 나베시마 군이 조선에서 철군하면서의 일이었다는 것도 기록에 의하여 확인할 수 있다. 이렇게 보면 이삼평은 20세의 나이에 고국을 떠나 60년 가까운 기간 동안을 이국에서 생활하다 이국 땅에서 세상을 떴던 인물인 것이다.

이 이삼평이 공주사람이라는 것은 그의 출신지가 '금강도(金江島)'였다는 기록에 근거한다. 마침 공주는 15, 6세기에 운영된 학봉리의 철화분청사기가 유명한 곳이기도 하다. 이러한 근거에 의한 것인지 일찍이 이삼평의 공주 출신설은 나카지마(中島浩氣)에 의하여 제안되었고, 일반인들의 인식에 은연중 자리잡게 되었다. 그러나 '금강도'의 정체가 명확하지 않다는 점, 도공으로 끌려간 임란 포로의 대부분이 전라도와 경상도 사람들이었으며, 나베시마의 경우도 김해에 거점을 두고 있었다는 점에서 공주 출신설은 여전히 확인되지 않은 하나의 가설에 머물러 있는 것이 사실이다. 특히 이삼평을 붙들어간 나베시마가 왜란 때에 공주를 침입했는지 조차도 아직 확실하지 않다. 이 때문에 윤용이 교수는 '금강 출신' 이삼평이 경기도 광주의 관영 도자기 공장에서 잡혀갔다고 하고, 아리타의 '소설 이삼평'의 작가 쿠로카미(黑髮酒呑童)는 '학봉리 출신' 이삼평이 나베시마 군에 의하여 붙들린 곳을 전북 남원으로 묘사하고 있다.

이삼평 기념비가 공주 땅에 세워져 있는 마당에 과연 이삼평이 공주 사람인가에 대한 확인은 중요한 일이 아닐 수 없다. 이 때문에 수 년 전 나는 이삼평이 공주 출신이었으리라는 점을 몇 가지 이유를 들어 주장하는 논문을 발표한 적이 있다. '금강(金江)'은 역시 금강(錦江)으로 보아야 하며, '금강'은 금강 중에서도 특별히 '공주 금강'을 지칭하는 것이라는 짐, 나베

▌ 박정자 조각공원의 이삼평 기념비
(2016년 학봉리로 이전하기 이전 모습)

▮ 아리타 도조제에서 이삼평 14대손
  가네가에 쇼헤이와 함께(좌 이재황, 우 필자)

시마 군의 공주 침입도 분명하지는 않지만 개연성이 있다는 점을 확인하였다. 그러나 이러한 나의 의견에 대해서는, 누구의 동의도 없고, 이의나 반론도 제기된 적이 없는 상태이다.

가라츠에서 열리는 무령왕축제에 참석하는 길에 종종 아리타를 들른다. 무령왕 출생지로 전하는 가카라시마에서 멀지 않은 지역이기 때문이다. 이삼평의 묘소, 기념비, 신사, 그리고 도자기의 원료인 도석(陶石) 채취장을 돌다 보면 아리타가 참으로 이삼평의 도시라는 점을 실감한다. 그리고 '월창'이라는 그의 법호가 새겨진 비석을 보면서, 그가 참으로 고향을 사랑했던 인물인 것처럼 생각되기도 하였다. 한밤중 창 밖으로 내다보이는 달(月窓)을 보며 하염없이 스며드는 향수를 달래려 했던 그의 깊은 마음이 느껴지는 것 같았기 때문이다. 고향 '금강' 출신임을 후손들이 잊지 않도록 하기 위하여, 이름(성)을 아예 '금강(金江, 가네가에)'이라 했던 인물이 아닌가.

400년 맞는 이삼평 도자기

아리타의 도자기는 중국 명나라 도자기의 영향을 받아 변화를 거듭하였다. 그리하여 아리타 도자기는 우리 도자기와는 감이 다르지만, 여러 변화의 과정을 거쳐 세계적인 도자기로 자리 잡는데 성공하였다. 아리타에서는 매년 5월 4일 도자기 축제를 열어 많은 사람들을 구름처럼 모아들인다. 3년 후인 2016년은 공주 출신 조선의 도예가 이삼평이 아리타에서 도자기 공방을 '오픈'한 지 꼭 400년이 되는 해이다. 이 때문에 작년부터 벌써 '이삼평 4백 주년' 축제의 홍보에 돌입해 있는 상황이다. 그렇다면 아리타 이삼평 400주년 축제에 그의 출신지, 그의 기념비가 세워져 있는 공주의 사람들이 참여하여야 하는 것은 당연한 일이다.

지난 3월 공주에서는 작은 모임 하나가 만들어졌다. '이삼평연구회'라는 이름의 단체가 그것이다. 이삼평과 분청에 토대한 공주의 도자기를 활용하여 교육과 관광 자원으로서의 활성화를 추구하고 후원하려는 모임이다. 앞으로 민간 차원에서의 아리타와의 교류를 통하여 도자기 도시로서의 공주의 존재감이 부각되기를 기대한다.

(윤용혁, 제2호, 2013.3)

제4장

변혁과 교류를 꿈꾸다

김헌창, '백제의 힘'을 착안하다

망이 형제, 새 시대를 열망하다

김인겸, 일동장유가로 알려진 공주 선비

신유, '공주 10경'을 읊다

김이교, 세계기록유산으로 되살아나다

김옥균, 피우지 못한 꽃

김헌창,

'백제의 힘'을 착안하다

정치란, 한 마디로 국민을 위한 최고의 봉사 행위이다. 그러므로 정치가는 모름지기 무엇이 나라와 국민을 위한 길이고, 또 어떤 것이 우리 지역과 공동체를 위한 길인가 하는 것이 가치와 판단의 기준이 되지 않으면 안될 것이다. 그러나 현실에 있어서는 갖가지 화려한 미사여구에도 불구하고, 정치란 결국 자신의 존재감과 야망을 실현하는 수단이 된다. 그리고 이 때문에 정치가는 얼마든지 스스로의 가치를 타협하고, 스스로를 배신하면서, 위선의 시간을 일상화 한다. 이러한 점에서 정치라는 과일은 사람들의 입맛을 유혹하는 과육(果肉)과, 정치적 욕망이라는 내핵(內核)을 함께 가지고 있다.

822년, 공주에서 반란을 일으키다

1천 년 신라 역사에서 가장 큰 정치적 반란의 사건이 경주에서 멀리 떨어져 있는 공주에서 일어났다는 것은, 생각하면 특이한 역사적 사건이다. 그것을 이해할 수 있는 키의 하나가 반란의 진원지 웅천주, 공주

┃ 822년 공산성은 김헌창 반란의 거점이었다(공산성 수문병 교대식, 신용희 사진)

가 백제의 왕도였다는 점이다. 백제 멸망 150년이 지나면서 신라의 경주 세력이 분열하는 조짐이 나타난다. 그리고 그것은 반 세기 후 지방 각지에서의 호족의 대두로 표면화하여 신라왕조는 급격히 기울게 된다. 경주 세력의 분열이 구체화한 것은 김헌창의 난이다. 웅천주 도독이었던 김헌창은 822년 3월 공주에서 경주에 대해 반기를 들었다.

김헌창(金憲昌)은 신라 무열왕의 7대손이다. 아버지 김주원(金周元)은 785년 선덕왕 사후 가장 유력한 왕위 계승자였음에도 불구하고 왕위 계승 경쟁에 실패하고, 이어 정치적으로 소외되는 처지가 되었다. 시중(侍中)을 지낸 김헌창은 무진주(광주) 도독, 청주(菁州, 진주) 도독 등 지방을 전전하다 821년에는 웅천주(공주) 도독에 부임하게 된다. 그리고 부임 이듬해 3월, 신라정부에 반기를 들고 거사한 것이다. 김헌창이 공주에 부임한 다음해 바로 반란을 감행한 것을 보면, 웅천주 부임과 함께 공주를 거점으로 삼아 신라 왕실에 대한 반격을 결심하고 있었음을 알 수 있다.

김헌창은 국호를 '장안', 연호를 '경운'이라고 하여 신라왕조를 정면 부정하는 거사를 감행하였다. 신라로서는 건국 이후 9백 년 만에 맞는 최대의 위기였다. 김헌창의 군은 일거에 충청지역을 석권하고 전라, 경상도 일대에까지 세력이 미치게 되었다. 특히 그가 도독을 지낸 무진주(광주)와 청주(진주)를 비롯하여 국원경(충주), 서원경(청주), 금관경(김해)까지도 호응함으로써 그 영향력은 일거에 신라 전국을 뒤흔들었다. 이 사건은 기울어져가는 신라왕실을 크게 위협하였고, 경주 정부의 권위를 약화시킴으로써 이후 각 지역에서 호족이라는 독자 세력이 발호하는 출발점이 되었다.

당시 김헌창의 반격이 큰 임팩트를 가질 수 있었던 것은 구 백제지역에 팽배해 있던 반 신라적 분위기였다. 그리고 바로 그 에너지를 이용하여 신라의 주류세력에서 배제된 자신의 정치적 위상을 회복하려 했던 것이 김헌창의 난이라 할 수 있다. 그가 착안했던 것은 당시에 팽배한 반신라적 분위기, 그리고 망한 백제의 지역이 여전히 가지고 있는 정치적 동력이었다.

백제는 살아 있다

김헌창의 난이 옛 백제지역을 중심거점으로 삼고 있다는 것은 이 반란이 이 지역에 널리 깔려 있는 반신라, 반당 정서를 이용한 것이라는 점을 암시한다. 통일 이후 신라는 새로운 지방제도를 장치로 하여 백제의 옛 영역을 지배하였다. 공주는 '웅천주'가 되고, 웅천주는 대략 오늘의 충남 지방에 해당하는 13개군 29개현의 관내를 통할하는 위치가 주어졌다. 공주는 웅천주의 치소로서 경주로부터 '도독(혹은 총관)'관이 파견되어 공주 및 오늘의 충남에 해당하는 예하 군현을 관리하였다. 신문왕 6년(686)의 일이다. 웅천주의 관내는 대략 오늘의 충남 지역 범위와 유사하다. 신라는 전국을 9개의 주로 편성, 지배하였는데 웅천주는 그중의 하나였던 것이다.

신라의 경주정부는 백제의 옛 지역을 관리하기 위하여 군사적, 종교적 장치를 사용하였다. 치안 유지를 위한 '당'이라는 군부대를 배치하였고, 주요 산천에 대한 제사체계를 정비하여 계룡산을 신라 5악의 하나인 서악(西嶽)으로, 웅천하(熊川河 : 금강)를 4독(瀆)의 하나로 포함시켰다. 이는 경주정부가 군사력과 종교적 장치로써 진압과 회유를 병행하였음을 암시하여 준다. 신라 통일 이후 정부에서 지정한 국가적 제사처로서의 5악, 즉 5대 명산은 동쪽(동악) 토함산, 남쪽(남악) 지리산, 서쪽(서악) 계룡산, 북쪽(북악) 태백산, 그리고 팔공산 등이었다. 신라 5악신앙에 의한 국가적 제사의 전통은 고려, 조선 후대에 그대로 계승되었다. 공주 시내를 둘러싼 산에 오르면, 어디에서도 계룡산의 연봉이 시야에 넓게 펼쳐진다. 공주의 1천 5백 년 역사란, 바로 이 계룡산의 엄호하에 이어진 것이었음을 느끼게 한다.

웅천주 치소는 공산성?

웅천주 도독으로 부임한 김헌창은 공주의 어디에서 근무하였을까. 다시 말해서, 웅천주 도독의 청사는 어디에 위치하였을까 하는 질문이 여기에서 떠오른다. 기록으로 확인되는 바는 아니지만, 아마도 공산성 성안이었을 것이다. 공산성 성안은 백제시대 왕궁이 있었던 곳이고, 백제 멸망 직후에는 당군이 주둔한 곳이기도 하다. 조선시대 공주로 피란한 인조 임금이 머물렀던 곳도 공산성의 성안이었다. 군사력이 치안 유지의 중요한 방식이었던 때였던지라 통일신라 웅천주의 치소 역시 공산성이었을 것이다.

1980년 이후 공주대 박물관에 의한 10여 년에 걸친 발굴 결과, 공산성 내에서는 통일신라 시기의 대형 건물터가 다수 확인되었다. 특히 광복루가 위치한 봉우리의 맥이 쌍수정 방향 서쪽으로 내려오는 언덕의 사면에 통일신라기의 건물이 집중적으로 만들어져 있었음이 확인된 바 있다. 28칸 규모의 장방형 건물, 그리고 2동의 12각 건물은 이 지역이 독특한 성격의 공공 건물지대였음을 짐작하게 한다. 물론 이들 건축물의 시기는 통일신라인데, 바로 웅천주 도독부 시설의 일부인 것이다. 이 시기 완산주(전주)의 치소가 있었던 동고산성 내의 통일신라기 건축물과 매우 흡사한 양상이다.

28칸 건물은 고도가 다소 높은 광복루 광장 아래쪽에 위치한다. 정면 7칸, 측면 4칸의 장방형이며, 지형을 따라 건물을 배치하여 서남향을 하고 있다. 초석을 기준으로 정면의 길이는 24.5m, 측면은 8.4m이고, 기단석을 기준으로 하면 정면 28.7m, 측면 12.6m로 건물 면적이 362㎡의 규모에 이른다. 통일신라기 공산성 내 건물 중 가장 중심적 건물이며, 아마 주 치소의 정청에 해당하는 건물이 아닌가 추측된다. 부근에서는 이때 관청에서 사용한 것으로 보이는 통일신라기의 납석제 인장과 청동제 도장도 출토하였다. 이들 자료는 웅천주 치소 시절 통일신라기 유물로서 이 시기의 행정거점으로서의 공산성의 기능을 잘 설

웅천주 도독부 시절의 12각 건물터(위)와 구마모토현 기쿠치성의 팔각건물(복원)

명해 준다.

12각 건물은 일종의 원형 건물을 의미한다. 특수 용도의 건물인 것이다. 28칸 건물 아래쪽 경사면을 따라 2개소의 12각 건물의 터가 있다. 12각은 사실상 건축의 구도에 있어서는 원형 건물의 성격을 갖는다. a 건물은 평면의 지름이 17.4m이고, 초석의 배치로 보아 도합 60개의 기둥을 가진 건물이었다. 12각 건물 b는 유구의 파괴가 심하여 정확한 내용이 확인되지 않았지만, 규모는 더 크다. 이들 두 건물은 건물의 특수한 형태로 미루어 일반 용도가 아닌, 제사용 내지 종교적 용도의 건물로 추측된다. 하남시의 이성산성, '조선식 산성'으로 알려진 일본 구마모토현의 기쿠치성(鞠智城)에서도 비슷한 형태의 원형 건물이 확인된 바 있다.

공산성 성안 마을에서도 백제층 위에 통일신라기 건물지가 다수 확인되었고, 그 서쪽 구릉의 하단부에서도 통일신라기 건축물이 조사 되었다. 정면 6칸, 측면 2칸, 12칸의 건물이다. 이들 건물터에서는 신라기 와당과 함께 '웅(熊)'자 혹은 '관(官)'자가 쓰인 기와가 다수 수습되었다.

실패한 반신라, 반경주 봉기

김헌창의 군이 소백산맥을 넘어 경상도로 진입하였는데, 이 때 경주에서도 진압군이 편성되어 이에 맞섰다. 삼년산성, 속리산에 이어 성산에서 패전함으로써 승승장구하던 김헌창은 궁지에 몰리게 되었다. 마지막 전투는 공주의 공산성에서 벌어졌는데 전투가 10일 간에 걸쳐 계속 되었다고 한 것에 의하여 극히 치열한 공방전이 공산성에서 있었음을 짐작하게 한다. 회생의 가능성이 보이지 않자 김헌창은 스스로 목숨을 끊었다. 이에 부하들이 김헌창의 머리를 자르고 몸과 각각 따로하여 옛 무덤에 파묻었다고 한다. 공산성 기슭의 백제 석실분에 시신을 감춘 것으로 보인다. 공산성이 함락되자 경주의 신라군은 그 시신을 "옛무덤 (고총) 에서 찾아 다시 베었다"고 한다. 한편 『삼국사기』에서는 반란 이후 수습 과정에서 "그 친족과 무리 239명을 죽이고 그곳 백성은 놓아주었 다"고 기록하고 있다. 말하자면 반란에 적극적으로 참여하였던 사람들 중 239명이 처형되었던 것이다. 그리고 석방된 '그곳 백성'은 공주 사람 들이었을 것이다.

1980년대 초 공산성 안에 있던 통일신라기 건물터를 발굴할 때 이곳 에서는 쇠로 제작된 창과 화살촉이 여러 개 수습되었다. 이 무기류들은 어쩌면 김헌창란 당시의 전투에서 사용된 유물인지도 모른다.

웅천주 도독 김헌창의 난은 신라 왕권을 둘러싼 정치 권력의 쟁탈전 의 한 양상이었다. 사람의 성공 여부에도 운이라는 것이 있다. 그리고 그것은 결국 하늘에서 오는 것이다. 운이 모든 것을 결정하는 것은 아 니지만, 성패에 영향을 주는 요소라는 것은 부인하기 어렵다. 바로 이점

▌ 공산성 안 통일신라
건물터에서 발굴된 쇠창
(길이 22cm, 공주대 박물관)

때문에, 우리는 모든 일에 최선을 다하면서도 '진인사 대천명'의 마음으로, 겸손의 자리에 있지 않으면 안되는 것이다.

822년 그 때의 일을 다시 생각해보면 당시의 신라는 분명한 변화와 개혁이 필요했던 시점이었다. 백제라는 에너지가 여기에서 생산적으로 작동할 수도 있었을 것이다. 김헌창의 경우, 변혁에의 기대, 그리고 백제라는 두 가지의 에너지를 이용할 수는 있었지만, 그 스스로 정치 권력 탈환의 명분이 될만한 객관적 비전을 가지지는 못하였다. 이점이 결국 변화의 요구를 생산적으로 확산하지 못하는 요인이 되었다고 생각된다. 동력은 있었지만, 변화된 사회의 모습을 제시하여 공감을 얻을 수 있는 방향성이 부족했던 것이다.

그가 제시한 나라 이름은 '장안'이었다. 그리고 '경운'이라는 연호를 내세웠다. 신라 왕실이 내세우지 못했던 연호의 제정은 경주에 비하여 진일보한 시대 정신을 보여준다. 그러나 '장안(長安)'이라는 국호에 이르면, 그가 만들려고 하였던 나라는 어떤 나라였는지에 대해서 의문이 생긴다. 그냥 편안하고 잘 사는 나라가 아니라, 가치 지향적 나라이지 않으면 안된다는 점에서 그렇다. 이렇게 보면 김헌창의 경우 새로운 시대 정신의 제시에 대한 분명한 의식이 부족했고, 이점이 실패한 반란의 괴수로서 비극적 죽음으로 종막을 맞게 되었다는 생각이다.

김헌창이 최치원을 만났다면

김헌창은 옛백제 지역민의 반신라적 분위기를 이용하여 경주에 도전하였던 것인데, 이같은 시도는 실패로 돌아가고 말았다. 말하자면 웅천주 도독 김헌창은 백제라는 동력을 주목하였지만, 객관적 가치를 덧붙여 보편화에 이르지는 못하였다. 더 많은 사람들의 입맛에 맞추는 과육(果肉)을 만들지 못했던 것이다.

김헌창의 란으로 야기된 공주 공산성에서의 전투는 공산성의 역사에 있어서 가장 치열한 전투의 경험으로 남게 되었다. 신라 말의 유명한 학자 최치원이 공주에 왔을 때, 그는 무엇보다 이곳이 김헌창의 반란거점이었다는 사실에 깊은 감회를 가졌다. 공산성에 오른 그는 금강을 내려보며 한 줄 시를 지었다. 그 시가 『동국여지승람』에 전하고 있다.

> 비단 띠같은 강산(江山)은 그린듯 아름다운데
> 기쁘도다 오늘은 고요히 전란의 티끌이 사라졌네
> 스산한 바람이 홀연 놀란 파도 일으키니
> 란이 있던 당시 쇠북 소리 아직 들리는 듯

최치원이 공산성에 올랐던 때가 언제인지는 밝혀져 있지 않으나, 그가 부성군(서산군) 태수를 지낼 때인 893년경이 아닐까 추측된다. 김헌창의 난으로부터 70년이 지난 뒤의 일이다. 이미 오래 전의 일이 되었지만, 신라 말 한 시대를 뒤흔들었던 김헌창의 란, 그 역사의 현장에 선 최치원은 공산성 위에 올라 금강과 산성을 바라보며 깊은 감회에 젖었다. 전란이 진정된 것을 다행으로 여기는 듯 말하였지만, 경주 신라정부의 개혁을 소망하였던 그에게 있어서 김헌창의 사건은 각별한 감회가 있었을 것이다. 김헌창의 경우 사람들을 더 지속적으로 결속할 수 있는 미래 비젼이 부족하였다고 한다면, 최치원은, 시대 정신은 투철하였지만 변혁을 이끌어낼 만한 동력을 가지지는 못하였다. 이 때문에 최치원은 현실사회에 대한 좌절, 그 이상을 넘어가지 못했던 것이다.

▌금강 가 공산성 곁에 있는 최치원 기념비(1996년 건립)

　　김헌창과 최치원, 만일 그들이 공산성에서 함께 만날 수만 있었다고
한다면, 이 지점에서 역사는 분명 달라졌을 것이다. 김헌창의 시대에 실
현되지 못한 변혁에의 기대는 80년이 지나 후삼국으로 나타나고, 그리
고 태조 왕건의 고려 통일에 의하여 비로소 수렴되었다고 할 수 있지
않을까.

(윤용혁, 새 원고)

망이 형제,

새 시대를 열망하다

충청도 사람들은 기질적으로 격발적이기 보다는 다소 느긋한 성품의
소유자로 흔히 인식되고 있다. 공연을 업으로 하는 연예인들에게 특히
'충청도는 죽음'이라는 이야기도 있다. 소극적인 데다 반응조차 없기 때
문이라는 것이다. 그러나 충청도 사람이 반드시 소극적이고 느긋하기
만 한 것은 아니다. 불의와 압제에 감연히 대항하여 일어서는 미련한 뚝
심을 앞장서 보여주는 것 또한 충청도 사람이기 때문이다. 이순신으로
부터 유관순, 윤봉길, 성삼문, 김좌진 등 충의 열사를 집중적으로 배출
한 지역이 또한 충남이라는 것은 널리 알려진 사실이다. 12세기의 인물,
망이 · 망소이 형제도 이러한 충청도의 뚝심을 잘 보여주는 인물이다.

'차별 없는 세상'을 열망하다

고려시대에 일어난 정치적 사건 가운데 가장 큰 변화를 가져온 것은
1170년 개경에서 일어난 무신란이었다. 그러나 무신란에 의하여 새로
성립한 정권하에서 지방사회의 폐단은 오히려 심화되어 갔고, 마침내

〈명학소의 북소리〉 공연 포스터
(대전시 서구청 주최)

12세기 후반 이후 전국적으로 광범한 민란 봉기가 야기되기에 이른다. 그 민란의 선구가 되었던 사건이 명종 6년(1176) 정월 망이 형제가 주동하여 일으킨 명학소민의 봉기였다.

망이·망소이 형제는 '산행병마사'를 자칭하면서, 유성현을 먼저 점령한 다음, 주현인 공주 치소를 장악하여 이를 거점화하였다. 정부는 군을 파견하여 이들을 해산시키려 하였지만,

여의치 않았다. 이에 다시 3천 군을 파견하여 토벌하였지만, 명학소군은 이들을 공격하여 오히려 대파시켰다. 3천의 정부군을 대파시킨 망이 형제의 명학소민이 가지고 있던 특별한 전투력이 아주 인상적이다. 그래서 그 동력은 대체 어디에서 나온 것일까 하는 의문이 떠오른다.

이제 정부는 진압책으로부터 회유책으로 방침을 전환하였다. 그리고 명학소를 충순현으로 승격시키고 주민들을 회유하였다. 명학소(鳴鶴所)를 '충순현(忠順縣)'이라는 이름의 현으로 승격시킨 것은 매우 파격적인 조치였다. 고려시대에만 존재하였던 '소(所)'라는 행정구역은 주로 전문 기술이 필요한 생산품의 제작지와 제작 집단을 지정한 것이었다. 이에 의하여 도자기라든가 무기라든가 하는 특수품이 소에서 소민에 의하여 생산되어 국가에 납품되었다. 공주의 경우도 구체적인 생산 품목을 알수 없지만, 부곡과 함께 몇 개의 소가 지정되어 있었다. 고려시대에 평

판 높은 청자가 만들어질 수 있었던 것도 따지고 보면 이러한 소가 있었기 때문에 가능한 일이었다. 문제는 소민들의 처지가 열악했고, 더욱 열악해져 갔다는 점이다. 보상이 주어지지 않는 일방적 노역 동원으로 소민의 불만이 높아간 것은 당연한 일이었다.

명학소를 충순현으로 승격시킨 조치는 소민의 신분을 일반민으로 높여주고, 그 노역에서 해방시킨 것이어서 매우 파격적인 것이었다. 이것은 망이·망소이의 명학소민이 극심한 노역으로부터의 해방과 신분 상승을 위하여 봉기한 것이었음을 말해준다. '차별없는 세상'에의 염원, 그것이 1176년 망이 형제가 봉기한 목적이었다.

명학소는 탄소?, 철소?, 자기소?

원래 고려에는 금·은·동·철과 같은 금속광물의 생산과 제품 생산, 먹·종이·기와·도자기 등 국가에서 필요로 하는 물품의 생산을 위하여 특정지역을 지정해 이를 전업(專業)하도록 의무를 지웠는데, 이같은 지역을 소(所)라고 불렀다. 이 때문에 망이 형제가 명학소에서 어떤 생산에 종사하였을까 하는 문제가 궁금해진다. 아쉽게도 그에 대한 정보가 전하지 않는다. 이 때문에 명학소가 어떤 것을 생산하였을지 여러 가지 추측이 제기되었다.

명학소에 대하여, 목탄을 생산하는 탄소, 혹은 철기를 생산하는 철소, 청자를 생산하는 자기소 등 여러 의견이 나온 것도 이 때문이다. 그러나 모두 확실하지 않다. 탄소라고 하는 것은 명학소로 추정되는 '탄방동'이라는 지명 때문이지만, 숯을 생산하는 지역은 퍽 많았으므로 이 지명만으로 명학소가 '탄소(炭所)'였다고 단정할 수는 없다. 주로 무기를

대전시 남선공원에 세워진 망이 형제 기념탑(2006년)

제작하는 철소라는 의견도 있다. 망이 형제의 명학소민이 관군을 압도할 정도의 강력한 전투력이 가능했던 것이 무기를 생산하는 철소였기 때문이 아닐까 하는 추측인 것이다. 그러나 석철(石鐵)이 생산된다는 회덕현의 침이소, 수철이 생산된다는 공주의 마현(馬峴, 공주시 반포면)과도 가깝거나 교통상의 연결성이 편리한 위치가 아니어서, 이에 선뜻 동의하기 어렵다.

12세기 대전지역의 대표적 수공업생산품은 청자였다. 중구 구완동 유적이 그 예이다. 구완동 도자유적은 도합 6개소가 확인되었는데, 1유적에서는 전기 청자가마 2기, 4유적에서는 14~15세기 청자, 분청사기 가마 2기 등이 조사된 바 있어 이 유적이 고려 이래 조선조에 이르기까지 생산 활동이 이어진 곳임을 알 수 있다. 1유적의 경우 출토 유물의 양상이 11세기가 중심시기이고, 4유적의 가마에서 출토된 상감청자 자료는 14세기 말의 것이었다. 이들 청자가마의 유적 때문에 혹 명학소의 경우도 자기소였던 것은 아닐까 하는 의견도 없지 않다. 그러나 이들

가마는 '유성현 동쪽 10리'라 한 명학소의 위치와 거리가 있는 것이어서 명학소가 자기소라는 추측을 강조할 만한 근거가 되지는 않는다. 명학소의 생산품을 특정하는 것, 망이·망소이가 어떤 직종의 노동에 종사한 인물이었는지 하는 것은 아직은 풀어야 할 과제로 남아 있다고 해야 할 것이다.

명학소의 위치는 어디인가

명학소가 어떤 물품을 생산하는 곳이었는지 불분명한데 비하면 명학소의 위치는 조금 더 구체적인 논의가 가능하다. 『동국여지승람』의 공주목 기록에 "유성현에서 동쪽으로 10리"라는 기록이 있기 때문이다. 고려시대만이 아니고 조선조 말까지도 그 일대가 모두 공주의 관내였다. 그래서 역사책에는 이 사건을 '공주 명학소의 난', 혹은 '공주 망이·망소이'의 난이라고 칭해지고 있는 것이다.

망이 형제의 거주지인 명학소는 지금의 어디일까. 그 위치에 대하여는 대략 대전시 탄방동, 둔산동 일대였을 것이라는 데 의견이 모아지고 있다. '유성현 동쪽 10리'라는 기록에 근거한 것이다. 서구 둔산동 남선공원에 세워진 '명학소(망이·망소이) 민중봉기 기념탑'의 위치는 이같은 의견을 반영하여 조성된 것이다. 여기에서는 말하는 '유성현'의 치소는 현재의 온천지역은 아니다. 근년에 대규모 아파트 단지가 들어선 상대동 지역에 유성현 치소가 있었다는 것이 조사에 의하여 어느 정도 확인된 상태이기 때문이다.

고려시대 유성현은 조선 초의 지리지(『신증동국여지승람』)에 "유성현 동쪽 4리 지점, 광도원(廣道院) 부근에 있다. 객사와 향교, 창고의 터가 아직 남

▌ 대전시 상대동의 유성현터

아 있다"라고 기록되어 있다. 지명 자료집에 의하면 상대리(대덕군) 51번
지 곧 중동골이 '유성현의 터'라 하였다.

  2006~2009년의 대전 상대동에서는 고려시대 조성된 중동골(및 양촌)
유적과 원골 유적이 각각 조사되었다. 중동골(및 양촌) 유적에서는 SD1,
SD2호, 건물지 28동, 연못 1기 등이 조사되었으며, 낮은 구릉을 사이
에 두고 위치한 원골유적에서는 25개의 고려 건물지가 확인되었다.
SD1호는 10세기에 처음 건축되고 11세기 대규모 증축한 것이며 중심
시기는 11~12세기이다. 건물군을 두른 담장곽의 규모는 동서 98m, 남
북 길이 107m이고 그 내부에 여러 건물이 배치되어 있으며 연못은 1
호 건물지에서 남동쪽 25m 위치이다. 여기에서는 '(유)성현관((儒)城縣官)'
및 '우술군(雨述郡)'명 기와가 수습되었다. SD2호는 건물군 담장곽 규모

가 동서 45m, 남북 90m 가량으로 1호보다 작은 크기이다.

중동골 유적이 SD1, 2 대형건물 중심으로 구성된 데 비하여 원골유적은 규모의 차이가 크지 않은 건물로 구성되어 있다. 원골에서는 도합 25기의 건물지가 조사 되었는데 청자류 등 출토유물에 의하여 유적의 형성 시기는 10세기 중반, 중심 시기는 12세기에서 13세기 중반으로 편년 되었다. ㅁ자형 건물 중앙에 중정(中庭)을 가진 건물지가 다수 포함되어 있다. 원골의 연못은 동서 30m, 남북 39m 규모이다.

SD건물지의 성격에 대해서는 그동안 다양한 의견이 개진되어 왔다. 중동골을 '고유성(古儒城)', 원골유적을 광도원(廣道院)에 비정하되 원래 원이었던 중동골에 고려 후기에 유성현 치소가 월평동산성에서 이치된 것, SD건물지는 원래 유성현의 치소였으나 1176년 명학소의 난 이후에 광도원이 들어섰다는 주장 등이 그것이다. 이에 대해 문경호는 SD 1호를 객사, SD 2호를 '읍사(유성현 관아)'에, 그리고 원골 III지구 7·8호의 건물을 광도원(廣道院)에 비정한 바 있다. 개별 건축물의 성격에 대해서는 이견이 없지 않지만, 상대동 중동골이 고려시대 유성현의 현치였다는 것에는 일단 의견이 모아지고 있는 셈이다.

망이가 점령한 공주 관아는 어디였을까

망이와 망소이는 형제이다. 하필이면 이름이 망이(亡伊), 망소이(亡少伊)일까. '망할 놈', '작은 망할놈'이 그 뜻이기 때문이다. 그것은 관아에서 사건을 중앙에 보고할 때의 편의상의 지칭이었다. 그 이름에는 체제에 대하여 반기를 든 자에 대한 저주가 담겨져 있다. 그 지칭이 그냥 그대로 역사적 인명이 되고 말았던 것이다.

┃ 공산성을 연상시키는 망이 형제의 방어성(대전 갑천문화제, 2009년)

    1176년 정월 명학소민들이 봉기하여 공주 관아를 함락하였다. 기록상으로는 '본주(本州: 공주)를 공함하였다'고 하였는데, 공주는 명학소에서는 서쪽으로 매우 먼 거리이다. 명학소에서 보면 공주는 큰 고을이고, 유성현이 명학소와 관련한 작은 고을이다. 그러므로 명학소민이 공주 관아보다 먼저 점령한 것은 유성현의 관아였을 것이 분명하다. 현 단계에서 문헌과 고고학적 자료를 종합하면, 11세기경 상대동에 유성현의 현치가 있었는데, 12, 13세기에 변화의 시기를 맞고, 14세기에 현치가 이동한다는 줄거리로 정리된다. 14세기 현치 이동은 왜구의 침입으로 인한 큰 피해 때문일 것으로 짐작된다. 그런데 '12, 13세기의 변화'란 무엇을 의미할까. 13세기는 몽골군의 침입, 그리고 12세기는 1176

년 망이·망소이의 난이 상정된다. 즉 망이 형제의 난 때 이들이 유성현 치를 점령하였고 관아가 피해를 입었다는 것이다.

상대동 소재 유성현치를 점령한 명학소민들의 다음 목표는 공주였다. 공주의 점령은 공주의 관아를 점령한 것을 말한다. 이때 공주 관아는 어디였을까 하는 의문이 생긴다. 통일신라시대 웅천주 치소가 공산성 안에 소재했기 때문에 고려시대에도 처음에는 관아가 성안에 그대로 있었을 것이다. 그러나 계속해서 공주 관아가 공산성에 있기는 어렵다. 시내와의 거리가 멀어 행정에는 매우 불편한 위치이기 때문이다. 따라서 안정된 시기에는 시내로 관아를 옮기는 것은 불가피한 일이었을 것으로 본다. 이러한 점에서 대략 12세기의 전반에는 민가가 밀집한 시내로 부지를 조성하여 옮긴 것은 아닐까 추측한다. 12세기라면 예종(재위 1105~1122), 인종대(1122~1146)를 의미한다.

만일 12세기 전반에 공주 관아가 시내로 이전 되었다고 한다면, 1176년 명학소민의 봉기에 의하여 공주가 점령되었을 때는 시내에 관아가 소재하였을 시기이다. 중동 소재의 공주목 관아터는 이때 관아로서의 위치를 가지고 있었다고 생각된다. 그러나 망이·망소이의 군이 박두하면서 관원들은 공산성에 들어가 방어하였을 것이다. 이렇게 보면 결국 공주 점령이란 관아의 위치와 관련 없이 결국 공산성의 함락을 의미하는 것이 된다.

망이·망소이, 국가 변혁을 선언하다

개경의 고려 정부는 다시 무력 진압을 결의하고 대군을 파견하였다. 이에 다음해 1177년 망이는 일단 정부와의 타협을 받아들였지만, 그러나 바로 그 해 2월 다시 봉기하였다. 즉 망이 형제는 1차 봉기 이후 정부의 유화정책에 응하여 일단 군사를 철회하였으나, 곧이은 정부의 배반적인 군사 작전, 그리고 가족 체포 조치에 반발하여 다시 봉기하게 된 것이다.

공주를 거점으로 한 망이의 군은 충남 북부지역으로 쳐올라가 아산을 점령하였는데, 이 때 관내의 대부분 지역이 그들의 세력하에 들게 되었다. 이들은 예산의 가야사와 천안의 홍경원 등지를 점거하고 홍경원의 주지승으로 하여금 개경 정부에게 다음과 같은 글을 전하도록 하였다.

> "우리 지역을 현으로 승격하고 수령을 설치하여 안무하더니, 이제 돌이켜 다시 군대를 내어 우리 어머니와 아내를 붙잡은 이유가 어디 있느냐. 오히려 칼날 아래 죽을지언정 끝끝내 항복하지 않고 반드시 서울에 이르고야 말겠다."

이번에는 수도 개경에까지 이르겠다는 뜻을 강력히 표방하였다. 정부는 명학소를 충순현으로 승격시켰던 기왕의 조치를 취소하고 명학소군에 대하여 강경한 조치로 맞섰다. 그리하여 대장군 정세유를 '남적처치(南賊處置) 좌도병마사'에, 대장군 이부를 우도병마사에 각각 임명하여 청주와 서산 방면에서 이들을 각각 압박하였다. 이에 의하여 명학소군은 큰 타격을 받았다. 7월, 난의 주동자인 망이 형제는 정세유군에게 체포되어 청주옥에 수감된다. 이로써 1년 반 동안 공주 일대를 중심으로 충남 일대를 아연하게 하였던 대규모 민중 봉기는 실패로 돌아갔다.

대전시 서구 남선공원 한쪽에 망이 형제를 기념하는 기념탑이 세워

┃ 망이(좌)와 망소이(우) 조각상(대전 남선공원 기념비)

져 있다. 기념탑이 건립된 것은 2006년 6월 30일, 탑의 높이는 약 20m
이며, 탑의 최상단부는 봉기 당시 신분 해방을 외치며 울려 퍼진 북의
형태를 이미지화 했다고 한다. 탑의 전면에 망이와 망소이 형제가 전방
을 응시하며 칼을 쥐고 좌우로 서 있고, 함께 봉기한 명학소민들이 주
위에 배치되어 있다.

공정 사회에의 꿈은 신기루일까

1176년 명학소라는 작은 지역에서 야기된 봉기가 이처럼 대규모 반
란으로 확산될 수 있었던 이유는 무엇일까. 무엇보다 당시 농촌 사회

전반이 매우 피폐하여 정부에 대한 민심 이반이 일반화한 데 있었다. 여기에 특히 소 거주민의 사회적 불평등은 이 민란을 더욱 치열하게 한 요인이 되었다. 1176년 망이 형제의 봉기는 이후 전국적으로 야기되는 농민 봉기의 주요한 계기가 되었으며, 이 때문에 12, 3세기는 우리 역사에서 유례없는 대규모 민중봉기가 전국 각처에서 일어남으로써 고려시대 역사의 새로운 획을 긋게 되는 것이다.

(윤용혁, 새 원고)

김인겸,
일동장유가로 알려진 공주 선비

　선비는 지식인이다. 지식인은 교육을 통하여 인재를 키우기도 하고, 때를 얻으면 나라를 경영하는 일을 맡아 그 경륜을 현실 사회에서 구현하는 일에 나설 수도 있다. 그가 공부한 성리학이라는 지식은 애초부터 인간의 됨됨이를 바르게 키우는 이념이기도 하지만, 크게는 사회와 국가를 발전시키는 현실 정치에의 참여를 의미하기도 한다. 그리하여 '선비'는 교사이기도하고, 학자이기도 하면서, 동시에 정치인일 수도 있고, 고위 관료로 나설 수도 있는 가변성을 가지고 있는 존재이다. 그 어느 것이건, 엘리트로서의 기능의 여러 측면이라는 점에서는 공통적이다. 공주에서 태어나, 평생의 대부분을 공주에서 지낸 후, 다시 공주 땅에 묻힌, '진골' 공주사람, 공주 선비의 한 사람으로 김인겸을 소개한다.

조선통신사의 '서기'가 되어

　퇴석(退石)이라는 호를 가진 김인겸(金仁謙, 1707~1772)은 한글 서사시 『일동장유가(日東壯遊歌)』의 작가로 널리 알려진 인물이다. 『일동장유가』

는 1763년(영조 39) 일본 견문을 담은 기행 서사시인데, 특히 한글로 쓰여진 것이라는 점이 의미가 깊다. 쉬운 한글을 '언문'이라 하고, 아녀자들의 문자로 하시(下視)하였던 지식인들의 분위기를 생각하면, 한글 서사시로 『일동장유가』를 지었다는 것은 특별한 용기 없이는 가능하지 않은 일이다.

김인겸이 일본에 가게 되는 것은 조선통신사의 종사관으로 파견되는 김상익(金相翊, 1722~?)의 '서기(書記)'로 발탁된 때문이었다. 문재(文才)가 특별한 인물이었음을 말해준다. 당시 서기로는 문장이 뛰어난 네 사람의 인물이 발탁되었는데 김인겸 이외에 남시온(1722~1770), 원중거(1719~1790), 성대중(1732~1809) 등 쟁쟁한 인물들이 포함되었다.

김인겸은 김상헌(金尙憲, 1570~1652)의 4대손(현손)이고, 영의정을 지낸 김창집(1648~1722)의 5촌 당조카이기도 하다. 김상헌이라면 병자호란 때 끝내 주전론을 주장하다 청에 붙들려 간 '척화파'의 대표 인물이다. "가노라 삼각산아, 다시보자 한강수야/ 고국산천을 떠나고자 하랴마는/ 시절이 하 수상하니 올똥말똥 하여라"라는 유명한 시조의 주인공이 김상헌이라면 금방 알 것이다. 인조 때 청나라 군에 의하여 강화도가 함락되면서 순절했던 김상용(金尙容)은 상헌의 형이 되고, 그는 또 공주 사람 김옥균의 선대가 되기도 한다. 이 김상헌의 손자, 퇴석의 할아버지되는 수능(壽能)이 유거에 입거하면서 김씨 집안이 공주에 터를 잡게 된다. 무릉동에서 태어난 퇴석은 14세 때 아버지를 여의고 가난에 시달려 학문에 전념하지 못하다가 47세 때인 1753년(영조 29)에야 비로소 초시에 합격하여 진사가 되었다. 한마디로, 늦어도 한참 늦은 늦깎이 선비였던 셈이다. 일본에 통신사의 수행원으로 다녀온 이듬해인 1764년 『일동장유가』를 지었으며, 그 후 잠깐 지평(경기도 양평) 현감 등의 벼슬을 지내기도 하였다.

 '조선통신사'는 조선 후기, 에도시대의 한일 우호관계의 상징이다. 일
본은 한국에 있어서 애증이 교차하는 역사를 되풀이하였다. 백제 부흥
운동을 지원하기 위하여 3만 군에 4백척 군선을 파견할 정도로 백제시
대의 우호적 관계는 각별한 것이었다. 이후 이같은 역사는 다시 되풀이
되지 않았다. 다만 임진왜란이 끝난 이후인 17세기와 18세기에 조선에
서 에도(江戶) 막부에 파견된 '조선통신사'가 그나마 '우호적' 한일 관계
를 상징하는 키워드로 일컬어진다. 조선통신사는 일본의 막부 장군의
취임 등에 참석하는 것으로서, 임진왜란 이후 도합 12차례에 걸쳐 파
견 되었으며, 1763년의 통신사는 조엄을 정사(正使)로 하는 11번째 조선
통신사였다. 10대 이에하루(德川家治)의 '장군' 습직을 축하하는 것이었는

▌ 시즈오카 조선통신사 축제(신용희 사진)

데, 사행단의 규모는 5백 여를 헤아리는 대규모 사행단이었다.

조엄(趙儼)이 정사로 임명된 김인겸의 조선통신사는 마침 계미년에 파견된 것이어서 '계미통신사'로 불리기도 한다. 1763년 8월 3일 서울을 출발하여 10월 5일까지 부산에 도착, 체류하였다. 10월 6일 부산을 출발하여 이듬해 1764년 사행의 끝에 3월 10일까지 에도(동경)에 이르러 머물렀다. 그리고 3월 11일 에도를 출발하여 6월 23일까지 부산, 6월 24일 부산 출발하여 7월 8일에 서울 궁궐에서 복명한다. 이것이 거의 1년에 걸친 계미 통신사의 간략한 일정이다.

고구마를 맛보다

김인겸은 1763년 8월 1일 출발에 앞서 영조 임금을 알현 하였다. 당시 그의 나이 57세, 장기 원거리 해외 사행에는 다소 부담스러울 연배였다. "진사 신 김인겸은, 쉰 일곱 먹었삽고, 공주서 사나이다" 하고, 영조 임금의 물음에 퇴석은 그렇게 자기소개를 하였다. 임금은 진사 김인겸 등의 문재를 시험한 후 "만리창명(萬里滄溟) 험한 길에, 병 없이 다녀오라"는 당부를 아끼지 않았다.

김인겸에 있어서 일본은 임진왜란의 아픔을 가져다 준 적국이었다. "임진년을 생각하니, 분한 눈물 절로 난다." 임진왜란은 그에게도 2백 년에 가까운 오래 전의 역사였다. 그럼에도 일본은 아직 회복되지 못한 상흔을 조선 사람에게 남겼던 것이다. 그런 만큼 그 '적국'에 사행하는 퇴석의 각오 또한 비상하지 않을 수 없었다. 문경 새재를 넘을 때에 그는 이렇게 탄식하였다. "슬프다 순변사가 지략도 있건마는/ 여기를 못지키어, 도이(島夷)를 넘게 하고/ 이 막비(莫非) 하늘이라, 천고의 한이로다."

『일동장유가』에서 나에게 가장 인상적인 대목은, 10월 15일 퇴석이 쓰시마에서 고구마를 사 처음 쪄서 먹었을 때의 장면이다. "모양은 하수오(何首烏)요/ 그 맛은 극히 좋아/ 마(薯) 같이 무르지만/ 달기는 더 낫구나." '하수오'는 열매와 함께 덩이뿌리가 간 기능 보호와 면역력 증진에 효과가 있는 덩굴성 약용식물로서, 최근에는 탈모에 특효라고 하여 관심을 끌고 있다. 고구마는 아직 조선에는 알려지지 않은, 곡물의 부족을 보완할 수 있는 식품이었다. 원래 멕시코 원산으로 전하는 이 고구마는 스페인에 의하여 남미에서 필리핀으로 전해졌다가, 1605년 중국 남방의 복주(福州)에서 오키나와로 전해지고, 다시 큐슈 사츠마(가고시마)에 전해져 순식간에 일본 전역으로 확산된 '새로운 먹거리'였다. 고구마를 처음 맛본 퇴석은 끼니를 거르는 고국의 가난한 사람들, 그리고 공주의 이웃들을 바로 떠올렸다. "이 씨를 내어다가/ 아국(我國)에 심어두고/ 가난한 백성들을/ 흉년에 먹게 하면/ 참으로 좋겠으되/ 시절이 통한(痛寒)하여/ 가져가기 어려우니/ 취종(取種)을 어이 하리."

▌미술동호회 바탕W의
〈일동장유가전〉
고구마 작품
(윤명난 작)

고구마에 대한 이야기는 이것으로 끝이었다. 그러나 나는 퇴석의 고구마에 대한 가사, "시절이 통한(痛寒)하여 가져가기 어려우니, 취종(取種)을 어이 하리"라는 구절이 마음 깊이 들어왔다. 어떻게 하면 이 고구마를 고국에 가지고 갈 수 없을까 하는 고민이, 고구마에 대한 그의 간절한 첫 감상이었기 때문이다. 그런데 조엄(趙曮)을 정사로 하는 바로 이 퇴석의 통신사는 이듬해 귀국하면서 쓰시마에서 정말 고구마를 가지고 귀국하였다. 자료를 찾아보면 쓰시마에 처음 도착하였을 때 이미 종자로 쓸 고구마를 바로 부산에 보내 심게 하고 이듬해 귀국할 때 다시 고구마를 가지고 들어왔다는 것이다. 계미통신사, 이들의 '취종'에 의하여 1764년 고구마는 비로소 조선에 심어지게 되었던 것이다.

부산에 보내진 고구마가 곧 전국으로 확산되었음은 물론이다. 물론 여기에는 고구마의 효용에 주목한 또 다른 사람들의 수고가 있었다. 이에 의하여 식량이 절대적으로 부족했던 당시 사회에서 고구마는 많은 사람의 목숨을 살려 내는 효자 노릇을 톡톡히 하였다. 그때만이 아니고, 그 후로도 한참 많은 사람을 고구마가 살렸다. 그러나 고구마로 인하여 목숨을 건진 사람은 많지만, 이 고구마를 가지고 와 어려운 시기에 끼니를 잇게 했던 그 따뜻한 선인(先人)의 수고에 대해 고마움을 표시하는 사람을, 나는 아직 본 적이 없는 것 같다.

금강변의 작은 기념비

김인겸은 일본에 사행 중에 현지인들과 만나 많은 시를 지어주고 남겼다. 그리고 조선의 문명(文名)을 크게 떨쳤다. 그는 일본에 대해 "지형도 기절(奇絶)하고, 인호(人戶)도 많을시고"라고 하여 긍정적인 모습을 전하면서도, 일본 땅 "4천리 60주(州)를 조선 땅 만들어서 왕화(王化)에 목욕 감겨, 예의국 만들고자"하는 바램을 피력하고 있다. 귀국한 후 보고차 왕을 알현하였을 때 예의 영조 임금은 다시 퇴석에게 물었다. "저 나라 들어가니, 저 나라 문재(文才)들이, 무섭더냐 언찮더냐?", 그리고 또 시문(詩文)은 얼마나 지었는지도 물었다. 김인겸은 문사 넷이서 수 천수를 지었노라고 답하였다.

사행 도중 시를 지어준 일본인으로부터, 김인겸은 시와 초상 하나를 그려 받았다. 자연스레 앉아 미소를 띤 김인겸의 모습인데, 이에 의하여 우리는 퇴석의 진짜 얼굴을 볼 수 있다. 동글동글한 남방형의 얼굴에 퍽 친근감을 느끼게 하는 모습이다. 에도의 문인 사와다(澤田 鱗)가 김인겸에 대해 답가(答歌)로 쓴 시는 이렇다. "일찍이 나라 경영을 수업 하

▌ 시즈오카현 청견사 기둥에 걸려진 김인겸 선생의 주련(신용희 사진)

시고/ 늙어서야 사행 길을 쫓아오셨소/ 귀하께서 반드시 그만한 실력 있다더니/ 김공이 한 자리 홀로 차지하시누나." 통신사에서 돌아와 8일간을 서울에 머무른 후, 7월 8일 퇴석은 다시 공주로 귀향하였다. 고향 공주를 떠나 출발한 지 꼭 1년이 지나 있었다. "여드레 겨우 쉬어/ 공주로 내려가니/ 처자식들 나를 보고/ 죽었던 이 다시 본 듯/ 기쁘기 극한 지라" "임금님 편안하고/ 식구들 탈 없으니/ 이에서 기쁜 일이/ 또 어디 있단 말인가?"

그로부터 2백 년 넘게 세월이 지나고, 퇴석의 이름조차 기억하는 이 많지 않을 때, 『일동장유가』를 읽고 공부하던 서울의 몇 사람이 공주 사람들을 추동(推動)하여 작은 기념비를 세웠다. 1989년 7월, 지금 금강 철교 부근 강가에 세워져 있는 '김인겸 가비(歌碑)'가 그것이다. 기념비를 만든 사람들의 명단에는 조동길도 있고, 구중회, 김진규의 이름도 들어 있다. 이 기념비의 앞 면에는 다음과 같은 『일동장유가』의 마지막 장, 마지막 구절이 새겨져 있다. "천신만고(千辛萬苦)하고, 십생구사(十生九死)하여/ 장(壯)하고 이상하고, 무섭고 놀라우며/ 부끄럽고 통분하며, 우습고 다행하며/ 미우며 애처럽고, 간사하며 사나웁고/ 참혹하며 불쌍하며, 고이하고 공교(工巧)하며/ 귀하고 기특하며 위태하고 노여우며/ 쾌(快)하고 기쁜 일과 지루하고 난감한 일/ 갖가지로 갖추 겪어, 일 년 만에 돌아온 일/ 자손을 뵈려하고, 가사(歌辭)를 지어내니/ 만의 하나 기록하되, 지루하고 황잡(荒雜)하니/ 보시는 이 웃지 말고, 파적이나 하오소서." 일년 일본 여정에의 기록을 마무리하는 『일동장유가』의 맺는말인 것이다.

최강현이 짓고, 심재완이 글씨를 쓴 뒷면의 비문은 퇴석의 『일동장유가』에 버금하는 문재를 자랑한다. 그 가운데 선생의 성품에 대해서는 다음과 같이 묘사되어 있다. "선생은 성품이 곧고 굳으며, 의협심이 강하고 행실은 맑고 깨끗하였다. 나라와 겨레를 사랑하고 멋과 익살을 즐긴 풍류객이셨다." 유머가 풍부한 인물이기도 하였다는 것이다.

▌퇴석 김인겸의 가비

원래 이 비석은 무릉동의 금강변 오얏나루 언덕에 세운 것이었다. 언젠가 금강철교가 있는 전막의 강변으로 옮겨졌는데, 필시 많은 사람들의 눈에 가깝게 보이도록 한 것이었을 듯하다. 그러나 이같은 좋은 뜻에도 불구하고, 밀려드는 차의 물결에 묻혀 기념비는 더욱 눈에 뜨이지 않고 있다.

김인겸 묘소에 서다

김인겸의 묘가 있는 공주시 무릉동(武陵洞)은 '무릉'이라는 이름 때문에 종종 오해 받는 경우가 있다. 무릉도원의 무릉이기도 하고, 왕릉을 연상시키는 '무릉'이라는 지명 때문이다. 일제하인 1927년, 조선총독부 박물관(지금의 중앙박물관의 전신)에서는 공주 무릉동의 고분을 발굴하기 위하여 유명한 노모리(野守 健) 등 조사단을 공주에 파견하였다. '무릉'이라는 지명에 현혹되어 발굴한 봉분은 실제 백제고분과는 아무런 관련이 없는 자연 지형에 불과하였다. 이 조사단은 빈손으로 상경하기가 머쓱하였던지, 도굴꾼들에 의하여 이미 노출된 송산리 고분군을 며칠 조사하고 돌아가는 해프닝이 있었던 것이다. 그것이 왕릉이 있는 '송산리 고분군'의 기원이기도 하다.

정작 '무릉'이라는 동네 이름은 왕릉과는 아무런 연고가 없는 땅이름이다. 아쉽지만 '무릉도원'과도 지명상으로는 관련이 없다. 무릉동의 이름은 원래 '무른돌'에서 나왔기 때문이다. '무른돌'이 한자로는 퇴석(退石)이고, 그것은 '무른돌 출신' 김인겸의 호가 되었다. 실제 무릉동 마을의 입구에는 산에서 '물러 나온듯한' 큰 바위덩이가 자리하고 있다. 이 마을의 뒷산에 안동 김씨의 세장지(世葬地)가 있고, 김인겸의 묘소가 그 가운데 있다는 것은 안동 김씨 집안 사람들의 증언에 의하여 오늘까지 전해지고 있다.

2005년 9월 필자가 소장을 맡고 있었던 공주대 백제문화연구소 주관으로 〈일동장유가의 퇴석 김인겸〉이라는 세미나를 개최한 적이 있다. 공주시의 지원에 의한 '공주인물 세미나'의 하나였다. 같은 안동김씨 집안 출신인 원로 향토사가 김영한 선생, 일동장유가의 전문가 최강현 교수 등이 발표자로 참여한 이 세미나에서는 김인겸 유적에 대한 현장 답사를 함께 진행하였는데, 이때 선생의 묘소를 찾아 무릉동 뒷산 안동김씨 세장지를 찾았다. 안내하던 문중 어른은 산소 몇을 맴돌다 묵은 나무뿌리가 박힌 능선 위의 폐분(廢墳) 앞에서 이것이 선생의 묘소인 것 같다고 지목하였지만, 선뜻 단정하지는 못하였다. 원래 상석이 있었는데 없다는 등 무언가 석연하지 않은 상태에서 돌아올 수 밖에 없었다. 〈고도 아카데미〉 수업 중 우연하게 알게 된 유구읍 거주 안동김씨

❚ 퇴석 묘소를 찾은 공주 사람들

김종한 씨 부부의 안내로 퇴석 묘 찾기에 다시 나선 것이 2013년 12월
이었다.

공주향토문화연구회 회원 몇 사람과 금강뉴스 신용희 대표 등이 따
라 나선 이 답사에서 우리는 2005년에 지목되었던 바로 그 묘소가 김
인겸의 묘소라는 사실을 확인할 수 있게 되었다.

'퇴석공원'에의 꿈

최강현 교수는 오래 전 『일동장유가』 역주서의 서문에서 그의 묘소
와 생가 터를 "성역화는 못하더라도 공원화하는 일에 힘써 주실 것을
간절히 기원"한다는 당부를 독자, 필시 공주 사람들에게 대한 간곡한

당부로서 남기고 있다. 퇴석의 묘소를 가꾸는 일도 과제이지만, 금강변, 인적이 닿기 어려운 '난감한' 위치에 서 있는 퇴석의 작은 기념비도 언젠가는 적당한 장소로 옮겨야 하는 문제가 남아 있다. 나는 이 퇴석의 노래비를 옮겨 신관동의 새로 개발되는 도심 한 켠에, 최강현 교수의 제안처럼 '퇴석공원'이란 이름의 작은 공원을 만들었으면 하는 바램을 가지고 있다. 그 비 곁에는 고구마를 심어, 퇴석의 애민 정신을 조금이나마 기억하도록 하고 싶은 마음인 것이다. 쓰시마에서 고구마를 처음 맛보고서, 이것을 가져다가 끼니를 거르는 고국과 고향 사람들에게 가져다 줄 수는 없을까 고심했던 그의 따뜻한 마음을 조금이라도 우리가 나눌 수는 없을까.

1772년 66세로 작고한 퇴석의 기일이 6월 16일이라는 것을 부기하면서, 마지막으로 최강현이 지은 퇴석 비문 끝의 '명(銘)'을 여기에 옮겨 둔다.

비단 가람 유유한데 물은 돌에 빛이 맑다
굳은 성품 밝은 행실 불의 부정 못 보셨네
아름다운 글 재주는 동해 건너 드날리여
임진왜란 그 큰 죄를 한 붓으로 다스렸네
이국(異國)에서 만난 표민(漂民) 지친(至親)처럼 보살피고
문필보국(文筆輔國) 마친 뒤엔 원님되어 제민(濟民) 했네
가는 세월 멀어지니 퇴석리가 무릉동 돼
아는 사람 없건마는 끼친 향내 피고 피네

(윤용혁, 제6호, 2014.3)

신유,

'공주 10경'을 읊다

공주에는 통신사로 다녀온 신유(申濡)와 김인겸(金仁謙)의 무덤이 남아 있다. 신유 묘는 이인면 달산리 신산소골에 있고, 김인겸의 묘는 무릉동에 있다. 『일동장유가』를 지은 김인겸에 대해서는 일찍부터 국문학 분야에서 작품과 함께 저자에 대한 연구가 진행되어 왔다. 그에 따라 금강변에 기념비도 건립되었으며, 공주향토문화연구회를 중심으로 여러 차례의 발표회와 기념 학술대회도 열린 바 있다. 그러나 그보다 훨씬 앞서 통신사로 다녀와 『해사록(海槎錄)』을 남긴 신유는 잘 알려지지 않은 면이 있다. 『해사록』은 『신미통신일록』과 함께 유네스코 세계기록유산으로 지정된 소중한 문화유산이기도 하다.

신유는 공산현감으로 공주에서 1년 남짓 수령을 역임하면서 공주와 관련된 여러 편의 글을 남겼다. 이미 잘 알려진 '공산10경' 외에 공주 관아, 청벽, 유구역, 고마나루, 공암서원 애련대(愛蓮臺), 감옥, 효자 이복비 등을 읊은 시도 있다. 단순히 묘소만 남아있는 것이 아니라 17세기 공주의 풍광을 수려한 문장에 담아 생생히 전했다는 점에서 매우 중요한 인물이라 할 수 있다.

통신사와 연행사를 모두 다녀오다

신유는 본관이 고령, 자(字)는 군택(君澤), 호(號)가 죽당(竹堂)이며, 신숙주의 동생 신말주의 7대손이다. 1610년(광해군 2)에 한양에서 아버지 정랑(正郎) 신기한(申起漢)과 어머니 청풍 김씨(淸風 金氏, 佐郎 金英國의 女) 사이에서 3남 3녀 중 장남으로 태어났다.

1630년(인조 8)에 진사시에 급제하고, 병자호란이 일어난 1636년(인조 14)에 문과에 장원급제하였으며, 1638년(인조 16)에 정언이 되었다. 1639년에는 문학(文學)으로 소현세자를 수행하여 심양에 갔다가 1640년 4월에 조선으로 돌아왔다. 그러한 노고를 인정받아 아듬해에는 이조정랑으로 승진하였으며, 1643년(인조 21)에는 일본의 관백 도쿠가와 이에미

▌죽당집(서울대학교규장각 한국학연구원 소장)

츠(德川家光)의 아들 도쿠가와 이에츠나(德川家綱)가 태어난 것을 축하하는 통신사의 종사관이 되어 일본에 다녀왔다.

종사관은 사행 중에 일어난 사건들을 기록하여 왕에게 보고하는 일과 사행 중에 필요한 글을 짓는 역할을 맡았다. 본래는 서장관이라 불렸으나 임진왜란 후 통신사가 '회답사 겸 쇄환사'라는 이름으로 파견될 때 중국에 파견되는 서장관과 동격의 관리를 보낼 수 없다 하여 종사관으로 낮추었다.

1643년의 통신사는 2월에 길을 떠나 11월에 돌아왔으며, 정사(正使) 윤순지(尹順之), 부사(副使) 조경(趙絅), 종사관(從事官) 신유(申濡), 역관(譯官) 홍희남(洪喜男), 화원(畫員) 김왕(金旺, 金明國?) 등으로 구성되었다. 윤순지, 조

▌ 선조인 신말주가 지은 귀래정(전라북도 순창군 순창읍 가남리 538-1, 문화재청 사진)

경, 신유 등의 삼사 외에도 역관 홍희남, 화원 김명국 등이 눈에 띄는데, 이들은 당시에 통역과 그림으로 명성을 떨치던 인물이었다. 통신사로 다녀온 후 신유는 승진을 거듭하여 1644년 4월에는 사헌부 집의(종 3품)가 되고, 5월에는 동부승지(정 3품)가 되었으며, 12월에는 우승지(정 3품)에 임명되었다. 그러나 이듬해인 1645년 부친 상을 당하였다. 1645년부터 1646년 실록과 『승정원일기』에 그의 이름이 등장하지 않는 것을 보면 복상하기 위해 2년간 관직에서 물러나 있었던 것으로 보인다.

1647년 8월에는 공산현감에 임명되었으나 1648년 10월에는 홍청감사(洪淸監司) 김소(金素)에게 밉보여 파출되었다. 그러나 사간 이행진(李行進) 등이 애써 그를 구원하고 김소를 탄핵함으로써 조정으로 다시 돌아가게 되었다. 한양으로 다시 돌아간 신유는 1650년(효종 1)에는 도승지가 되었으며, 이때 동지춘추관사를 겸하여 『인조실록』 편찬에 참여하였다. 1652년(효종 3) 8월에는 사은부사(謝恩副使)가 되어 연경에 다녀왔다. 조선시대 관리들 중에 사신이 되어 일본이나 중국에 다녀온 사람들은 적지 않지만 일본과 중국을 모두 다녀온 사람은 흔치 않다. 그러한 점에서도 신유의 경험은 흥미롭다고 할 수 있는데, 그가 두 나라에 다녀온 후 남긴 글은 더욱 인상적이다. 일본에 갔을 때는 성리학과 시문을 논하는 학자와 승려들을 보며 일본을 오랑캐라고 얕보기만 했던 자신의 생각이 선입견이었음을 인정했지만, 정작 청에 다녀오며 쓴 『연대록(燕臺錄)』에는 중국의 문명을 사모하고 찬양하는 모습이 보이지 않는다. 그것은 병자호란을 몸소 겪고, 소현세자를 수행하며 심양에 1년이나 가 있었던 아픔이 작용했던 것이 아닐까 생각된다. 전쟁에 대한 아픈 기억이 명의 멸망에 대한 한탄과 청에 대한 적개심으로 표현되었을 것이다.

공산현감으로 부임하다

신유가 공산현감으로 부임한 것은 1647년(인조 25) 8월 29일이었다. 신유는 이해 4월 14일에 우승지, 6월 14일에 병조참의, 7월 17일에 좌승지로 임명되었으나 한 달도 되지 않아 자리를 옮겼다. 이 무렵 공주는 1646년에 일어난 안익신의 옥사에 공주 사람들이 연루된 사건으로 목에서 현으로 강등되어 있었다.

병조참의는 정3품의 당상관이고, 현감은 종6품 관직이다. 관품이 높은 신유가 그보다 낮은 관품의 관직을 요청하여 간 것인데, 이에 대해 승정원일기와 금강록에서는 어머니를 위해 걸군(乞郡-조선시대 문과에 급제한 인물이 늙은 부모를 위해 고향의 수령 자리를 얻는 일)한 것으로 되어 있다.

그가 왜 어머니를 위해 공산현감을 요청했는지에 대해서는 명확치 않다. 잘 알려진 것처럼 신유의 아버지 신기한의 본거지는 순창의 묘법리(현재의 순창군 신기리 묘법 마을, 죽당리 일대) 일대였으며, 훗날 그가 옥과에 계시는 어머니를 뵈러 갔다는 기록이 여러 곳에 있는 것을 보면 공산현감 이후 그의 어머니는 옥과에서 살았던 것으로 보인다. 순창과 옥과는 모두 공주와는 거리가 먼 지역이다. 그러나 신유 부친의 묘가 공주 이인면 달산리에 있고, 그가 공산현감을 자청한 것이 어머니를 모시기 위함이었다는 기사를 종합하면 당시 공주 일대에는 어떠한 형태이든 연고가 있었던 것으로 보인다. 자세한 자료가 남아있지 않아 확언하기는 어렵지만 그가 공산현에 부임하기 앞서 병든 어머니를 먼저 공주로 모셨다는 것을 보면 공주에 그의 외가 청풍김씨로부터 물려받은 전지 등이 있었던 것이 아닐까 생각된다.

용인을 거쳐 공주에 도착한 신유의 눈에 가장 먼저 들어온 것은 공산성

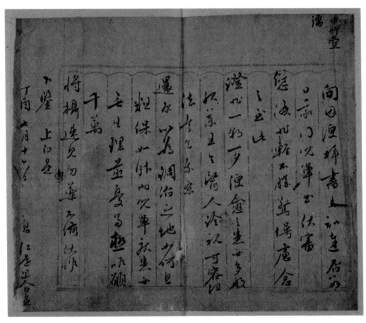

▌신유 선생 친필 '근묵'
1657년 유배지에서 어머니의 병을 걱정하며 보낸 편지이다(성균관대학교 박물관)

과 금강이었다. 금강으로 둘러싸인 공산성을 그는 다음과 같이 읊었다.

백 길 깊은 연못 위에 성이 자리잡았고(百丈深池上有城)
날아 온 듯한 계룡의 산세는 이리저리 뻗어 있네(飛來鷄岳勢縱橫)
산봉우리가 골짜기를 묶고 있는 것은 '公'자가 되고(峯巒束峽爲公字)
얇은 비단같은 물굽이가 '洲(州)'를 둘러싸니 '비단(강)'이란 이름에 맞
네(沙汭環洲稱錦名)

신유가 공산현감으로 공주에 머물렀던 것은 1년 2개월 남짓이지만

재임 기간 동안 고려시대 효자 이복(李福)의 정려를 보수하고, 동창(東倉)에 나가 빈민들에게 구휼미를 나누어 주고, 사채의 폐단을 비판하는 글[私債篇]을 짓는 등 목민관의 역할을 충실히 하였다. 그러나 또 한편으로 그는 더러 금강에서 뱃놀이를 하고, 공주목 관아에 핀 국화를 보며 시를 읊기도 했다. 그 중에서도 가장 주목받는 것이 공주의 명소 10곳을 돌아보고 지은 '공산10영(公山十詠)'이라는 시이다. 그가 공주의 명소로 꼽은 열 곳은 ① 동월명대(東月明臺) ② 서월명대(西月明臺) ③ 정지사(艇止寺) ④ 주미사(舟尾寺) ⑤ 영은사(靈隱寺) ⑥ 봉황산(鳳凰山) ⑦ 공북루(拱北樓) ⑧ 안무정(按舞亭) ⑨ 금강진(錦江津) ⑩ 웅진도(熊津渡)였다.

　그보다 앞서 서거정이 공주의 10경을 읊은 시가 『신증동국여지승람』에 실려 있는데, 10경 중에서 겹치는 것은 정지사(서거정의 10경에는 '西寺尋僧') 뿐이고, 나머지는 신유가 새로 선정한 것이다. 서거정의 시가 공주를 방문한 나그네의 입장에서 짧은 기간 동안 공주의 명소라 일컬어지

▌ 웅진동으로 이전된 공주목 관아

는 곳을 방문하여 읊은 것이라면, 신유의 시는 공주의 목민관으로서 오랫동안 머물며 느낀 감정에 애정을 담아 읊은 것이라는 특징이 있다.

공주의 선영하에 묻히다

이후에도 그는 한동안 고위 관직을 두루 역임했지만 그의 벼슬길이 늘 순탄했던 것은 아니다. 1657년(효종 8)에는 조선시대 관리들의 선망이었던 대사간에 임명되었으나 종실 낭선군(朗善君)의 종이 일으킨 분쟁에 대신(臺臣)만 처벌받는 것은 부당하다는 상소를 올렸다가 왕실을 능멸하였다는 이유로 강계(江界)에 유배되었다. 얼마 지나지 않아 충청도 천안으로 귀양지가 옮겨졌다가 1659년(효종 10) 7월에야 비로소 풀려났다.

1662년(현종 2)에 다시 복귀한 후에는 형조 참판, 회양 부사, 호조 참판, 예조 참판 등을 두루 역임하다가 1665년(현종 6) 10월 10일에 56세의 나이로 세상을 떠나 공주 반탄면 술북리(述北里) 선영에 묻혔다.

술북리라는 지명은 없어져서 어느 지역을 가리키는 말인지 알 수 없다. 그러나 1789년에 편찬된 『호구총수』에 따르면 반탄면에 속하였으며, 신유의 부친과 신유묘가 조성된 후에는 신산리, 신산소골 등으로 불렸다. 1914년 행정구역 개편 때 달전리, 신산리, 정산리, 국동리, 송정동 일부를 합쳐 달산리라 하고 이인면에 소속시켰다.

그의 사후에도 여러 가지 복잡한 상황으로 신도비는 세우지 못했던 것으로 보인다. 지금 무덤 앞에 세워진 신도비는 그의 신도비는 후손 신경준이 지은 비문을 토대로 훗날 고령신씨 문중에서 세운 것이다. 무덤 앞에는 망주석과 함께 동자상이 있고, 혼유석과 상석 등이 갖추어져 있다. 그리고 죽당선생이라 불렸던 그의 호에 걸맞게 무덤 앞으로 대나

▌ 이인면 달산리의 신유 묘소(좌측, 중앙은 아버지 신기한의 묘)

무 숲이 무성하게 조성되었다. 의도적으로 심은 것인지, 저절로 자라난 것인지 알기 어렵지만 죽당의 무덤 앞에 대나무는 그의 호를 자연스럽게 떠올리게 한다.

신유의 문집인 『죽당집』은 1659년(효종 10), 그가 생시에 스스로 엮은 시고와 집안에 소장된 초고들을 그의 아들 신선함(申善涵)이 수집하여 처음 편찬하였다. 지금 남아있는 것은 15권 5책의 형태인데, 18세기 후반에 시만 뽑아서 정리한 10권과 전사(轉寫) 경위가 분명하지 않은 문(文)과 부록 5권을 함께 묶은 것이다.

공주의 통신사 유적의 적극적인 홍보를 바라며

불과 몇 년 전만 해도 공주와 통신사는 서로 연결고리가 없는 것처럼 여겨졌다. 그러나 최근 몇 년간 신유와 그의 『해사록』, 김인겸과 그의 「일동장유가」, 김이교와 그의 『신미통신일록』 등이 재조명되면서 공주는 백제의 고도, 충청감영의 도시 외에 통신사의 도시라는 타이틀을 또 하나 얻게 되었다. 특히, 신미통신일록은 서울과 부산을 제외하면 유일하게 지방도시에 소재한 귀중한 유물이다. 신유와 김인겸이 통신사로 다녀온 해가 동일한 계미년이었다는 점도 흥미롭다.

통신사 관련 유적과 유물은 앞으로 공주가 보존하고 적극적으로 홍보해 나가야할 위대한 유산이다. 그러나 아직도 김인겸의 묘나 신유의 묘 등은 공주시민들의 큰 관심을 끌지 못하고 있고, 『신미통신일록』에 대한 가치도 적극적으로 부각되지 못한 듯하여 아쉽다. 앞으로 공주에서 통신사에 대해 이야기하고, 통신사 관련 인물과 유산을 기리는 학술대회와 행사가 지속되기를 기대한다. 신유 선생 묘소를 김인겸 선생 묘소와 함께 공주시 향토유적으로 지정하여 보호하는 조치를 시행할 필요도 있다. 공주에서 소중히 여기지 않는 인물과 문화유산을 다른 도시에서 먼저 관심 갖고 다가올 가능성은 없지 않은가.

(문경호, 제23호, 2020.6)

김이교,
세계기록유산으로 되살아나다

2017년 10월 31일 유네스코 위원회로부터 희소식이 전해졌다. 한국과 일본 민간단체가 공동으로 신청한 조선통신사 기록물이 유네스코 세계기록유산으로 확정되었다는 소식이다. 충청남도역사문화연구원에서 소장하고 있는 마지막 조선통신사 김이교의 『신미통신일록』도 함께 세계기록유산으로 등재되었다.

김이교(金履喬, 1764~1832년)는 본관이 안동김씨로, 관찰사 김방행(金方行)의 아들이다. 그의 5대조인 김상용(金尙容)은 우의정을 지냈고, 병자호란 때 강화도에서 순절하였다. 또, 김상용의 동생 김상헌(金尙憲)은 병자호란 때 숭명배청(崇明排淸)을 주장한 척화파의 대표적인 인물로 최근 남한산성 영화로도 주목을 받은 바 있다. 병자호란을 계기로 김이교의 선조 김광현(金光炫)이 홍주로 낙향하면서 안동김씨 후손들의 세거가 이루어지게 되었고, 이후 인근 예산으로 분가가 이루어졌다.

이들 안동김씨는 낙향한 이후에도 중앙관직을 이어나갔는데, 김이교의 선조인 김성적(金盛迪)과 김시찬(金時粲), 두 사람은 충청도 관찰사를 지냈다. 특히, 김이교의 조부 김시찬은 관찰사로 있을 때 공산성에 만하루(挽河樓)를 세우고 연지를 조성한 인물로 공주와 인연을 깊게 맺고 있다. 공주 원도심에 위치한 충남역사박물관에 이번에 세계기록유산으로 등재된 김이교의 『신미통신일록(辛未通信日錄)』이 소장되어 있는 것도 어쩌면 그러한 인연과도 무관하지 않을 듯 싶다.

정조대 벼슬에 나가 순조대 정치적 격동기를 보낸 김이교

먼저, 김이교 인물에 대해서 살펴보자. 김이교는 자가 공세(公世), 호가 죽리(竹里)로 1787년 정조대 인정전(仁政殿)에서 열린 제술시험에서 으뜸을 차지했다. 그 만큼 문장에 재주가 있었다. 그래서 1789년(정조 13) 25세에 문과급제 후 실록의 기초자료가 되는 사초(史草)를 쓰는 검열(檢閱)과 수찬(修撰) 직을 수행하였다. 정조 때 학문이 특출하다고 인정을 받으면 매월 제술(製述)과 강서(講書) 시험을 치르고 우수한 사람에게 승진의

■ 죽리 김이교 영정

길을 열어주는 초계문신(抄啓文臣) 제도가 있었는데 바로 김이교가 초계문신으로 발탁이 되었다.

그 후 함경도 병마절도사 보좌관 역할인 북평사(北評事)를 지냈다. 1791년 정조는 청나라에 연행(燕行)을 보냈는데, 당시 동지 겸 사은사(冬至兼謝恩使)로 정사 김이소(金履素), 부사 이조원(李祖源), 서장관 심

능익(沈能翼)이 임명되었다. 그때 정사 김이소는 같은 안동김문의 촉망받는 후예 김이교를 데려가 그해 11월부터 이듬해 3월까지 5개월간 사행을 함께 하였다. 이 당시 김이교는 사행 경험을 통해서 청나라의 새로운 문물을 경험하였고, 또, 조선과 다른 나라 간의 외교에 대한 경험도 축적하였을 것이다. 사실 1811년 신미년 통신 정사로 김이교가 발탁된 것도 이러한 측면을 생각해 보면 우연이 아니었을 것이다.

외직을 거쳐 다시 입궐한 김이교는 1800년 왕세자에게 경전과 역사를 강의하고 도의(道義)를 다지는 역할을 담당하고 있는 세자시강원(世子侍講院)의 정5품 벼슬인 겸문학(兼文學)이 되었다. 그 해 개혁군주였던 정조 이산이 승하하고, 11살의 어린 순조(1790~1834)가 조선의 23대 왕으로 즉위하였다. 순조가 즉위한 후 영조의 계비이며 노론 벽파(僻派)의 지지를 받았던 대왕대비 정순왕후(貞純王后) 김씨가 어린 임금 순조를 대신하여 정사를 보살피는 수렴청정하게 되었는데, 이러한 조정의 움직임은 김이교의 관직생활에도 큰 영향을 미쳤다.

정순왕후는 서산에 세거한 경주김씨 가문 김한구(金漢耉)의 딸로 영조비 정성왕후(貞聖王后) 사후에 15살의 나이로 51세나 연상인 영조와 혼인하여 왕비로 책봉된 인물이다. 특히, 사도세자의 죽음과 관련해서 경주김씨 정순왕후의 친정인물을 중심으로 하는 벽파(僻派)는 세자를 비판하는 입장이었고, 시파(時派)는 세자를 동정하는 입장이었다. 정순왕후의 수렴청정 기간 동안 김이교가 속한 안동김씨 시파 인물들도 정치적인 탄압을 받았다.

그 일환으로 정순왕후는 순조 즉위년인 1800년 12월 김이교를 함경북도 명천(明川)에 유배시키고, 동생 김이재(金履載)도 전라남도 강진현 고금도에 안치하도록 명령을 내렸다. 그 후 김이교는 1801년 11월 유배에서 풀려났으나, 벼슬을 삭탈한 상태에서 고향으로 내쫓기는 방축향리(放逐鄕里)의 명이 내려졌다. 다행히 정순왕후의 수렴청정이 끝나고, 순조가 국정을 운영하면서 1805년 죄에서 벗어나게 되었고, 김한록 등 벽파에 대해 비판을 하면서 정치적인 공세를 펼쳤다. 한편, 1802년 안동김씨 김조순(金祖淳)의 딸이 순조의 비(妃), 즉, 순원왕후(純元王后)가 되면서 김이교의 복권과 정치 활동에도 긍정적이었을 것이다. 1806년 10월 김이교는 강원도의 민정(民政)·군정(軍政)·재정(財政)·형정(刑政)을 통할하는 관찰사가 되어 지방을 다스렸다. 또, 1810년에는 성균관을 관장하는 수장격인 대사성(大司成)으로 다시 궁궐로 복귀하였다.

김이교, 마지막 조선통신사의 사명을 수행하다

같은 해 10월 10일 드디어 김이교가 통신사(通信使)로, 이면구(李勉求)가 부사(副使)에 임명되었다. 일본 측은 이미 1805년(순조 5)부터 조선에 통신사를 요청하기 위해서 사신이 문서와 진상품을 가지고 왔지만 실제 통신사를 파견하기 위해서 협상시간이 길어졌다. 원래 에도(江戶)에 쇼군(將軍)이 바뀔 때 일본에서 통신사를 청하는 것이 관례이나, 쇼군 도쿠가와 이에나리(德川家齊)가 1786년 취임할 당시 일본 측은 막부의 재정위기 상태로 국력이 미천해서 사신을 청하지 못하고, 취임한지 20여 년 만에 통신사를 요청하는 상황이었다.

조선과 일본은 통신사행을 위해서 몇 년간 교섭을 진행한 결과 1811년 신미년 사행은 역지교빙(易地交聘), 즉, 통신사절단이 조선과 일본의 중간 지점인 쓰시마섬(對馬島)에서 조선의 임금과 쇼군의 국서를 교환하기로 하였다. 신미년 통신사는 기존 사행에 동원된 인력이 500명에 달한데 비해서 336명으로 축소된 형태로 운영이 되었고, 통신사를 이끄는 수장도 이전에는 삼사(三使)인 정사, 부사, 종사관을 임명하였지만 이 때는 정사와 부사만 임명하여 임무를 수행케 하였다.

분명한 것은 과거의 통신사 전례로 보았을 때, 통신사가 에도까지 가는 과정에서 그들이 지나가는 각 지역의 번주(藩主)는 통신사 접대를 위해서 엄청난 지방재정을 투입하였다. 통신사절단을 한번 맞이하는데 일본 측이 부담한 재화가 당시 일본 1년 예산에 맞먹을 정도였다고 하니, 신미년 축소된 통신사의 방문은 분명 일본 측 재정 부담을 상당히 줄였을 것이다. 17세기 초 도쿠가와 이에야스(德川家康)가 확립한 에도 막부 체제 속에서 일본은 외교에 있어서 쇄국정책을 고수하고 있었는데, 통신사를 통한 조선과의 외교는 이례적인 것으로 평가된다. 신미통신사를 요청한 도쿠가와 이에나리 집권시절 러시아는 1792년, 1804년 두 차례에 걸쳐서 나가사키에 입항한 바 있고, 1808년에는 영국의 페튼(Phaeton)호가 불법으로 입항하는 등 서구의 개항 요청이 점차 늘어나고 있었다. 그러한 상황 속에서 1811년 신미년 통신사 교류가 진행되고 있었다.

바로 이때 신미년 통신사의 활동이 『신미통신일록(辛未通信日錄)』에 고스란히 정리되어 있다. 이 책에는 통신사를 파견하게 된 연유에서부터, 준비 상황, 일본에 도착하기까지의 여정, 일본에서 국서 전달 및 기착지에서의 활동, 귀환 후 일본에서 가져온 국서와 진상품의 전달, 수행해 온 일본 사절에 대한 접대와 그들의 귀환까지의 전 과정을 기록하고 있다.

신미통신일록을 참고로 조선의 마지막 통신사 일행의 여정을 소략하게 살펴보면 다음과 같다. 김이교는 부사 이면구와 함께 1811년 2월 12일 통신사의 사명을 띠고 순조에게 사폐(辭陛)의 예를 올리고 한양을

출발하였다. 출발한지 보름이 지난 3월 1일 동래부에 도착하였다. 통신
사는 일본으로 항해하기 전에 왕명 수행을 완성하고 무사히 여정을 마
칠 수 있도록 반드시 바다의 신에게 제사를 지냈다. 그래서 이들 역시 3
월 9일 부산 영가대(永嘉臺)에서 해신제(海神祭)를 지냈다. 그러나 비가 내
리고, 밀물 등이 때가 맞지 않아서 바로 출발하지 못하고 한 달 후에 배
가 쓰시마섬을 향해 출발하게 되었다.

　김이교를 비롯한 통신사 일행이 양국 간의 국서를 교환하기로 한 대
마도부중(對馬島府中)에 도착한 것은 한양에서 출발한지 두 달 보름 정도
가 지난 후였다. 이들이 비록 윤3월 29일 도착했지만, 에도를 출발한
쇼군을 대신한 사신은 그 보다도 늦게 5월 2일이 되어서 대마도부중에
도착하였다. 과거 통신사절단이 에도까지 가기 위해서는 큰 바다를 두
번 건너고, 내해(內海)를 건너서 오사카에 도착하면 다시 육로를 통해 에

도까지 가는 긴 여정을 이어갔지만, 그에 비하면 신미년 사행은 위험부담과 피로감이 적었을 것이다.

그렇게 양국의 대표하는 두 사신들이 5월 13일 첫 인사를 나누고, 5월 22일 대마도부중(對馬島府中)의 객관(客館)에서 조선 측 정사 김이교, 부사 이면구와 일본 측 동무상사(東武上使) 미나모토(源忠岡)와 부사 후지야스(藤安薰) 간의 국서(國書)를 전달하는 의식인 전명의(傳命儀)가 거행되었다. 사명을 다하고 통신사 일행은 6월 27일 다시 뱃길에 올라서 7월 3일 부산에 도착하였고, 한양에는 7월 26일에 귀환하였다.

그렇게 험난한 통신사 임무를 완수하고 돌아온 정사 김이교는 그 공로를 인정받아 종2품 가선대부 품계를 하사받았고, 부사 이면구도 통정대부 품계를 하사받았다. 복귀한 후 김이교는 성균관 대사성으로 활동하면서 국가를 위한 인재를 기르는데 힘썼고, 이후 사헌부 대사헌, 도승지, 한성부 판윤 등을 거쳐 이조판서, 공조판서, 예조판서 등을 역임하였다. 그리고 1831년 마침내 영의정과 좌의정이 공석 중인 상황에서 우의정에 올라 국정을 도맡아 수행하게 되었다. 1836년 헌종 2년에 문정(文貞)이라는 시호와 함께 순조 묘정에 함께 배향되는 영광을 누렸고, 1899년 고종 대에는

▌ 노년의 김이교를 그린 영정

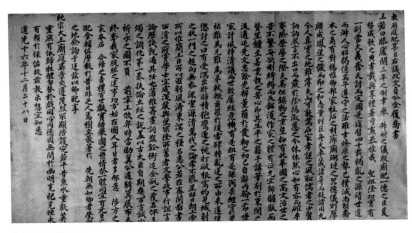

■ 종묘배향교서

그의 후손들이 영원히 사당에서 신주를 모시고 제사를 모실 수 있도록
불천지위(不遷之位)로 공식적으로 인정받았다. 그가 남긴 문집으로『죽리
집(竹里集)』이 있다.

『신미통신일록』을 비롯한 조선통신사 기록물, 세계기록유산이 되다

조선의 마지막 통신사였던 김이교의 사행은 『신미통신일록』을 비롯
하여 그를 보필한 유상필이 쓴 사행기록인 『동사록』, 그밖에도 일본과
의 교류의 흔적들이 곳곳에 발견된다. 조선시대 12회에 걸쳐 진행되었
던 조선통신사 활동은 그 일행이 외교임무를 맡은 삼사 뿐만 아니라,
제술관(製述官), 사자관(寫字官), 서기(書記), 의원(醫員), 화원(畫員), 마상재인(馬
上才人), 장악원(掌樂院) 소속 음악인 등 다양한 분야의 사람들이 참여하여

▌ 당시 일본화가가 그린 흑단령을 입은 김이교 모습

일본과 교류를 이어갔다는 점에서 단순한 외교적인 교류를 넘어서 총
체적인 국제 문화교류라고 보아도 과언이 아니다. 그랬던 만큼 조선통
신사와 관련된 기록물은 현재 한국과 일본에 다양하게 남아있다.

한국과 일본 민간단체는 양국에 남아있는 조선통신사 기록물들이 과
거 두 나라의 선린 우호관계를 보여주는 중요한 기록자원이라고 규정
하고, 2012년부터 유네스코 세계유산으로 등재 추진을 논의하였다. 충
남역사문화연구원은 2015년부터 함께 참여하였다. 그 결과 추진 5년
만에 2017년 10월 31일 조선통신사 기록물이 세계기록유산으로 한일
공동으로 등재되었다. 특이한 점은 이번 세계기록유산 등재가 두 나라
민간단체가 함께 주도해서 등재된 점이다. 이유인 즉, 최근 몇 년 간 한
국과 일본 정부의 외교관계가 경색국면에 있었기 때문에, 두 나라 민간

단체는 양국 정부차원의 협조를 통해 등재하려던 계획을 포기하고 오히려 민간주도로 등재를 추진하게 되었다.

이번에 등재된 조선통신사 세계기록유산은 외교기록, 여정의 기록, 문화교류의 기록 등으로 크게 3가지 기록으로 분류되어 등재되었다. 외교기록은 조선과 일본의 관찬 기록으로『통신사등록』, 국서(國書) 등이 해당된다. 여정의 기록으로는 한양에서 일본 에도까지 여정을 기록한 통신사행록, 향응기록, 기록화 등이 그것이다. 또, 문화교류의 기록으로는 조선인과 일본인 간의 교류로 생산된 필담창화집, 시집, 서화 등이 있다.

충남역사박물관이 소장한 충청남도 유형문화재 제222호 김이교 유물 일괄 속에는 김이교 영정, 인장, 호패,『신미통신일록』, 종묘배향공신교서 등 다양한 유물로 이루어져 있는데, 이 중『신미통신일록』이 조

▌ (좌) 김이교 관련 인장, (우) 김이교 호패

선통신사 여정의 기록으로 세계기록유산에 포함되었다. 통신사 유물의 세계기록유산 등재로 충청권을 중심으로 활동한 통신사에 대한 연구가 최근 활발하게 진행되고 있다. 그 대표적인 사업이 2020년 추진 중인 『신미통신일록』번역 사업이다. 올해 조선의 마지막 통신사 김이교와 관련해서 충남역사박물관에서는 특별 코너 전시회를 현재 진행하고 있다. 더 나아가, 2021년부터는 세계유산 활용사업의 일환으로 충남역사문화연구원에서는 문화재청, 충청남도, 공주시와 함께 통신사 활용사업을 본격적으로 추진하게 된다. 공주의 경우 그 동안 민간차원 무령왕국제네트워크협의회, 이삼평연구회 등을 중심으로 일본과 민간교류를 지속적으로 추진해 왔다. 이번에 조선통신사 유물의 세계기록유산 등재를 계기로 조선통신사 관련 유물들이 공주의 문화자본(cultural capital)으로 적극 활용되길 기대해 본다.

(이상균, 제20집, 2017.12, 원고 보완)

김옥균,

피우지 못한 꽃

한번 세상에 태어나서, 무언가 한 번은 존재에 대한 의미를 남기고 싶은 것이 사람일 것이다. 적어도 한 번은 '한 송이 꽃을' 피워야 하는 것이 우리의 당연한 바램이고 기대인 것이다. 어떤 풀은 사람들의 주목과 갈채를 받으며 아름답게 꽃을 피우기도 하지만, 많은 풀들은 이름 없이 흔적 없이 꽃을 피운다. 그러나 그 가운데는 아예 꽃을 피워보도 못하고 스러지는 풀도 있다, 오늘 우리의 시선이 머무는 곳은, '밤부터 소쩍새가 그렇게' 울었는데도, 못내 '꽃을 피우지 못한 풀'에 대해서이다.

공주시 정안면 광정리 감나무골

피워보지 못한 꽃, 김옥균에 대한 특별전 〈김옥균, 일본 망명 10년의 기록〉이 2013년 백제문화제가 열린 가을에 고마나루의 고마센터에서 열렸다. 학예사 최명진이 담당한 이 전시회는 그동안 공주시의 김옥균 사업에 대한 관심이 맺은 작은 열매이기도 하다. 그리고 많은 이들의

▌ 김옥균의 생가터(정안면 광정리 감나무골)

도움과 협조가 쌓여 이루어진 것이었다. 삿포로시와 시 교육위원회, 현지 김옥균연구회(회장 변동운)와 홋카이도 민단, 작품 소장자 이외에도 이를 도와준 국내의 여러분들의 도움이 있었다는 것을 나중에 알게 되었다. 이 전시회는 정변 실패 이후 그의 유랑 세월의 한(恨)을 느끼게 하는 것이었는데, 나는 사람들을 데리고 몇 차례나 전시장을 찾았다.

김옥균(1851~1894), 그의 이름은 1884년 '갑신정변'이라는 역사적 사건과 함께 널리 알려져 있다. 그러나 그 이름은 큰 꿈을 꾸었지만, 한 번 실패하고 다시는 회복하지 못했던 비운의 이름이기도 하다.

김옥균은 정안면 광정리의 안동김씨 김병태(金炳台, 1827~1894)의 장남으로 태어나 6살 때인 1866년 재당숙인 김병기(金炳基, 1814~1885)의 양자로 입양되어 서울의 북촌으로 옮겨 살게 된다. 광정리의 생가에서는 세

살 때 차령 너머 천안시 광덕면 원덕리로 이사하였기 때문에 실제 광정에서의 시간이란 태어나 3년에 불과하였던 셈이다. "달은 비록 작지만, 천하를 비춘다(月雖小 照天下)." 그가 여섯 살 때 지었다고 하는 시라고 하는데, 이미 어려서부터 범상하지 않은 인물이었음을 보여준다.

공주시 정안면 광정리 38번지, 감나무골에는 '김옥균 선생 유허(출생지)'라는 충청남도 기념물(13호)로 1976년 지정된 유적이 있다. 이 곳에 김옥균의 집이 있었다는 사실은 정안 보건소장을 지낸 홍사용이 여러 가지 현지 구전 자료를 통하여 입증한 것이었다. 원래 이곳에는 선생의 집을 비롯한 8, 9호의 민가가 소부락을 형성하고 있었는데, 1910년경 마을이 화재로 전소하면서 마을이 없어졌다는 것이다. 만일 홍사용 소장의 숨은 헌신이 없었다면, 아마 공주의 생가지는 영영 알려지지 않은 채 묻혔을지도 모른다. 갑신정변 120주년이 되던 2004년에는 공주시의 지원을 받아 김옥균 기념 심포지움을 주관한 적이 있다. 최덕수 교수(고려대)가 김옥균의 생애와 사상을, 한철호 교수(동국대)가 역사적 평가에 대한 문제를, 김상기 교수(충남대)가 그 유적에 대해서, 그리고 기념사업의 방향에 대해서는 이해준 교수(공주대)가 각각 발표 하였었다. 그리고 그로부터 다시 10년 세월이 흐른 셈이다.

11월 14일 공주향토문화연구회는 월례답사 행사로 '김옥균 공주 투어'를 하였다. 특별전이 열리고 있는 고마센터로부터 광정의 생가터와 생부 김병태의 묘소가 있는 인풍리까지였다. 친부(親父) 김병태는 정변 이후 천안 감옥에 갇혔다가 1894년 김옥균 암살 직후 교수형에 처해졌다. 생가 마을터에서 우리는 갑신정변의 개혁 열기와, 갑오개혁 직전 비명에 간 선생의 운명적 최후에 대하여 학예연구사 최명진의 설명을 들었다. 선생이 수박을 좋아 했다는 것 때문에 우리는 이날 일부러 수박

▌ 생가터 부근 인풍리에 있는 김옥균의 아버지 묘소

을 준비해갔다. "갑신정변 후 130년, 세상은 참 많이 좋아졌구나, 만추
(晚秋)에 수박이라니." 주변은 쏟아진 은행잎으로 황금색 세상이었다.

'삼일천하'의 짧은 꿈

1872년 22세 나이로 과거에 장원 급제한 김옥균은, 1874년 홍문관
교리에 임명된다. 바로 이듬해 운양호 사건이 일어나고 1876년 강화도
조약이 체결됨으로써 조선은 문호개방의 새로운 시대를 맞는다. 개방
과 개혁은 피할 수 없는 조선의 길이었다. 정부는 1880년 김홍집의 대
일 수신사 파견을 계기로 구체적인 개화 정책에 착수하였다. 통리기무
아문이 설치되고 조미수호조규가 체결되었다(1882). '개화'는 피할 수 없
는 시대의 흐름이었다. 이 무렵 청년 엘리트 관료를 중심으로 개혁정책

갑신정변 120주년 기념 김옥균 심포지움
(2004년, 공주대 백제문화연구원)

추진을 뒷받침하는 그룹이 형성된 것은 당연한 일이었다. 이른바 '개화당'이 그것인데, 청년 엘리트 관료 김옥균은 그 핵심인물로 부각되었다.

개화 정책은 당연 일본이 그 모델이 되었다. 일본은 1868년 메이지유신을 통하여 입헌 군주제에 입각한 근대적 개혁을 진행하면서 큰 변화를 보여주고 있었기 때문이다. 김옥균은 이러한 실정을 직접 파악하기 위하여 1882년 3월 일본을

처음 방문하였다. 나가사키에서 재판소, 현청, 사범학교, 영사관 등을 방문하고, 이어 오사카와 도쿄를 거쳐 7월에 고베에서 귀국하였다. 이때 후쿠자와 유키치(福澤諭吉)를 비롯한 인사들을 만나는 등 5개월에 걸친 순방을 통하여 유신 15년이 지난 일본의 발전에 대해 큰 감명을 받았던 것 같다. 그러나 조선 근대화에의 길은 순탄하게 진전되지 않았다. 수구 세력의 강력한 반발이 바로 뒤따랐기 때문이다. 김옥균이 일본에서 체재하던 중인 1882년 6월 임오군란이 일어나고 청이 조선에 군대를 파견시켜 직접 내정에 간여하는 사태가 일어났다. 결과적으로 개화파의 위상, 그리고 개화정책도 크게 위축되었다.

1884년 갑신정변 전까지 김옥균은 두 차례 더 일본을 방문하였다. 1882년 귀국 직후인 9월에 임오군란 수습을 위해 도일하는 수신사 박

영효를 따라가 외무경 이노우에와 면담하는 등 이듬해 1883년 3월까지 일본에 머물렀다. 세 번 째는 재귀국한 직후인 5월 호조참판의 직으로 3백 만 원의 차관 교섭을 위한 것이었는데, 교섭은 성공하지 못하였다. 그리고 바로 이듬해 1884년 10월(양력 12월) 김옥균은 정권 장악을 위한 정변을 일으킨 것이다. 1882년부터 세 차례의 일본 장기 방문을 통하여 김옥균은 메이지 유신 이후 일본의 근대 개혁에 커다란 감동을 받았음에 틀림없다. 그리고 바로 이러한 개혁을 그는 조선에 접목하여 일대 개혁을 추진하고 싶었던 것이다. 일본의 변화는 바로 김옥균이 품었던 이상의 구체적인 목표였으며 모델이었다.

1884년 베트남에서 청불전쟁이 일어나자 주둔 중의 청국군 절반이 조선에서 철수하였다. 김옥균의 급진 개화파는 이 기회를 반전의 기회로 삼고자 하였다. 개화책에 계속 제동을 거는 민씨 척족의 사대당을 이 기회에 제거하고 정권을 장악하면 조선의 개혁 정책은 본격적 궤도에 진입할 수 있다는 계산이었다. 12월 4일(음력 10월 17일), 김옥균의 개화당은 우정국 개국 축하연을 거사의 시점으로 잡아 민씨 척족 대신을 처단하고 다음 날 새 정부를 수립하였다. 이때 발표한 14개조의 정강은 청에 대한 종속관계의 청산, 인민 평등권의 제정 및 능력에 따른 인재 등용 등 근대적 개혁을 지향하는 것이었다. 그러나 예상과 달리 청국군이 적극적으로 무력 개입을 하였고, 상황이 여의치 않자 규모가 많지 않았던 일본 공사관 병력은 소극적 대응으로 일관하였다.

정변의 과정에서 고종도 개화당의 정변에 부정적 입장을 취하게 되었다. 결과적으로 정변은 실패였다. 실패를 인지한 김옥균 등은 10월 19일 창덕궁을 빠져 나와, 이후 일본 공사관원들과 함께 인천을 통하여 급거 일본으로 망명하였다. 사람들은 당시 김옥균의 거사가 너무 조급하였고, 처음부터 실패할 수 밖에 없는 것이었다고 말한다. 사실 김옥균은 어느 쪽이냐 하면 일을 저지르는 성격의 인물이었던 것 같다. 만일 사람을 연역적 인간과 귀납적 인간으로 나눈다면, 전자에 해당하는 인물이 김옥균이었다. 목표를 정하여 '하면 된다'는 정신으로 일단 밀어붙이고, 필요하면 모험을 걸고 도박도 불사하는 그러한 유형이다. 그러나 갑신정변을 면밀히 분석한 박은숙에 의하면, 당시 정변은 성공 가능성이 전혀 없었던 것은 아니었다고 한다. 사실 어느 정변치고, 도박 아닌 정변이 있었겠는가. 시저가 루비콘 강을 건널 때도, 누군가가 한 강을 건넜을 때도, 그것이 도박이었던 것은 마찬가지였을 것이다.

길었던 10년 유랑의 세월

정변 실패 직후, 1884년 10월 26일 나가사키 항에 도착한 김옥균은 1894년 2월 17일 상하이로 가기 위하여 고베 항을 출항할 때까지 10년 세월을 일본에서 보내게 된다. 처음 김옥균은 도쿄, 요코하마, 교토, 오사카 등지를 전전하였다. 그 사이 암살의 위협이 그를 끊임없이 괴롭혔다. 일본 정부로서도 그는 애물단지였다. 김옥균을 후원하면 할수록 조선, 혹은 청으로부터 정변의 책임이 추궁되기 때문이었다. 이는 조선, 청, 일본이 민감하게 교착하던 3각 관계에서 외교적으로 일본의 입장을 궁지에 몰아넣는 것이었다. 1886년 8월 일본 정부는 김옥균을 오가사와라(小笠原) 섬으로 유배 조치하였다. 2년 뒤 1888년 8월에 홋카이도로 옮겼다가 1890년 11월에야 병 치료를 구실로 김옥균은 겨우 도쿄로 돌아올 수 있었다. 일본 생활 절반에 가까운 4년 이상을 고단한 유배자의 신세로 지내야 했던 것이다.

김옥균이 2년이나 유배되었던 오가사와라(小笠原)는 '섬'이라는 표현
으로는 부족한, 태평양 절해고도의 화산섬이다. 도쿄에서 바닷길로 삼
천 리나 떨어져 있는데, 지도에서만 보아도 이것은 일본이 아니라 '태평
양의 섬'이다. 일본 정부는 처음 김옥균에게 국외 퇴거 명령을 내렸다가
오가사와라 유배로 바꾼 것이었는데, 이것은 사실 '국외 퇴거'나 다름없
는 것이었다. 그는 사람들로부터 잊혀지고, 그리고 지워져야 했던 존재
였다. 그 섬에서 그는 책과 바둑으로 시간을 보내고 소학교 아동들과도
종종 어울렸다고 한다. 소일 삼아 작은 정원을 만들기도 하였다는데,
김옥균 사후 10년 쯤 뒤 역시 정치적 곤경에서 유배된 유길준이 이 섬
을 찾아와 김옥균을 회상한 다음과 같은 시가 전한다.

쓸쓸한 정자는 아득한 바닷가에 있고
지난 10년을 되돌아보니 옛일이 티끌이구나
정원의 화초는 주인이 떠나간 것 모르고
그 시절 봄인듯 푸르고 푸르구나

　다음 유배지 홋카이도는 오가사와라와는 자연 환경이 한참 다른 곳
이었다. 오가사와라가 남양의 아열대의 섬이었던 데 비하여, 홋카이도
는 눈 많은 한대 지방에 황무지 같은 대지가 끝없이 펼쳐진 곳이기 때
문이다. 일제 강점기에는 우리 선조들의 슬픈 징용의 공간이기도 하였
다. 그러나 김옥균은 어디 가서나 사람들과 어울리기를 좋아하고, 시와
서에 능하고, 여러
가지 '잡기'에도 뛰
어난 감성적 인물
의 소유자였다. 우
리나라 테니스의
역사도 김옥균으로
부터 시작된 것이
라 하고, 바둑은 초
단 정도의 실력이
었다는데 혼인보(本
因坊) 명문인 슈에이
(水榮) 등과의 교분
도 깊었다. 그가 사
용했던 바둑판에

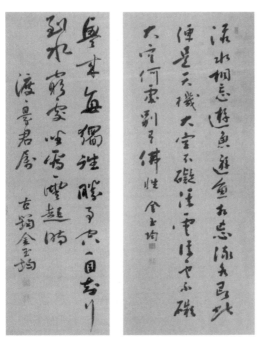

❚ 망명 생활 중 쓴 김옥균의 친필 시

대해서도 전설적 이야기가 전한다.

> 옛집을 수리하고 지저분한 도랑에
> 샘물을 끌어들여 둘레에 꽃나무 심고
> 그 사이에서 시를 읊는다.
> 친구 맞이하여 차를 끓이고
> 바둑 두며 술잔에 흠뻑 취하니
> 거의 속세의 사람은 아닌듯 하네

　10년 유랑 생활 내내 김옥균은 조선에서의 재기를 꿈꾸고 있었다. 정세는 나아지는 것이 없었지만, 그러나 조선의 개화와 개혁의 그 꿈을 결코 포기하지는 못하였다. 이 때문에 그의 정치적 발언은 종종 조선의 정가를 긴장시키고는 하였다. 그가 남긴 시는 퍽 감성적이고, 글씨는 누구의 서체보다 수려하지만, 그 시에는 그가 다 털어놓지 못한 절제된 생각들이 담겨져 있다.

> 용천검(龍泉劍)과 연진검(沿津劍)으로
> 바람과 우뢰를 일으킬 수 있고
> 가슴 속에 만 명의 군사를 품고 있건만
> 어찌 집안에서 늙어만 갈 수 있겠는가

　"가슴 속에 만 명의 군사", 그것이 바로 유랑 중의 김옥균의 심정이었을 것이다. 고마센터의 전시 작품 중에는 공주시에 기증한 사쿠라이 씨의 기증품도 포함되어 있다. 홋카이도에서 김옥균이 자주 이용하던 오타루(小樽) 음식점의 소반과 그때 남겼다는 서예 작품이다. 거기에는 "아름다운 노을, 봉래산을 빙 둘러 에워쌌네(彩霞環繞蓬萊嶋)"라는 하이쿠(俳句) 느낌의 간단한 시가 쓰여 있는데, 그가 느낀 오타루의 특별한 분위기를 읊은 것이다. 오타루는 원래 일본이 북방 도서를 확보할 때 삿포로의 외항으로 개발된 항구 도시이며, 유명한 일본 영화 '러브레터'의 촬영지이기도 하다. '오겐키데스카'만 기억되고 있는 그 오타루의 겨울이, 김옥균의 한이 서려 있는 곳이라는 것을 나는 이번에 알게 되었다.

시신으로 돌아온 '대역 죄인'

10년 유랑의 끝에 이제 클라이맥스가 다가온다. 청의 실권자 '이홍장과의 담판'이라는 미끼에 걸려 김옥균이 상하이(上海)로 건너가는 것이다. 신변의 안전을 보장하기 어려운 이 무모한 계획에 대해서는 주변 사람들의 만류가 심했고, 그 위험성을 김옥균 스스로 모르는 것이 아니었다. 그러나 김옥균은 가슴속으로만 '만 명의 군사'를 품은 채 어언 10년이었다. 그 참을 수 없는 답답함 때문에, 이제는 무언가 새로운 돌파구가 있어야 했다. 일본과의 관계에서만 보던 조선, 거기에 청을 다시 끌어들임으로써 동아시아 정세에 새로운 국면을 조성하고 현상을 타개해 간다는 것이었다.

그러나 상하이 도착 다음날 김옥균은 그가 묵고 있던 동화양행 호텔 2층에서 자객 홍종우의 세 발 총탄을 맞고 절명한다. 1894년 3월 23일(음력 2월 17일)의 일이다. 그의 나이 44세. 청국과 조선은 김옥균을 일본에서 끌어내 제거하는데 공조하였으며, 일본 정부는 이를 방조했던 것이다.

김옥균의 시신은 청국 군함에 실려 4월 12일 인천에 도착하였다. 10

년 만의 귀국이었다. 14일 조선 정부는 그의 시체에 능지처사의 형을 집행하였다. 머리, 몸통, 팔다리 여섯 조각으로 나뉘어 양화진에 던져졌고, 다시 8도에 돌려졌다. 그의 시신 일부는 아마도 고향 공주에도 돌려졌을 것이다. '대역부도 옥균(大逆不道 玉均)'이라는 깃발과 함께. 그의 주검이 양화진 모래바닥에 내쳐져 있던 바로 그 무렵, 남녘에서는 동학 농민혁명의 불이 붙기 시작하였다.

갑신정변이 위로부터의 혁명이었다고 한다면, 동학 농민군의 봉기는 아래로부터의 혁명이었다. 농민들의 봉기가 남부지역을 휩쓸자, 이를 빌미로 일본군과 청국군은 기다렸다는 듯이 동시에 조선에 상륙하였다. 서울 도성에 진입한 일본군은 7월 23일 궁궐을 점령하고 개혁 내각을 출범시켰다. 이른바 갑오개혁이다. 이 내각은 김옥균과 함께 갑신정변 이후 피신하여 목숨을 건졌던 개화파 인물 혹은 그에 동조하는 인사들이 대거 포함되어 개혁을 주도하였다. 개혁 작업의 과정에 청일 간의

▌ 동경 아오야마(靑山) 공원묘지의 김옥균 묘비(신용희 사진)

전쟁이 벌어졌고, 신내각은 갑신정변 때의 이상을 이 개혁에서 구체화 시켰다. 만일 김옥균이 상하이에 가지 않았더라면 그는 10년 만에 다시 개혁 내각의 거물로서 바로 조선에 복귀 하였을 것이다.

김옥균은 그의 생애에서 결정적 주사위를 두 번 던졌다. 그 주사위는 1884년에 던져지고, 1894년에 다시 던져졌다. 처음은 일본의 도움을 받아 개혁을 추진하려 했던 갑신정변의 주사위였으며, 10년 뒤 두 번째 주사위는 청국과의 흥정을 통해 조선을 둘러싼 삼국 관계에서 새로운 돌파구를 마련하려 했던 것이었다. 두 번의 주사위는 모두 실패로 끝났다. 첫 번째는 일본에 의한, 그리고 두 번째는 청국의 배신에 의한 실패였다. 첫 번째 실패로 그는 전도가 양양한 촉망받던 엘리트 관료에서 하루 아침에 목숨이 위태로운 정치적 망명객의 신세로 전락하였고, 두 번째의 실패로는 그 모든 꿈과 함께 목숨까지 잃게 되었던 것이다.

김옥균을 이야기할 때, 사람들은 그가 '친일파'냐 아니냐를 논란하려고 한다. 그의 개혁이 일본을 모델로 하려는 것이었고 이후 목숨을 유지할 수 있는 유일한 피란처가 일본이었다는 점에서, 그가 '친일'의 굴레 속에 갇혀 있었던 것이 사실이다. 그러나 우리는 그를 결코 '친일파'라고 억박지를 수는 없다. 일본은 그를 배신했으며, 일본 정부가 그를 보호하지 않았던 것은 그의 조선 개혁이라는 정치적 목표가 근본적으로는 동아시아에 있어서 조선의 독립성 확보에 초점이 있었기 때문이다.

피우지 못한 꽃

오가사와라, 절해고도에서 선생은 수박을 즐겼다고 한다. 왜 수박일까. 절해고도에서 기간이 특정되지 않은 채 꼭 2년을 그렇게 지냈다. 그러면서 그는 천천히 사람들로부터, 일본으로부터, 조선으로부터, 그리고 그가 꿈을 품었던 세상으로부터 잊혀져 갔다. 답답한 그의 가슴을 조금이나마 식히려 했던 것이 바로 수박이 아니었을까.

프로스트의 유명한 시가 있다. 두 갈래의 길에서 그 중 한 길을 선택해야 하는 우리의 인생의 선택에 대한 시이다. 가지 않은 길, 거기에서 우리의 인생은 결정된다. 그리고 그 선택을 다시는 돌이킬 수 없다는 것이 우리의 인생이기도 하다. 후회도, '만일'이라는 가정도 모두 쓸 데 없는 것이다. 그것은 김옥균만이 아니라 우리들 공통의 페이소스이기도 하다. '피우지 못한 꽃', 공주 출신 김옥균의 허무는 나와 우리의 허무이기도 하다. 오늘 그의 시는 신음처럼 들리기도 한다.

물길이 다 하는 곳에 이르러
앉아 피어오르는 구름을 바라 보네

(윤용혁, 제5호, 2013.12)

제5장

나라를 위하여

김종서,
문무 겸전의 절대 충신

공주에는 김종서와 관련된 유적이 많다. 우선 의당면에는 요당서사 (蓼塘書社)라 하여 김종서를 제향하는 사우 터가 있는데 이곳은 김종서의 선대가 살고 있었던 곳이고, 현재는 세종시 장군면으로 바뀌어졌으나 옛 장기면 대교리 밤실에는 김종서의 묘소와 아버지와 할아버지의 묘소가 있다. 그런가하면 김종서의 아내가 살고 있다는 조산왕조실록의 기록, 그리고 김종서의 묘소와 관련된 한다리 지명 등 관련 일화도 많은 곳이다.

공주와 김종서의 인연

김종서 장군은 조선 초기의 명재상으로 국토 확장의 위업을 이룩한 뒤 세조의 찬탈에 반대하여 사육신과 함께 죽음을 당한 인물이다. 그런 김종서 장군의 묘소가 왜 공주에 있으며, 그를 기리는 요당서사가 왜 공주 땅에 있는 것일까?

순천김씨의 공주 세거 : 이에 대하여 자세한 내력과 이유를 아는 사람은 많지 않다. 물론 김종서 장군은 원래 공주 의당면 월곡리에서 출생한 것으로 전해지고 있으나 자료상 정확한 근거는 밝히기가 어렵다. 그러나 김종서 장군의 묘소가 여기에 있는 것은 분명 그럴만한 이유가 있었을 것이고, 우리는 그것에 대하여 여러 가지 궁금증을 가지게 된다.

김종서 장군 묘역에는 비석 2기가 있는데 이중 원래의 옛 비는 그의 충절이 재평가된 1734년(영조 22)으로부터 2년 후인 1736년(영조 24) 공주 판관 이익진(李翼鎭)과 지방유생들에 의하여 세워진 것이다. 바로 이 비석에 공의 묘소가 공주에 마련되는 사연이 기록되어 있다. 즉 이곳이 원래 공의 선대의 묘소가 있는 곳이고 당시까지 현지 주민들에 의해 공의 묘소라는 사실이 전해 내려온데 근거하였다는 것이다.

순천김씨가 공주에 세거하게 된 것은 지평을 지낸 김종서의 조부 태영(台泳)부터이다. 물론 왜 순천김씨가 공주로 이거하게 된 정확한 이유도 알 수는 없다. 다만 후손들의 제보에 의하면 본래 순천에 거주하고 있었는데, 순천과 서울을 왕래하기가 힘들어 그 중간정도에 집을 마련한 곳이 공주 요당으로, 이때부터 이미 공주와 인연을 맺었던 것으로 전하고 있다.

역사서에 보이는 공주와 김종서 : 특히 『세종실록』 7년(1439) 2월 15일 기사에 세종이 '김종서의 아내가 공주에 살면서 오랜 질병으로 고생하니, 어육을 내려 주라'고 충청도 관찰사에게 명하는 것이나, 『단종실록』 즉위년(1452) 12월 15일 기사의 '김종서가 장차 충청도 공주에 가서 성묘하고자 대궐에 나아가 하직하니, 음식을 대접하고 마장(馬粧) 1부를 하사하였다'는 내용이 보인다.

그런가하면 『단종실록』 1년(1453) 10월 16일 기사에서는 계유정난

이후 '김종서의 아들 김승벽이 공주의 농장 등지에 숨어있다'는 등의
기록이 보인다. 이를 보면 공주지역에 김종서의 집과 농장 그리고 선
대 묘소가 있었음을 알 수 있다. 세조에 의하여 역적으로 몰려 죽임을
당한 후 자세한 사정을 전할 수 없었던 저간의 상황을 우리는 엿보게
된다.

되새겨 보는 김종서의 삶

김종서(金宗瑞, 1390~1453)는 자는 국경(國卿), 호는 절재(節齋)이고 시호는
충익(忠翼)이며 본관은 순천이다. 공주 요당면(현재 공주시 의당면 월곡리)에서
도총제를 지낸 아버지 김추(金陲)와 대사헌 배규(裵規)의 딸 성주배씨 사
이의 3남 중 둘째로 태어난 것으로 전한다.

4군 6진 개척 : 김종서가 세종에게 능력을 인정받은 계기는 31세 때
사헌부 감찰로 정확하고 적극적인 공무 수행능력으로 강원도 빈민의
상황을 자세하게 보고하면서 부터였다고 한다. 이로 인하여 행대감찰
로 다시 충청도에 파견됐고, 특히 사헌부 관료로서 군주의 정치를 비판
하는 임무를 충실히 수행했고 이러한 점이 세종의 신임을 받아 더욱 의
기투합한 군신 관계를 이어갔다고 보여진다.

무엇보다 세종과 김종서의 신뢰와 의기투합은 6진 개척에서 돋보인
다. 당시 압록강과 두만강 유역에 여진족이 자주 침입해 조선의 백성들
을 괴롭히자 세종은 압록강 방면에 최윤덕(崔潤德)을 파견하고, 두만강
유역에는 김종서에게 명을 내려 여진족을 몰아내라는 명을 내렸다. 당
시 51세의 김종서는 세종의 명으로 함경도 지역으로 원정을 떠났고 4

군에 행정기관을 설치하는 한편, 6진을 개척하는 성과를 올린다. 당시 6진에 주둔하고 있던 여진족들은 김종서에 의해 북방으로 쫓겨났고 최윤덕과의 4군 6진 개척으로 조선은 현재의 국토를 가질 수 있게 됐다.

호랑이 장군과 문신 학자 : 김종서는 호랑이 같은 용맹한 무장으로 일반인들에게 더 많이 알려진다. 그러나 그는 엄밀히 말하면 무관보다는 문신이었다. 그것은 성균생원 김안경의 상소문 중 김종서에 대하여 "김종서는 학문이 경전과 사기에 통달하고 도덕과 문장은 본받을 만하고 법 받을 만하니 진신(縉紳)의 으뜸이라고 이를 만하고, 사림의 모범이라 할 만합니다(『문종실록』, 권10, 문종 원년 11월 29일)"라고 평한 것으로도 당대의 명망을 짐작할 수 있다.

우선 그가 문과 급제자이기도 하려니와 당대 최고의 문신 학자군이 모였던 집현전의 학사들과 '고려사(高麗史)'를 편찬한 주도자이고 '고려사절요(高麗史節要)'의 편수 책임을 맡은 문인 학자였다. 김종서는 고려사가 주제별로 편찬돼 열람에 불편하니 일자별로 기록한 사서를 편찬하자고 건의했다. 그리고 5개월 만에 고려사절요 35권을 완성했던 것이다. 고려사절요는 후대 임금들이 정치에 참고하기 위해 편찬한 것이므로 상당히 교훈적인 역사책인데 고려사는 국왕 중심의 서술이 중심이라면 고려사절요는 신하가 중심이 된 사서라고 평해지기도 한다.

계유정난의 최초 희생자 : 문종 때 김종서는 좌의정으로 문종은 김종서를 비롯한 여러 신하를 불러 모아 어린 세자의 보호를 부탁하였다. 단종을 보필하라는 명을 받은 대신 문종의 부탁을 목숨으로 지킨 중심 인물이 바로 좌의정 지위에 있는 김종서였다. 문종이 승하한 뒤 열두 살의 어린 단종이 왕위에 오르자 수양대군과 그를 추종하는 세력들은 세상을 바꿀 기회를 찾고 있었고 그 과정에서 가장 큰 장애물이 바로 김종서였다. 1453년 수양대군은 마침내 치밀한 계획을 세운 후 심복들을 거느리고 김종서의 사저로 향해 김종서를 죽이는데 성공했다. 김종서는 두 아들과 함께 그의 집에서 격살되고 대역모반죄라는 누명까지 쓴 채 효수됨으로써 '계유정난(癸酉靖難)'의 첫 번째 희생자가 되고 말았다. 왕의 명을 지키려던 충신이 미래의 왕에 의해 모반죄를 뒤집어 써 피비린내 나는 왕위쟁탈전에서 희생된 것이다.

350여 년만에 완결된 복관과 추숭 : 계유정난의 희생양이 된 김종서는 그 충절이 오랫동안 신원되지 못하고 후손들마저 관직에 오르지 못하였다. 김종서에 대한 본격적인 신원작업은 김종서가 죽임을 당한지 227년만인 1680년 숙종(肅宗) 시절 무렵부터 시도됐다. 당시 강화유수 이선(李選)이 상소를 올려 김종서와 황보인, 사육신의 억울함을 호소하고 이어 송시열, 민진후, 임상덕 등에 의하여 당시 희생자들에 대한 억울함이 거론되고 김종서가 진정한 충신이라는 주청도 계속됐다. 그리하여 마침내 1746년(영조 22) 비로소 원래의 관직을 회복하고 드디어 묘비에 '조선 좌의정 절재 김선생종서지묘(朝鮮 左議政 節齋 金先生宗瑞之墓)'라고 새길 수 있게 됐다.

이듬해에는 김종서와 함께 죽은 여러 신하들과 함께, 아들 김승규와 김승벽도 복관되고 뒤에 정려도 내려졌다. 그리고 마침내 1758년(영조 34)에는 '충익(忠翼)'이라는 시호를 받았고 1791년(정조 15)에는 장릉 배식단(配食壇)에, 1797년 공주 요당서사(蓼塘書社)에 제향되었다. 또한 정조 10년 가을에는 백악산 기슭에서 김종서의 위패를 찾는 불가사의한 일이 일어났다. 우의정 김익의 계에 의하면, 백악산을 유람하던 호남의 인사가 소나무가 서 있는 산비탈에 노출된 옥함을 보고 열어 보니,

그 가운데에 한 개의 목주가 있었는데 바로 김종서의 위패였다고 한다. 1808년(순조 8)에는 부조묘[不祧之典]를 받았으니 그가 눈을 감은지 실로 350여 년이 흐른 뒤였다.

김종서를 제향하는 서원으로는 숙모전(肅慕殿), 충렬사(忠烈祠, 함경도 종성), 요당서사(蓼塘書祠), 겸천사(謙川祠, 전남 순천) 등이 알려져 있고, 공주에는 묘소와 함께 생가지, 숙모전과 요당서사가 있는 것이다.

김종서의 유서가 서린 공주의 관련유적들

김종서를 제향하는 요당서사 : 공주에서 627번 지방도로를 따라 가면 의당면 소재지가 나오는데, 이곳에서 다시 7번 도로를 따라 가다가 수촌초등학교를 지나 약 1km 정도 가면 조선시대 요당면의 소재지였던 공주시 의당면 요룡리가 있다. 이 오룡골 남쪽 끝에 있는 욧골(요곡) 마을에 요당서사(蓼塘書社)라는 사우가 있었는데 이곳에는 세조의 왕위 찬탈과 관련하여 문종의 유지를 받들어 어린 왕 단종을 보필하다가 계유정난(癸酉靖難)으로 죽임을 당한 황보인(皇甫仁), 김종서(金宗瑞), 정분(鄭苯)과 사육신의 단종복위사건과 관련하여 죽임을 당하거나 유배된 김문기(金文起), 성희(成熺), 조순생(趙順生) 등이 제향되어 있다.

요당서사는 효종대에 송준길, 이후원 등에 의하여 서원 건립 논의가 일어나기 시작하였으나 성사되지는 못하였던 것 같고, 1746년(영조 22)에 황보인·김종서·정분의 신원이 완전히 회복되고, 이들이 1791년(정조 15)에는 장릉 충신단에 배향되고 있는 점으로 볼 때, 이러한 분위기에 편승하여 이들의 신원회복과 장릉 충신단의 배향을 계기로 1797년 김종서의 세장지지(世葬之地)인 공주 요당에 서사를 건립하고 이들 세 사람

▌김종서 장군 묘역 전경

을 제향한 것으로 보인다. 요당서사는 1871년(고종 8) 대원군의 서원철
폐령으로 훼철되어 현재 터만 남아 있다.

　요당서사 터와 생가지 일대의 유허지는 김종서 장군의 순천김씨(順天
金氏) 가문이 멸문을 당한 이후 현재까지 다른 가옥이 건축되지 않은 상
태인데, 1927년 개교한 주변의 의당초등학교에서 학생들의 역사 교육
장소로 보존해 왔으며, 초등학교를 건립할 때에 이 부지를 확보해 직접
관리했다. 김종서의 생가지에는 1981년 공주군에서 '충익공 절재김종
서장군 유허비(忠翼公 節齋金宗瑞將軍 遺墟碑)'를 세우고 주변을 정리해 충남도
문화재자료 제394호로 지정됐다.

　김종서 묘역(金宗瑞 墓域) : 현재는 세종시 장군면 밤실마을 산45번지에

자리잡고 있으며, 묘소의 전면에는 비석이 2기 건립되어 있다.

원래의 구비는 장군의 위업에 비교가 안될 만큼 작는 높이 94cm의 소형호 패형 비로 김종서가 복관된 지 2년 후인 1736년(영조 24)에 공주 판관 이익진(李翼鎭)과 지방유생들에 의하여 세워진 것이다. 전면에는 조선좌의정절재김선생종서지묘(朝鮮左議政節齋金先生宗瑞之墓)라 하여 김종서의 묘소임을 기록하고, 뒷면에는 이곳에 비를 건립한 사연에 대하여 적고 있다. 바로 이 비석에 공의 선대의 묘소가 있는 곳이고 당시까지 현지 주민들에 의해 공의 묘소라는 사실이 전해 내려온데 근거하여 묘비를 이곳에 세운다는 내용이 기록되어 있다.

다른 하나는 1963년에 새로 세워진 것으로 이 유적과 김종서의 행적을 자세하게 적고 있다. 전면에는 대광보국숭록대부좌의정 익충익호절재 순천김공종서지묘(大匡輔國崇祿大夫左議政 諡忠翼號節齋 順天金公宗瑞之墓)라 되어 있다.

한편 김종서의 묘소가 장기면 대교리에 자리잡게 된 것과 관련하여 재미있는 전설이 전해지고 있다. 김종서 장군에게는 자식처럼 아끼고 사랑하는 말이 한 마리 있었는데, 1453년 수양대군이 김종서를 죽여 능지처참시키자 이 광경을 보고 있던 말이 갑자기 뛰어들어 김종서의 다리 한 쪽을 물고 한

▌ 김종서 장군 묘비 및 묘갈

양을 뛰쳐나와 김종서의 고향인 공주까지 쉬지않고 달려와서 죽었다고 한다. 이 때 말이 물고 온 한쪽 다리를 이곳에 묻었는데, 그 후부터 마을 이름을 '한다리'라고 부르게 되었고, 그것이 변하여 '대교리(大橋里)'가 되었다는 전설이 그것이다.

김종서의 묘역이 위치한 마을의 입구에는 1987년 김상홍(金相洪)이 비문을 짓고 김영기(金榮其)가 글씨를 써서 세운 신도비가 있다.

김종서(金宗瑞) · 김승규(金承珪) 정려 : 김종서 묘역의 입구에는 김종서와 그의 아들 김승규(金承珪)의 효자 정려가 세워져 있는데, 이 정려는 김종서(金宗瑞, 1390~1453)의 충절과 그의 아들 김승규(金承珪, ?~1453)의 효행을 기리기 위해 1804년(순조 4)과 1747년(영조 23) 각각 명정을 받아 건립된

▌ 김종서 · 김승규 충효 정려

것이다. 김종서의 충신명정은 신원(伸寃)과 복관(復官)이 이루어지는 연장 선상에서 예조에서 단종조의 삼 정승인 황보인·김종서·정분에게 정려를 내려줄 것을 청하여 1804년(순조 4)에 받게 된 것이다.

　김승규(金承珪, ?~1453)는 김종서의 첫째 아들로 지평, 형조정랑 등을 거쳐 병조참의에 이르렀다. 1453년 계유정난 때 아버지인 김종서가 목숨이 위급해지자 몸으로 가로막다가 죽었다. 1791년(정조 15) 김종서와 함께 장릉(莊陵) 배식단에 배향되었다. 김승규는 김종수(金鍾秀, 1728~1799)가 지은 기문에 의하면, 김종서의 11대손 지복(志復)이 상언하여 김승규가 효자명정을 받게 되었다고 하며, 그 시기는 『영조실록』 23년 11월 28일 기사에 영의정 김재로(金在魯)가 김승규의 정려를 청하자 왕이 이를 허락하는 것으로 미루어 1747년(영조 23)에 이미 명정 받았고, 정려 건립은 1781년이었던 것으로 보인다.

(이해준, 제8호, 2014.9)

제5장 나라를 위하여

김해·김경원 부자,
충과 효로 이름을 날리다

공주 우성면 내산리 469번지 경사골 마을 입구에는 공주시 향토 문화유적 유형 제16호로 지정된 김해·김경원의 충효 정려가 있다. 이 정려는 충신 김해(金澥, 1534~1593)와 그의 아들인 효자 김경원(金慶遠, 1561~1608)의 행적을 기리기 위해 인조조(1623~1649)에 명정을 받아 1695년(숙종 21)에 건립한 것이다.

『동국신속삼강행실도』의 「김해불굴(金澥不屈)」

이러한 공주의 충신 김해(金澥, 1534~1593)의 행적은 『동국신속삼강행실도』 충신조에 「김해불굴」이라는 기사로 수록되어 유명하다.

『동국신속삼강행실도(東國新續三綱行實圖)』는 조선 전기 『삼강행실도』(1434년), 『삼강행실도언해』(1490년), 『속삼강행실도』(1514년)의 편찬에 이은 후속, 보완서로 임진왜란 직후인 1615년 광해군에 의하여 편찬된 것이다. 임진왜란 직후 광해군은 난후 복구사업의 일환으로 서적의 중간, 혹은 편찬에 역점을 두었는데, 이중 왜란 중의 충효열의 행적 채집과 포장에 관심도 컸다. 이 과정에서 편찬된 것이 바로『동국신속삼강행실도』이었다.『동국신속삼강행실도』는 여지승람과 각 지방의 보고자료를 토대로 신분의 귀천을 불문하고 탁이한 행적이 있으면 인물행적을 망라하고 언해와 도면을 첨부한, 총 18권(효자 8권, 충신 1권, 열녀 8권, 속부 1권)의 대규모 편찬사업이었는데, 바로 이 책의 충신조에 김해가 「김해불굴(金澥不屈)」이라는 명제로 수록되어 있어 옮겨 소개해 본다.

金澥不屈

목사 김해는 서울 사람으로 임진왜란에 상주목사가 되어 시종 임소를 떠나지 않고 의병을 모아 왜적을 참하고 잡은 것이 매우 많았다. 그러나 계사년 3월 적이 너무 많이 쳐들어와 김해가 힘이 미치지 못하여 잡혔으나 굴하지 아니하고 죽으니 금상이 정문을 내렸다

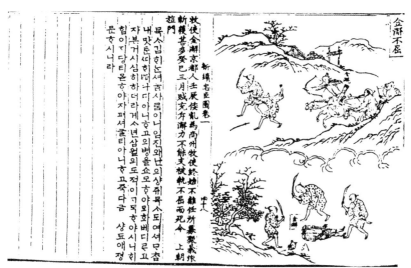

『동국신속삼강행실도』의 「김해불굴」도

(牧使金懈 京都人 壬辰倭亂爲尙州牧使 終始不離任所 募聚義旅 斬獲甚多 癸巳
三月 賊充斥 懈力不能支被執 不屈而死 今上朝旌門).

이 기록을 통해서 보듯이 김해(金懈)의 충절 행적은 새롭게 조명되고
크게 인정 받은 것임을 알 수 있다. 본고에서는 기존의 자료 정리를 토
대로 예안김씨 가문의 공주 입향과 터전 마련, 그리고 충절인물 배출에
대하여 정리하여 보고자 한다.

예안김씨와 공주

예안김씨로 공주와 처음으로 깊은 인연을 맺는 사람은 태종 때 당진
감무(唐津監務)를 지낸 김숙량(金叔良, ?~1438)이다. 배위는 정부인 감천 문
씨이며 후처가 바로 공산이씨였다. 사헌부감찰, 이조정랑, 영천군수, 통
진현감, 사간원 대사간 등을 역임한 인물로 그가 공주이씨를 후처로 맞
이하면서 공주 부전동 뜸밭골에 이거가 비롯되었다고 한다.

이 시기 대표적인 공주이씨 인물은 이명성(李明誠, 생몰년 미상)과 이명덕
(李明德, 1373~1444) 형제가 있다. 김숙량은 바로 이 형제 중 동생인 이명덕
의 손자인 이곤(李袞)의 사위였다. 김숙량의 장인인 이곤은 통훈대부 사
복시 정을 지냈고, 처남인 이진(李畛)은 임피현령으로 재직시 세조가 단
종을 폐위하고 왕위에 오르자 지금은 내가 임금을 섬길 때가 아니라고
하면서 갓을 벗어버리고 남으로 내려와 후손들에게 도학을 가르치며
단종에 절의를 지켰다고 한다.

김숙량에게는 3형제가 있었는데, 그 중 큰 아들인 김신(金新)은 1464
년에 문과에 급제하여 세조실록과 예종실록의 편수관을 역임하고 낙안

군수와 응교(應敎)를 지냈다. 김숙량의 큰아들 김신(金新)에게는 김수손(金首孫)과 김미손(金尾孫)의 두 아들이 있었는데, 김수손은 중앙으로 진출하여 현달하였다. 공주와 관련하여 김수손의 행적이 확인되는 것은 『신증동국여지승람』 제17권 충청도(忠淸道) 공주목(公州牧) 누정조에 있는 취원루에 대한 기사에서이다.

> 【누정】 취원루(聚遠樓) 객관(客館) 동쪽에 있으니, 옛날의 관정정(觀政亭)이다. 정자가 연못 가운데 있었는데, 목사(牧使) 권체(權體)가 정자를 헐고 누(樓)로 만든 것을 뒤에 목사 홍석(洪錫)이 동헌(東軒) 동쪽에 옮겨 세웠다.

고 하고 이어서 서거정(徐居正)의 취원루기(聚遠樓記)가 수록되어 있는데, 이 글 중에 서거정은 "공주목사 홍석(洪錫)이 예빈시 정(禮賓寺 正) 김수손(金首孫)을 통하여 나에게 정자의 이름과 기문(記文)을 청해 왔다"고 밝히고 있다. 이는 바로 김수손이 공주와의 연고가 있음을 보여주는 것이 아닌가 판단된다.

예안김씨는 입향 초반부터 공주지역에서 사족으로서의 위치를 굳혀간 것으로 보인다. 이 점은 공주향안에 예안김씨가 다수 입록되어 있는 것에서 확인할 수 있다. 공주 향안을 보면 입향조인 김숙량의 둘째 아들인 지(祗)의 아들 옥견(玉堅), 철견(鐵堅), 벽견(璧堅), 셋째 아들 비(秕)와 그 아들 지손(智孫), 큰 아들 신(新)의 증손인 해(瀣) 외에도 다수가 입록되어 있다.

김지에게는 옥견(玉堅), 철견(鐵堅), 벽견(璧堅), 석견(石堅)의 네 아들이 있었는데, 이들 4형제의 후손 중에서 부전동에 세거하던 가계는 셋째 아들인 김벽견의 계열이었다. 벽견의 다섯째 아들인 적(磧)과 그 후손인 우필(禹弼), 천서(天瑞) 등이 부전동 대동계의 계묘좌목(癸卯座目)에 등재되어 있다.

또 예안김씨는 부전동 일대에 거주하게 되는 사족가문인 전주이씨, 강화최씨, 충원지씨, 한양조씨, 경주김씨 등과의 혼인 관계를 통하여 이들 가문이 공주지역으로 이거할 수 있는 기반을 제공하는 한편, 지속적으로 중첩된 통혼관계를 맺음으로써 공주지역 내에서 확실한 사족가문으로서의 자리매김 하였다.

김해(金懈)의 충의 행적

공주 예안김씨의 충의 행적을 상징하는 인물은 바로 김해(金澥)이다. 김해는 김수손(首孫)의 증손으로 임진왜란 때 상주목사로 아들 경원(慶遠, 1561~1608)과 함께 싸움에서 순절한 인물이다.

김해(金澥, 1534~1593)의 본관은 예안(禮安)이고, 자는 사회(士晦), 호는 설송(雪松)이다. 행영흥도호부사(行永興都護府使)를 지낸 김반천(金半千)의 아들이다. 1558년(명종 13) 사마시에 급제하여 진사가 되었고, 1564년(명종 19) 식년문과 을과에 급제하여 1573년(선조 6) 지평에 임명되는 등 삼사의 관직을 두루 역임하였다.

1592년 상주목사가 되던 해에 임진왜란이 일어나자 판관 정기룡(鄭起龍)과 함께 향병(鄕兵)을 규합하여 개령(開寧)에서 왜군을 격파하고 상주성을 탈환하는 전공을 세웠다. 이때 왜적 300여 명을 참수하여 순영에 바치고, 또 화공(火攻)으로 왜적 백여 명을 죽였다고 기록된다 그러나 그 이듬해인 1593년(선조 26) 3월에 적에게 포위되어 힘을 다해 싸웠으나 적이 너무 많아 마침내 항전하다가 순절하였다.

이 같은 사적이 조정에 알려져 1605년(선조 38)에 도승지에 증직하고, 선무원종공신 1등에 녹훈되었으며 충신 정려가 세워졌고 함께 순절한 둘째 아들 성균진사 김경원(金慶遠, 1561~1608)에게도 효자 정려가 내려졌다. 부인과 노비도 함께 순절해 열녀문 충복문이 함께 내려져, 한 가문에 넷이나 되는 일문사정(一門四旌)의 정려(旌閭)로 명성을 떨쳤다. 인조 때 다시 이조참판에 증직되고 정려와 복호(復戶)를 받았다.

『선성김씨족보(宣城金氏族譜)』에는 김해·김경원 정려가 인조조에 명정을 받았지만, 실제로 정려는 1695년에 건립되었음을 기록한다. 그러나 명정을 받은 직후 바로 정려를 건립하지 못하고 왜 수십 년이 지난 1695년에 이르러서야 정려를 세우게 되었는지에 대한 기록은 없다.

또 하나 주목되는 자료는 1723년(경종 3) 김해(金澥)의 현손인 김도중(金道重)이 임진왜란 때 순절한 5대조 김해의 충의 행적을 상세히 적어 올리고 시호를 내려줄 것을 청하는 상소를 올린 사실이 『충효등등제등록』 1723년 5월 11일자 기사에 나타나 있다. 그러나 이때의 시호 청원 노력도 결국은 성사되지 못했다.

이러한 김해(金澥)의 충의 행적과 포장 사실들은 글에 앞서 소개한 『동국신속동국삼강행실도』(1615년)를 시작으로 역대 공주의 지리지에도 상세히 기록된다. 다음의 자료들은 『여지도서』(1759년)와 『충청도읍지』, 『호서읍지』, 『공산지』에 기록된 김해 관련 기록들이다. 삽도 자료에서 보듯이 이들 4개 지리지의 기록 내용은 서로 동일하여

김해(金澥) : 본관은 예안(禮安)이고 호는 설송(雪松)이다. 가정 무자년(1528)에 진사가 되었고 갑자년(1564)에 문과에 급제하였으며, 삼

사(三司)에 나아가 이름을 날렸다. 상주목사로 있을 때, 임진왜란을 만나자 왜적 300여 급을 베어 순영에 바치고, 또 화공(火攻)으로 왜적 백여 명을 죽였다. 계사년(1593) 3월 공이 힘을 다해 싸웠으나 적이 너무 많아 마침내 죽고 말았다. 조정에서 도승지에 증직하고 1등 공신에 녹훈하였다. 인조 때 참판에 증직되고 정려를 받았다.

라 적고 있다. 다만 『여지도서』에는 정려와 함께 복호(復戶)를 받은 사실과 삼강행실(『동국신속삼강행실도』를 말함)에 수록된 것과 구사맹(具思孟)의 조망시(弔亡詩)가 추가되어 있다. 구사맹의 『팔곡집(八谷集)』 팔곡잡고(八谷雜稿) 사관(死官) 조에는 "상주목사 김해(尚州牧使金澥)"를 기록하고 있기도 하다.

이러한 김해의 충의행적을 이어 그의 아들 김경원도 충과 효로 이름을 날린다. 아들 김경원(金慶遠, 1561~1593)은 자를 이선(而善)이라 하였으며 1588년(선조 21) 진사시에 급제하였고, 임진왜란 때 아버지를 구하려다 순절하였다. 이 같은 사적이 알려져 인조조에 승정원 도승지에 증직되고 정려와 복호(復戶)를 받았다(후손들에게 전해지기로는 아버지가 돌아가시자 자식된 도리로 살 수 없다고 하면서 할복하여 자진했다고도 한다). 김해의 충신정려와 김경원의 효자 정려가 함께 건립되어 있다.

관련 유적

1695년 건립된 이후 정려는 여러 차례 중수가 이루어졌는데, 명정 현판의 기록을 통하여 그 시기와 중심인물을 확인할 수 있다.

김해·김경원 충효 정려는 정면 2칸, 측면 1칸의 맞배지붕으로 자연석으로 된 초석 위에 원형기둥을 세웠다. 앞면은 홍살로 처리하고 양

▌ 김해 · 김경원 충효정려 전경

측면과 후면 3면은 벽채로 되어 있다. 정려 뒤편 천정에는 옛 명정현판이 2매가 얹혀 있다.

하나는 충신 김해의 명정 현판으로 "충신 증가선대부 이조참판 겸동지경연 춘추관성균관사 홍문관제학 예문관제학 세자좌부빈객 행통훈대부 사간 겸춘추관편수관 상주목사 김해지문(忠臣 贈嘉善大夫 吏曹參判 兼 同知經筵春秋館 成均館事 弘文館提學 藝文館提學 世子左副賓客 行通訓大夫 司諫兼春秋館編修官 尙州牧使 金澥之門)"이라 적혀 있고(168×22cm), 다른 하나는 그의 아들인 효자 김경원의 명정 현판으로 "효자 성균진사 증승정원도승지 김경원지문(孝子 成均進士 贈承政院都承旨 金慶遠之門)"이라 적혀 있다(168×17cm). 김경원의 명정 현판 뒷면에는 정려의 건립연대(1695년, 乙亥 八月 日 立)와 중건연대

▌김해의 충신 명정

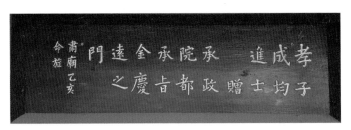

▌김경원의 효자 명정

(1846년, 丙午 八月 日 八世孫 銓 重建)가 기록되어 있다.

　현재 정려 중앙에 걸려 있는 현판은 새로 만든 것으로 김해의 명정 현판(111×38cm)과 아들인 김경원의 명정현판(116×42cm)이 걸려 있다. 김해의 명정 현판 말미에 명정연대(肅宗 乙亥 八月 日 命旌)와 중건연대(憲宗 丁未 九代宗孫 樂豊重建, 聖上庚寅十代孫 輝振重建)가 기록되어 있는 것을 제외하고 명정 현판의 내용은 천장에 걸려 있는 옛 현판의 내용과 같다.

　이처럼 김해의 옛 명정 현판 뒷면에는 1846년(헌종 12) 8세손인 김전(金銓)이, 새 현판에는 1847년(헌종 13)에 9세손인 김락풍(金樂豊, 1807~?)이 정려를 중건하였다고 기록하고 있어 각각의 중수가 별개의 것으로 보일 수도 있으나 사실은 1846년에서 1847년에 걸쳐 중수가 이루어진 것으로 보는 것이 좋을 듯하다. 이를 통하여 1695년 정려가 건립된 이후 1차 중수가 1846~1847년에 이루어졌음을 알 수 있다.

그 후 1890년(고종 27)에 10세손 휘진(輝振, 1831~1904)에 의하여 2차 중수가 이루어졌음을 추가로 기록하고 있다. 1890년 이후 2차 중수 이후 2~3차례의 중수가 더 있었을 것으로 보이나 자료가 없어 자세한 사실은 확인할 수 없다. 현재의 정려는 1997년에 공주시의 지원을 받아 중수한 것이다. 공주시 향토문화유적 제16호로 지정되었으며, 김해·김경원 충효정려 앞에는 김수손 신도비와 예안김씨 제단비가 세워져 있다.

(이해준, 제9호, 2014.12)

조헌,
호서를 대표하는 임란 의병장

중봉 조헌(重峯 趙憲, 1544~1592)은 경기도 김포출생으로 본관은 배천(白川), 자는 여식(汝式), 호는 중봉(重峯)·도원(陶原)·후율(後栗)이다. 조헌이 공주와 인연을 맺는 것은 그가 43세 되던 1586년(선조 19)에 공주 제독관으로 부임하면서이다.

공주향교 제독관 조헌

향교 제독관은 조선 전기 향교가 교관 적임자 확보에 실패함으로써 교육이 실효를 거둘 수 없게 되자, 명나라의 제도를 본떠 신설한 관직이었다. 제독관은 종전의 교관(교수, 훈도)과는 달리 전국의 모든 향교가 아니라 공주같이 큰 계수관 고을에만 파견되어 그 지역을 중심으로 인근의 군현의 향교교육을 독려하도록 제도이다. 따라서 조헌의 공주향교 제독관은 공주목 관내 만이 아니라 인근 전의현, 연기현, 정산현, 회덕현, 진잠현, 연산현, 니산현, 은진현, 부여현, 석성현, 임천군, 한산군 등 모두 13고을이 당시 공주향교 제독관의 영향이 미칠 수 있던 지역이었다.

중봉 조헌은 공주 제독관으로 재직하는 동안 강학에 특출한 성과를 얻었다. 이에 대하여 『공산지』 권2 흥학조에 보면 중봉 조헌 선생은 본주의 제독으로서 공부할 곳을 마련하고, 제생들을 훈도하였으며, 양사재(養士齋)·섬학고(贍學庫)·사마소(司馬所)를 설치하는 한편, 선비들의 규율을 엄하게 하고 앞장서 실천하므로써 원근에서 찾아드는 선비가 많았다고 한다.

한편 중봉은 충현서원(공암서원)을 건립한 고청 서기를 조정에 천거하기도 했으니 『선조수정실록』 선조 19년(1586) 10월 1일(임술)에는 공주향교 제독관 조헌이 학정의 폐단을 논한 상소문에서 서원과 관련하여 말하면서

"신의 관하인 공주에는 공암정사(孔巖精舍)가 있는데 공암 정사에

▎중봉 조헌이 제독관으로 왔던 공주 향교

는 양인(良人) 서기(徐起)라는 자가 있어, 그는 일찍이 이중호(李仲虎)에게 배워 학문이 넓고 행실이 온전하여 인근에서 그에게 배운 자 중에 생원·진사에 합격한 사람과 가르친 선비가 많다."

고 밝히고 있다. 그리고 그는 공주 제독관으로서 동인 정여립(鄭汝立)의 흉패함을 논박하는 만언소를 지어 상소하는 등 5차에 걸쳐 상소문을 올렸다. 그러나 감사가 받아주지 않자 1587년 9월 1일 관직을 사임하고 고향으로 돌아갔으며, 이로 인해 9월 4일 사간원의 품계로 파직을 당하였다.

율곡을 따른다는 중봉의 호 '후율(後栗)'

조헌은 본래 김포에서 태어나서 16세기 파주에 살던 율곡 이이와 우계 성혼의 문인이다. 사림의 명망을 받던 조헌이 이들의 문인이 되는 계기는 조헌이 홍주교수로 있으면서 보령에 살던 토정 이지함에게 가르침을 받으면서 비롯되었다고 한다. 이지함은 조헌의 학식이 높음을 알고 이이·성혼을 스승으로 섬길 것과, 고청 서기를 찾아 볼 것을 권유하였다고 한다.

조헌의 학문과 사상형성에 특히 큰 영향을 준 사람은 율곡 이이였다. 중봉의 경세관과 대왜론은 율곡과 여러 부분에서 비슷하였으며, '후율(後栗)'이라는 그의 호도 스스로 율곡을 계승한다는 의미에서 지어 부른 것이었다고 한다. 조헌은 사회모순을 해결하기 위한 개혁론을 제기하였고, 동서인간의 갈등에서 중봉은 서인의 입장에서 이이를 변호하면서 일본과의 절화(絶和)·절왜(絶倭)를 주장하며 이산해 등 동인 정권을 비판하다가 유배당하기도 했다. 그 후 정여립 사건을 계기로 예조정랑(정

5품)에 추천되었지만, 왜와 절교할 것과 동인을 통박하는 상소를 올린 것이 문제가 되어 또다시 등용되지 못하였다. 그는 임란 직전인 1591년 목숨을 내걸고 「지부상소(持斧上疏)」를 올려서 왜의 사신을 참하여 명나라에 알릴 것과 류구 및 일본의 반정부 세력들에게 격문을 보내어 풍신수길을 토벌하자는 제안을 하기도 하였다.

┃ 중봉 조헌

조헌은 이처럼 대일 외교관계에 있어서 매우 강경한 입장을 취하고 있었으며 왜적의 침략 대비책에서 미래를 투시하는 명쾌한 대비책을 역설한다. 즉 그는 당시 조정의 중론과는 달리 이이와 같이 10년 내에 화란이 있을 것을 예측하여 민생안정을 위한 개혁을 제기하였다. 그리고 왜군이 종전과는 다르게 대규모로 침략해 올 것이며 그 침입로는 호남이 아니라 영남지방일 것이라고 주장하였다. 따라서 왜군의 침입을 대비하기 위해서는 변방에 명장을 파견하여 초전에 왜군의 선봉을 제압해야 하며 왜군의 길잡이 노릇을 하는 향도자가 발생하지 않도록 유의해야 한다고 하였다.

고마나루에서 의병창의

이러한 중봉 조헌이 또 다시 공주와 인연을 맺는 것은 1592년 임진왜란이 일어나자 의병창의를 결심하였을 때였다.

1592년 4월 14일 부산과 동래를 함락시킨 일본군은 서울을 향해 3개로로 나누어 진격하였는데, 충청지역을 통과하는 일본군은 김천-추풍령-영동-청주를 거쳐 경기로 북상하였다. 초기 전투에서 왜군은 큰 싸움이 없이 경상도와 충청도 지역을 통과하여 불과 보름만에 서울을 점령하였다. 이와 함께 일본군은 후방의 진출을 염두에 두면서 경상도의 김천·개령과 충청도의 청주, 그리고 금산에 군대를 장기적으로 주둔시켰다. 특히 금산은 무주와 더불어 일본군의 군량 공급지인 호남지방으로 들어가는 전초기지에 위치한 지역으로 다른 지역에 비하여 2~3배에 달하는 1만 명의 병력을 주둔시키고 있었다.

그리고 남해안으로 호남을 공략하려던 왜군의 계획이 이순신에 의해 저지당하자 내륙으로 호남공략을 꾀하였는데, 바로 그 과정에서 관군과 의병군은 운암 전투와 초계진 전투, 웅치, 이치 전투, 그리고 1, 2차 금산성 전투에서 일본군의 맞아 싸워 호남 진출을 저지하였다. 그리고 조헌과 영규가 이끌었던 의병군의 제2차 금산성 전투 이후 일본군은 금산(錦山)에서 더 이상 버티지 못하고 무주 쪽으로 퇴각하게 되었다.

중봉 조헌은 임진왜란 발발 직후인 5월 3일에 모병에 들어가 6~7월경에 이르면 1천 5백 명 이상의 의병집단을 구성하기에 이른다. 그는 지방 교육을 책임지는 교관직을 수행하면서 지역의 사림과 자제들을 교육하여 학문적 관련을 맺었고, 특히 공주에서는 학생들을 모집하여 선정의 법식대로 정성껏 이끌었다. 조헌이 거의할 때 제독관으로 봉직했던 공주 향교에서 의병을 일으켰을 때 조헌의 의기를 사모하며, 그의 훈육을 받았던 공주 유생들이 적극 호응하여 의병진에 가담, 7월 4일에는 군사가 1천 6백에 이르렀다고 한다.

조헌 의병의 본격적인 활동은 4차 기병으로 7월 4일에 이루어지는데 특별히 우리가 주목할 것은 당시 의병 출정식이 공주 고마나루에서 이루어졌다는 사실이다. 중봉은 이때 공주 웅진당에서 깃발을 세우고 북을 치며 제를 올렸는데 그 제문이 『중봉선생문집(重峯先生文集)』 권30에 「기의시제웅진용당문(起義時祭熊津龍堂文, 1592년 7월 4일)」이라는 제목으로 수록되어 있다. 그 내용을 소개하면 다음과 같다.

· 起義時祭熊津龍堂文(1592년 7월 4일)

云云 蠢玆倭奴 讐我大邦 潛師越海 突入三江 重關失險 控禦無人 萬姓
魚肉 七廟灰塵 干戈三月 龍輿遠狩 一國倫紀 喪亂靡救 噫我三韓 禮義
素明 箕範攸傳 嶽瀆以寧 今令此賊 恣意殺戮 斯民何罪 逢此荼毒 玆有
義士 同願討賊 俾憲爲將 自知難敵 君父蒙塵 臣子之憂 生靈無類 山河
有羞 糾集之初 敢矢同志 謬居盟壇 曰惟國耳 惟江有神 保佑我國 劇賊
無道 終致顯戮 無使獸行 汚我江湖 無使兇鋒 亂殺無辜 明告上帝 馳電
起雷 爲民復讐 片帆不回 則吾王敬神 必有終始 神之聽之 鑑臣隕淚 謹
以剛鬣醴齊 粢盛庶品 式陳明薦 尙饗

조헌은 의병들과 함께 금산전투에서 전사하였고, 1604년 선무원종공신 1등으로 책록되고 1734년 영의정에 추증되었다. 이러한 공주와의 인연으로 중봉 조헌은 그가 죽은 지 60여 년이 지난 효종조에 공주 제독으로 학풍을 진작시키고, 고청 서기와 함께 공암정사를 조정에 알린 공으로 공주 충현서원(忠賢書院)에 추배된다. 조헌의 추배는 그가 죽은 지 60여 년이 지난 효종조에 이루어진다. 원래 공주유생들이 조헌의 추배를 청하는 상소를 올릴 때에 창건자인 고청 서기도 함께 거론되었으나, 서기의 추배는 이루어지지 않고 조헌만 추배되었다.

┃ 중봉이 제향된 충현서원

조헌의 충현서원 추배는 공주제독으로 있으면서 이 지역의 후학양
성에 지대한 공헌을 세웠고 임진왜란 시 충절을 보인 것과 관련이 있
는 것이었다. 공주유생이 소장에서 조헌의 추배를 청하는 논리를 보더
라도 우거한 옥천, 사절(死節)한 금산, 수령으로 부임했던 보은에는 각각
조헌을 모신 사우가 있는데, 오직 공주에만 없다고 하면서 추배를 청하
고 있다. 1883년에는 문묘에 배향되고 충현서원 외에도 옥천의 표충
사, 배천의 문회서원, 김포의 우저서원, 금산의 성곡서원, 보은의 상현
서원 등에 제향되었다.

중봉 조헌과 영규, 만경노씨 삼의사(三義士)

공주의 충절인으로 충신명정을 받아 널리 알려진 만경노씨 삼의사
노응완(盧應晥, 1555~1592), 노응도(盧應晫, 1560~1592), 노응호(盧應皓, 1574~

1592) 삼형제는 모두 중봉의 문인이었다. 그들은 조헌의 문하생이었고 스승의 격문에 따라 의병으로 나서 핵심세력이 되었고, 신란수·박사진 등과 함께 중봉을 따라 금산 전투에 참여하였다. 4차 의병은 지역의 범위도 공주목을 포함하여 홍주목까지 확대되어 호서지역 대부분의 의병들은 이때부터 조헌을 따르게 되었고, 이들이 청주성 탈환과 금산성 전투의 주인공이 되었으나 대부분이 순절하였다.

한편 중봉 조헌과 함께 공주의 임란 의병을 이야기 하게 되면 빠트릴 수 없는 인물이 바로 영규대사(靈圭大師, ?~1592)이다. 공주 계룡면 월암리 판치에서 태어난 그는 계룡산 갑사에 들어가 출가한 후 공주 청련암에 있으면서 지팡이[禪杖]를 가지고 무예를 익히기를 즐겼다고 한다. 『여지도서』,『충청도읍지』,『호서읍지』 등의 기록에 의하면, 임진왜란이 일어나자 영규는 승려들을 모아 군사를 일으키고자 하였으나, 승려들이 그를 따르지 않으므로 삼일 밤낮동안 뜰에 서서 통곡하자, 이를 본 승려들이 모두 탄복하여 그 뒤를 따르게 되었다고 한다.

(이해준, 제12호, 2015.9)

남평조씨,
병자호란 난리 중에 한글 일기를 남기다

남평조씨(南平曺氏, 1574~1645)의 『병자일기(丙子日記)』는 한글일기, 여성문학, 전란기록, 그리고 17세기 전반의 생생한 생활문화 자료를 기록한 것으로 학계에 널리 알려져 있다. 그러나 이 병자일기의 저자 남평조씨가 공주와 인연이 있다는 사실을 아는 사람들은 많지 않은 듯하다. 필자는 평소 이러한 아쉬움을 느껴오던 차에, 간략하게나마 '남평조씨와 병자일기'의 가치와 의미를 정리하여 보고자 한다.

지금은 세종특별자치시에 편입되었지만, 옛 공주의 반포면 성강리에는 남산영당과 남이웅의 묘소가 있다. 영당에는 집안 대대로 전해오던 영정과 문서들이 보존되어 있었는데, 바로 그곳에 병자일기가 함께 전해져 왔었다.

의령남씨의 공주 입향과 남이웅

현재는 세종시 금남면으로 편입되었지만, 이전의 공주시 반포면 성강리에 자리 잡은 의령남씨는 남이웅(南以雄, 1575~1648)의 후손들이다.

한양에 세거하던 의령남씨가 공주와 인연을 맺은 것은 성강리에 남이웅을 예장(禮葬)하면서 부터라고 한다. 그의 묘소가 이곳 성강리에 자리 잡게 된 것은 남이웅이 충청감사로 재임하면서 터를 잡았다는 후손들의 구전과, 그가 공신으로 책봉된 후 이 일대를 사패지(賜牌地)로 하사받았기 때문이라는 이야기가 함께 전해지고 있다.

남평조씨의 남편 남이웅의 본관은 의령으로 자는 적만(敵萬), 호는 시북(市北), 시호는 문정(文貞)이다. 남이웅은 6형제 중 셋째로 태어나 아버지 남위의 6촌 남대우(南大佑)의 양자가 되었다. 정묘호란 때 안주성에서 장렬한 최후를 마친 남이흥(南以興) 장군이나, 인조 때 대북의 영수였던 남이공(南以恭) 등과는 모두 4촌간이다.

남이웅은 1606년(선조 39) 진사시에 합격한 후 1613년(광해군 5) 증광문과에 급제하여 정언·수찬·응교 등을 지냈다. 인조반정 후에는 황해도관찰사·안악군수 등을 거쳐 1624년(인조 2) 이괄의 난에 황주수성대장으로 도원수 장만(張晚)을 도와 진무공신 3등 춘성군으로 봉해졌다. 호조와 형조의 참판, 강릉부사, 경기·충청·경상의 관찰사를 두루 거쳤으며, 1636년(인조 14) 병자호란 때는 인조를 남한산성으로 호종하였다. 이후 소현세자와 봉림대군이 심양으로 끌려갈 때 우빈객으로 호위하였으며, 심양에서 1년 반 만에 돌아와서는 춘성부원군에 봉해졌다.

이후에도 남이웅은 대사헌·한성판윤 등 요직을 여러 차례 역임하였고, 형조와 예조의 판서를 거쳐, 1646년(인조 24) 우의정이 되었다. 한때 소현세자빈 강씨의 사사(賜死)를 반대하여 물러난 일도 있었으나 1648년(인조 26) 곧 좌의정이 되었다. 평소 그는 성격이 호방하고 원만하여 당파에 치우치지 않았다고 하며, 만년에 병이 깊어지자 인조가 어의(御醫)를 보내어 어약(御藥)으로 돌보게 할 정도로 신임이 두터웠다고 한다.

1648년(인조 26) 세상을 떠났는데, 자식들에게 시호를 청하지 말도록 유언하였음에도 불구하고 문정(文貞)이라는 시호가 내려졌다.

다정다감하나 강건하기도 했던 남평조씨

남이웅의 부인 남평조씨는 아버지 현감 조경남(曺慶男)과 어머니 남원윤씨 사이에서 넷째 딸로 태어났다. 외삼촌 윤진(尹軫)은 정유재란 때 의병장으로, 입암산성(笠巖山城)에서 장렬하게 전사한 인물이기도 하다. 남평조씨 또한 10대 후반부터 20대의 중반에 걸쳐 임진왜란을 겪었고, 60대 중반에는 병자호란을 맞아 험난한 시기를 살아야만 했다. 그러나 남편 남이웅의 친구 조경(趙絅)이,

▌남이웅 영정

'가르침을 받들어 부모님에게 효성스럽고 남편에게 공손하였으며, 움직임에 반드시 예법에 맞아서 집안이 항상 엄숙하였으며, … (중략)… 그 죽음에 이르러서는 서자와 첩자들도 모두 친어머니의 상을 당한 듯이 슬퍼 곡하였으니, 그 어짊을 가히 알 것이다'

라고 술회하고 있는 것에도 보이듯, 그녀는 가족들은 물론 지방에 살고 있는 종들의 생활에까지 배려와 염려를 아끼지 않던 온화하고 다정다감한 여인이었다고 한다. 그러나 일기의 전편을 통해 그녀가 한편으로는 매우 치밀하고 세심한 성격의 소유자였음도 알 수 있다. 남평조씨가 4년 가까이 꾸준하게 기록한 병자일기는, 난리 통에 황급히 피난하던 와중이나 서울로 돌아온 후 밀어닥치는 손님들의 접대에 눈코 뜰 사이가 없었던 처음의 1주일 정도, 그리고 몸이 몹시 아파서 도저히 거동이 불가능했던 며칠간을 제외하고는 거의 빠지는 날이 없다. 더욱이 일기를 쓰지 못하는 날에는 그 이유까지 밝히고 있을 정도이다.

그녀는 날씨 하나를 기록하는 데에도 그저 '맑았다'라고 하기보다는, '아침에는 맑았다가 늦게는 흐려져서 저녁에는 비가 왔다'는 식으로 상세히 써 놓았는데, 천둥번개가 치거나 일식이나 월식이 있었던 사실도 잘 기록되어 있다. 또 손님들이 여러 분 오셔서 술을 먹었을 경우에도, '누구누구와 안에서 모르는 손님 몇 분이 오셨는데 누구는 술을 몇 잔을 마시고 누구는 술을 몇 잔을 마셔서 어느 정도 취하였다'는 식의 치밀한 기록도 눈길을 끈다.

한편으로 남평조씨는 그 가슴 속에 쌓인 무거운 응어리를 이 작품을 통해서 삭이고 있다. 불행하게도 자식들 3남 1녀를 모두 일찍 잃고 말았다. 이 작품이 쓰여 지던 때로부터 불과 3~7년 전에 자식들이 모두 세상을 떠나고 말았는데, 작품 곳곳에는 그러한 깊은 슬픔이 묻어나는 곳이 많다. 예를 들어 일기를 보면 명절은 물론이고 죽은 아들들과 며느리들의 생일날에도 빠짐없이 다례(茶禮)를 지냈으며, 특히 이런 날에는 자식들 생각에 어쩔 수 없이 눈물짓는 애절한 사연이 감동적으로 표현되어 있다.

양반가 여인의 피란일기, 『병자일기』

『병자일기』는 현재까지 사대부가의 여성이 쓴 한글 일기로는 최초의 작품으로, 한지에 해서체로 필사하여 표지 1장과 본문 72장(144면)으로 이루어져 있다. 당대의 구어체에 가까운 문체가 고스란히 남아있어 국어학 자료 뿐만 아니라 사회사나 민속분야에서도 매우 중요한 자료로 평가된다.

남평조씨는 63~67세의 나이로, 병자호란이 발발한 1636년(인조 14) 12월부터 1640년(인조 18) 8월까지 약 4년 동안의 생활을 일기로 남겼다. 특히 피난 가는 급박한 상황 속에서 기록한 것이라 체험적 요소가 강하고, 전쟁의 비참한 모습이 있는 그대로 반영되어 있다. 그러나 그러

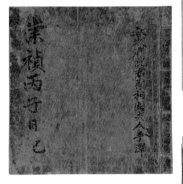

병자일기(1636~1640년)

한 와중에도 남평조씨의 문학적 재능과 이미 예순을 넘긴 여성의 풍부한 경륜, 그리고 완숙한 인간미가 잘 드러나 있다. 한편 자신과 주변사람들의 근황도 자세히 적었는데, 아녀자로서 지아비와 자식들을 걱정하고 그리워하는 모습 속에 여성의 섬세한 필치가 돋보여 문학적으로도 매우 수준이 높다.

남평조씨 병자일기의 내용은 1636년(인조 14) 12월부터 1640년(인조 18) 8월까지 년대 순인데, 난중피란기(亂中避亂期)·서산당진체류기(瑞山唐津滯留期)·충주체류기(忠州滯留期)·서울귀환기(歸還期)의 네시기로 나누어져 있다.

이 중 난중피란기는 병자호란으로 급히 피난길에 오른 1636년(인조 14) 12월 15일부터 전쟁이 끝났다는 소식을 듣고 당진으로 거처를 옮긴 이듬해 2월 17일까지로, 피난길에 겪은 갖가지 어려움이 주된 내용이다. 서산당진체류기는 1637년(인조 15) 2월 18일부터 이듬해 1월 25일까지 1년여간의 기록으로, 친척들의 배려 속에 서산-당진에 머물면서 심양으로 떠난 남편을 걱정하고 죽은 자식들을 그리워하는 내용, 그리고 친척들과의 교류 등에 관한 것이다.

이 부분에는 서울에서 피란을 시작, 경기도를 거쳐 충청, 서해안을 따라 홍성 죽도와 서산 당진, 여산(전북 익산), 대전 유성을 거쳐 서울 집으로 돌아가는, 지난한 피란길의 기록이 고스란히 담겨있다. 당시는 무인도였던 홍성 죽도에서는 한겨울 바닥에 대 잎을 깔고 자야했을 정도로 처지가 어려웠고, 남편 남이웅이 청나라로 볼모로 끌려간 긴박한 상황, 그럼에도 가족과 노비들을 지켜낸 남평조씨의 모습이 드라마틱하다. 피란길에서 그녀는 버릴 것은 버리고 취할 것은 취하면서 가족과 타인(남편, 자녀, 서자녀, 친족, 노비, 방문객 등)들을 대하는 담대한 모습도 고스란히 드러난다.

충주체류기는 1638년(인조 16) 1월 26일부터 같은 해 5월 28일까지에 해당하는데, 이 시기 또한 남편도 없이 농사를 지으며 어려운 상황을 극복 해 나가는 이야기가 주로 쓰여 있다. 마지막으로 서울 귀환기는 이해 5월 29일 이후의 일인데, 다른 시기와는 달리 심양에서 귀환한 남편의 일상생활을 기록하고 있다. 대체로 한양으로 돌아온 남편의 출입과 관직의 교체, 정치적인 사건, 손님에 대한 접대 등의 이야기로, 병자일기 중 가장 많은 분량을 차지한다.

이처럼 남평조씨의 험난한 피란과정을 생생하게 들려주고 있는 이 자료는 남산영당에서 보관하던 중 1991년 단행본으로 간행되었고, 1998년 충청남도 유형문화재 제153호로 지정된 후 이듬해 처음으로 외부에 공개되었다. 2008년에는 행복도시건설청에 기탁되었다가, 지금은 세종특별자치시 유형문화재 제4호로 지정되어 국립공주박물관에 위탁 보관되어 있다.

병자일기의 문학적, 생활사적 가치

남평조씨 병자일기에는 조선 중기 양반가의 생활사 및 민속연구에 필요한 당시의 의식주나 관행, 인간관계나 풍습 등의 내용이 풍부하게 수록되어 있다. 현대 사회에서도 그러하듯, 남편의 사회적 활동을 내조하면서 겪었던 조선시대 사대부가 여성의 경험과 느낌들을 올곧게 기록한 실로 당대로서는 보기 드문 자료이다.

이 책의 기록문화적 가치는 당시 남편 남이웅이 처한 정치적 사건의 이면이 생생하게 기록되었다는 것과 함께, 현실적인 생활사적 모습들을 보여준다는 점에서 더 높이 평가할 수 있다. 예컨대 양반가의 외손 봉사나, 남평조씨가 친정 조카를 불러 친정 제사를 돌아가며 지내는 모습, 천출 자식과의 관계 등등에 대한 기록들이 그러한 예이다.

또한 일기에는 남평조씨가 가계를 경영하는 여장부다운 모습들도 찾아 볼 수 있는데, 농사에 가장 중요한 날씨를 꼼꼼히 기록하고, 품앗이나 인력을 부리는 모습 등이 잘 보이고 있다. 아울러 국문학적으로도 연대가 분명한 최초의 사대부가의 여인의 한글 일기로서 귀중한 수필문학 자료로 평가된다.

남산영당과 유물자료

남산영당은 의령남씨 문중의 사당에 모셔져 있던 영정과 남이웅의 행적을 기리기 위하여 1906년 지역 유림들에 발의로 창건되었다. 남산영당은 정면 3칸, 측면 2칸의 맞배지붕으로 삼문과 담장이 설치되어 있다.

영당 내부에는 남이웅의 영정과 유품이 보존되어 있다. 모두 4점의 영정 중 2점은 초본이다. 그 중 1점은 남이웅이 1627년(인조 5) 명나라 사행 시 북경 옥하관에서 중국화가 태방정(泰邦禎)이 그린 것이며, 다른 한 점은 좌의정에 재임 시 그린 초상화를 참고 하여 1706년(숙종 32)에 이모(移模) 한 것이다. 이처럼 남이웅의 영정은 제작 시기가 명확하고, 중국에서 그린 초상화의 경우 화가와 그 제작 장소까지 알 수 있어 18세기 회화사 자료로서 가치가 높다. 기타 남이웅이 생전에 활용하였던 인장 등도 남아 전한다.

남평조씨 병자일기 외에도 남산영당에 보존되었던 『시북노정기(市北路程記)』 역시 매우 주목되는 자료 중 하나이다. 『시북노정기』는 남이웅이 1626년(인조 4) 6월 동지사로 소현세자를 모시고 청나라에 다녀올 때의 필사본 일기이다. 특히 이 책을 통해 조선 중기 해로로 통하는 중국 사행의 경로를 알 수 있으며, 당시 중국 각 도시들의 건치연혁과 지리 정보 등도 상세하다.

이외에도 남이웅이 1647년(인조 25) 신병을 이유로 올린 사직상서를 허락하지 않는다는 인조의 「불윤(不允)」비답 등의 교서가 12건에 이른다. 이 시기의 비답이 실물로 많지 않고, 형태나 크기 등이 완전하여 자료적 가치가 높다. 그리고 1648년(인조 26) 좌의정으로 승진하였을 때의 교지 등도 남아 있다. 「남이웅진무공신녹훈교서(南以雄振武功臣錄勳敎書)」 역시 17세기 공신 교서 중에서도 자료적 가치가 높다.

현재 영당의 뒷산에는 남이웅의 묘소가 부인 남평조씨와 함께 합장되어 있다. 대형의 봉분에 묘비와 문인석, 망주석이 배치되어 있으며, 1658년(효종 9)에 건립 된 묘비에는 「竭誠奮威振武功臣 大匡輔國崇祿大夫 議政府左議政 春城府院君 南公以雄之墓」라 적혀 있다. 그런데 남이웅과 남평조씨의 합장묘는 명당으로도 널리 알려져, 인근 주민들 사이에는 질병이 났을 때 문인석에 기원하면 병이 낫는다는 영험함이 전해져 오기도 한다. 이 밖에 남산소 마을 입구에 있는 남이웅 신도비는 1977년에 새로 세운 것이고, 구비는 의정부 좌참판 조경(趙絅)이 찬했다.

(이해준, 제14호, 2016.3)

이철영,
중동골의 항일 애국지사

계룡면 상왕동 중동골(中洞, 中湖)은 조선시대 호서명현이었던 초려 이유태의 유서가 서려 있는 곳이다. 조선 성리학이 그 이해가 깊어지고 특히 양란 후의 혼란한 사회질서를 바로잡는 방편으로 예를 강조하면서 조선 예학(禮學)을 완성하게 된다. 그중 대표적인 인물들이 바로 호서예학의 학맥을 이룬 충청지역의 명현들이었다. 그들은 경세론의 실천가이자 현실개혁의 이론가들로 특권세력의 사회경제적 독점에 반기를 들고, 향촌의 자율성을 추구하던 양심세력이기도 하였다. 그리고 그러한 호서예학 시대의 저명인물의 중심 축으로 큰 역할을 한 분이 바로 초려 이유태(草廬 李惟泰)였다. 이 마을이 바로 당대의 최고 지식인 초려 이유태의 유서가 깃든 곳으로 용문서원과 유허지가 있는 곳이다.

이러한 역사와 전통, 한국 선비의 정신사가 이어진 중동골 초려가(草廬家)에서는 민족사적 위기와 혼돈의 시기였던 한말-일제강점기에 학문과 의리정신을 실천한 후손들의 배출된다. 초려 이유태의 9세손으로 항일운동으로 옥고를 치룬 성아 이철영(醒菴 李喆榮, 1867~1919)이 바로 그였다.

성암 이철영의 생애

항일운동가 이철영(李喆榮)은 초려 이유태의 9세손으로 어렸을 때 이름이 은영(殷榮)이었고, 자는 계형(季衡), 호는 성암(醒菴)이다. 1867년(고종 4)에 공주 중동(현 계룡면 상왕동)에서 이홍제(李弘濟)와 상산박씨 사이에서 태어났다. 7~8세에 이미 장차 큰 그릇이 될 것이라는 평을 들었다고 하며, 10세의 어린 나이에 아버지의 상을 당하였으나, 어머니를 모시고 의연하게 생활하였다. 종형인 회영(晦榮, 호 龍湖)과 우애가 매우 돈독하였는데, 회영은 스스로 집안의 살림을 떠맡음으로써 성암이 학문에만 힘을 쓰도록 하였다. 그리하여 이철영은 부여 당리에 살고 있던 자겸와 유대원(自慊窩 柳大源)의 문하에서 수학하였다. 1888과 1889년에 연이어 할머니와 어머니의 상을 당하자 상례에 따라 극진히 장례를 치룬 후 학문을 위하여 부여 당리로 이사하여 그곳에 거주하면서 유대원의 딸을 아내로 맞이하였다. 스승이자 장인인 유대원이 죽자 그의 아들인 경운

▌ 문집 『성암집(醒菴集)』

유병위(柳秉蔚)과 함께 서당과 학생들을 도맡아 강학을 계속하였다. 이
때부터 그의 덕행과 명망이 사람들에게 알려져 칭송받기 시작하였다고
한다.

　1904년에 경부선 철도가 선조인 이유태의 산소가 있는 종촌 부근을
지나게 되자 부여에서 강학 활동을 하던 이철영은 추위를 무릅쓰고 도
보로 서울에 올라가 당시 이 일을 주관하고 있던 승지 서오순과 여러
대신들을 직접 찾아가 항의하여 마침내 다른 선로를 선택하게 하였다.
이해에 초려 이유탱의 『사서답문(四書答問)』을 교정 발간하였다. 그리고
다음해인 1905년 을사조약이 강제로 체결되고 러일전쟁이 시작되면서
일본이 한국인들을 모집하려 하자 이철영은 '기의려문(起義旅文)'을 지어
의병을 모집하여 대항하고자 하였으나 뜻대로 이루지 못하였다.

▌성암 부자의 묘소

1909년, 일본이 호적 신고를 강요하자 이철영은 죽어서 조선의 귀신이 될지언정 살아서 일본의 백성이 되지는 않을 것이라고 하면서 끝까지 호적신고를 거부하고 일본의 만행을 통렬히 비난하는 「치일본국정부(致日國政府書)」를 일본 정부에 전달하도록 부여 주재소에 보내기도 하였다. 이철영은 이 일로 여러 번 체포되어 부여 주재소나 홍산경찰서에서 심문을 받기도 하였으나 끝까지 항거하면서 오히려 일본경찰을 꾸짖었다고 한다.

1914년에 호적에서 빠진 일로 다시 일본경찰에게 체포되어 부여 주재소에 70여 일간 구금되었다가 그 해 11월에 출옥하였다. 투옥되어서도 선비의 기개를 잃지 않아 일본경찰도 존경을 표하였다고 한다. 이 때 그가 겪은 고초가 「부풍옥중일기(扶風獄中日記)」에 기록되어 전하여지고 있다. 또한 왜인들의 정령(政令)을 일체 거부했으므로 온갖 고초를 겪고 산판을 수탈당하기도 하였다. 1918년 12월에 고종이 세상을 떠났다는 소식을 접하고 여러 문하생들을 거느리고 애통해하면서 국복을 입는 절차를 거행하였으며, 1919년에 해소와 담으로 고생하다가 12월 6일에 세상을 떠났다. 항일운동에 기여한 공훈을 인정받아 1977년 대통령표창에 이어 1990년 건국훈장 애족장을 추서받았다.

사상과 저술

이철영은 성리학에도 남다른 견해를 가지고 있어 1917년 간재 전우(艮齋 田愚)와 왕복 서한을 통해 明德에 대한 토론하기도 하였다(임옥균, 「艮齋 田愚와 醒菴 李喆榮의 性理思想의 同異와 特徵」『간재학논총』 제14집, 1975). 호락논쟁과 그의 성리사상을 연결하여 연구한 이상익의 석사학위논문, 최효식은 「성암 이철영의 생애와 사상」, 박우훈은 『내범요람(內範要覽)』을 소개하고 분석한 「성암 이철영의 내범교훈가고」(『한국언어문학』 25권, 1987), 백원철은 성암의 항일 행동을 다룬 「抗日義士 醒庵 李喆榮」(『웅진문화』 제18집, 2005)과 「한말·일제초기 지방유생의 배일의식과 저항행동의 양상 : 醒菴 李喆榮을 중심으로」(『한문학보』 제21집, 2009)을 썼다.

한편 조선 말기까지 이어진 호락논쟁에 대한 정리와 통합을 시도한 학자로 이철영(李喆榮)이 주목되기도 한다. 18세기 초기부터 벌어진 호락논쟁은 수많은 학자들이 참여하여 200여 년간에 걸쳐 이어지면서 조선 성리학 논쟁의 극치를 이루었다. 그러나 논쟁이 오랜 기간 지속되면서 부작용이 나타나자 그 분열상을 극복하기 위한 논변 정리와 통합의 시도가 생기게 된다. 이철영도 그러한 사람 중 하나로 이철영은 52세 때인 1918년에 호락논쟁에 대해 종합절충론인 『사상강설(泗上講說)』을 저술하여 호락논쟁의 양자간의 통합의 가능성은 충분하다고 보는 독창적 학설을 제시하였다. 이는 호학과 낙학의 논리적 불합리성을 지양한 이철영의 독창적 학설로 호론과 낙론을 통합할 수 있는 학설로서 충분한 논리적 타당성을 인정받기도 한다(정성희, 「조선말기 호락논쟁의 통합론 연구 : 醒菴 李喆榮을 중심으로」, 『양명학』 제30호, 2011).

유고로는 『성암집(醒菴集)』이 있고, 부녀자 교육을 지대한 관심을 가지고 1911년 『내범요람(內範要覽)』을 한글로 저술하기도 하였다. 부여 감옥 생활의 일기인 부풍옥중일기(扶風獄中日記, 1914년, 1책 20장)는 항일운동으로 옥중에서 있었던 일과 세사에 관한 생각을 일기체 형식으로 후반부에는 옥중에서 왕복한 서한들을 수록하고 있다.

┃ 이철영을 제향하는 숭의사

숭의사 건립

항일운동가 성암 이철영을 되새기게 되며, 이 마을의 동쪽 구릉에 북향으로 그를 기리기 위하여 건립된 유적이 바로 숭의사(崇義祠)이다. 숭의사 건립이 처음으로 발의된 것은 1968년 3월이었다. 당시 공주향교 전교 정인상(鄭寅相)과 공주유도회장 조원구(趙元九) 및 공주군수 유웅렬(柳雄烈), 공주교육장 최이진(崔瀷鎭) 등 기관장들과 공주 유림 등 51명이 연명으로 각 향교와 서원에 성암 이철영의 사우를 세우자는 통문을 돌렸다. 이에 대하여 전국의 18개 향교·서원·사우에서 사우건립에 찬동하는 답통을 보내왔다. 이때의 통문과 답통의 내용, 참여한 사람들의 명단이 이철영의 문집인 『성암집(星菴集)』에 상세히 수록되어 있다.

이러한 과정을 거쳐 국비·도비의 보조와 문인 및 후손들의 의연금으로 숭의사는 건립되어 1971년 봄에 낙성식을 거행하였다. 이때에 공주군수 조영호가 초헌관으로 집제하여 처음으로 향사를 올렸다. 1981년에는 황인직, 김낙영, 이종선, 송인화 등 14인의 인사들이 '숭의사보존사업회'를 구성하였고, 1983년 사우의 아래쪽에 강당인 구인당

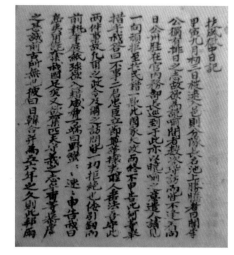

▎부여 옥중일기 『부풍옥중일기』

(求仁堂)을 건립하였다. 현재의 구인당은 1998년 국가보조금으로 재건한 것이다. 숭의사는 사우와 강당으로 이루어져 있는데, 사우는 정면 3칸, 측면 2칸의 맞배지붕양식이다. 삼문이 있으며, 강당인 구인당은 정면 5칸, 측면 3칸의 팔작지붕으로 현재 이 건물은 강당 및 관리사로 사용되고 있다.

(이해준, 새 원고)

유관순,
나라를 위하여 목숨을 버리다

모두가 다 나라를 사랑한다고 말한다. 그리고 나라를 사랑해야 한다고 말한다. 그러나 정말 진심으로 나라를 사랑하는 사람, '나'를 사랑하는 것이 아니라 '나라'를 사랑하는 사람이 몇 사람이나 될까 하는 의문이 떠오르는 우리의 시대이다.

만 18세의 꽃다운 나이에 나라를 위하여 목숨을 버렸던, 진정으로 나라를 사랑했던 인물로 유관순을 꼽는 것에 대하여 이의를 제기할 사람은 없을 것이다. 그 유관순이 공주에서 2년 간의 수학기를 보낸 인물이라는 것은 공주의 자랑이 아닐 수 없다. 3·1운동 100년을 맞은 금년, '3월의 공주 인물'에 유관순이 올랐던 것은 공주에서의 유관순을 새삼 조명해보는 기회가 되었다.

공주 영명동산에서의 수학

유관순(柳寬順, 1902~1920)은 1902년 12월 16일 천안시 병천면 용두리 338번지에서 아버지 유중권(柳重權)과 어머니 이소제(李少悌)의 둘째 딸로

▍천안 아우내 매봉교회와 유관순 열사 생가

태어났다. 공주 영명학교 학생으로 4월 1일 공주장터에서의 만세 운동
에 참가한 유우석(柳愚錫, 유준석, 1899~1968)은 오빠가 된다. 유관순의 숙부
유중무(柳重武)는 일찍 기독교로 개종하여 1901년 지령리교회(용두리, 현재
의 매봉교회)의 교사가 되었고 이후 교회를 실질적으로 운영하는 주역이
된다. 이로 인하여 지령리 마을과 유씨 집안의 많은 사람이 새로운 신
앙을 갖게 되었고, 공주의 영명학교와도 연결되었다.

　소녀 유관순이 공주 영명여학교에서 수학하게 된 것은 공주 감리교
선교사 사애리시의 주선에 의한 것이었다. 사애리시 선교사는 지령리
교회를 종종 심방하며 전도 활동을 하였는데, 이 때 유중무의 딸 유예
도(柳禮道, 1896~1989)와 여섯 살 아래 사촌 동생 유관순을 미래의 여성 지
도자로서 주목하게 된 것이다. 유관순의 집은 뼈대 있는 선비의 가문임

에도 매우 가난하였다. 유관순은 교회에서 거의 살다시피 하였는데, 교회에서 밥을 주기 때문이었다고 할 정도였다.

1917년 천안이 공주에서 분리되기 전까지 천안은 공주 감리회의 영향 하에 있었다. 사애리시(Alise H. Sharp)는 남편 샤프(Robert Arthur Sharp) 목사를 따라 1904년 공주에 왔다. 샤프 목사가 선교 활동 중 장티푸스로 세상을 뜨자 일시 미국으로 귀국 하였다가 1907년 다시 공주에 돌아와 교육과 선교에 전념하게 된다. 천안까지 전도 활동을 하던 사애리시 여사는 아우내의 유예도에게 이화학당 진학을, 아울러 나이 어린 유관순에게는 영명학교 수학을 권유하였다. 당시 유관순과 사애리시의 관계에 대한 증언이다. "어린 유관순은 사부인(사애리시)을 졸졸 따라 다녔다. 사부인이 유관순을 데리고 공주에 왔다. 사부인은 형편이 어려운 아이

▌ 사애리시 여사(우측)와 유관순(좌측)(공주 영명고)

3~4명을 데리고 학당을 시작하였는데 유관순이 가장 사랑을 많이 받았다. 유관순의 오빠(유우석)도 따라서 공주로 공부하러 왔다. 유관순을 딸같이 키웠다. 이화학당 다닐 때도 방학 때 집에 가봤자 먹을 것이 없어 공주로 와서 양어머니 샤프 여사(사애리시)의 교회일, 집안일 등 모든 일을 도와주었다."(강신근, 공주 만세시위 강윤의 3남, 미국 거주) 그리하여 유예도는 1914년 이화학당에 입학 하였으며, 유관순은 공주 영명여학교에서 2년의 과정을 거쳐 이화학당에 편입하게 된다.

영명학교 수학시절의 유관순은 "장난과 운동을 잘하여 또래들 중 늘 두목 역할을 하였다"고 한다. 또 오빠 유우석에 의하면 유관순은 성격이 괄괄하고 고집스러우며 똑똑했다고 한다. "그 시절엔 한글을 반절이라고 했지요. 아무도 관순이에게 가르치지도 않았는데, 그 반절을 혼자 익혀서 성서를 읽더니 외워대지 않겠어요. 재주는 꽤 있었던 것 같애."(《조선일보》 1961.8.26)

천안 아우내, 그리고 공주 장터에서의 만세시위

1919년 4월 1일 천안 아우내 장터에서 대대적인 만세운동이 일어났다. 이 시위에는 유관순을 비롯하여 지령리의 부모 친지들이 주도적으로 참여하였다. 당시 유관순은 이화학당에 재학 중이었다. 사애리시의 주선으로 1915년 교비유학생으로 편입되어 1918년 3월 보통과 과정을 마치고 4월 고등보통과 과정에 입학하여 1학년 말의 기간에 3·1운동을 맞게 된다.

유관순은 3월 1일 서울 파고다공원 독립선언서 선포식에 참여하고, 5일에는 남대문역 앞 시위에도 참가 하였는데 종로 6가에서 체포되어 남산의 경무총관부로 끌려갔다가 석방되었다. 3월 10일 휴교령이 내려 학교가 폐쇄되자 13일 언니 유예도와 함께 고향 아우내로 내려와 4월 1일 아우내 만세시위를 주도하게 된 것이다.

유관순은 천안, 연기, 청주, 진천 등의 교회와 학교를 돌아다니며 서울에서의 만세운동의 소식을 전하는 한편 4월 1일을 준비하였다. 오후 1시 조인원(趙仁元, 지령리교회, 조병옥의 아버지)이 대형 태극기를 높이 세우고 준비한 독립선언서를 낭독하는 것으로 만세시위는 시작되었고 유관순은 미리 준비한 태극기를 나누어주며 시위 대열에 앞장섰다. 이에 일제의 무차별 사격과 진압이 개시되었다. 이날 만세시위에서 헌병대의 사격과 총검에 19명이 목숨을 잃고 30여 명이 부상을 당하였다. 부모 유중권과 이소제는 일 헌병에 의하여 살해되었다. 유중권은 왜경의 칼에 좌복부와 머리를 칼에 찔려 중상을 입고 3일 만에 세상을 떴으며, 어머니 이소제 역시 일 헌병의 칼에 난자당해 시위 현장에서 순국한 것이다.

천안 아우내 장터에서 만세운동이 일어났던 바로 그날, 공주 장터에서도 대규모 만세운동이 일어났다. 3월 24일 영명학교 교사와 학생들을 중심으로 만세시위에 대한 준비가 시작된다. 목사 현석칠(영명학교 교목), 안창호, 영명학교 교사 김관회, 현언동, 이규상, 서덕순, 김수철 등이 참석하여 각자의 역할을 분담하였다. 전체 지휘는 현석칠, 김관회는 영명학교와 공주보통학교 남학생 동원, 현언동은 공주농업학교, 이규상은 영명여학교와 공주보통학교 여학생 담당 등이었다. '대한독립선언서' 1천 매의 유인물을 작성하고 태극기를 만들었다.

4월 1일 오후 2시 장날을 이용하여, 시위는 일어났다. 태극기를 앞세우고 준비한 독립선언서를 살포하자 1천여 명의 시장 사람들이 이에 호응하였다. 이 공주의 만세시위에는 영명학교에 재학 중이던 유관순의 친오빠 유우석(유준석)도 적극 참여하였다. 영명여학교를 졸업하고 계룡면의 원명여학교 교사로서 만세시위에 참여하였던 김현경(金賢敬)은 1974년 3월 1일 〈동아일보〉와의 인터뷰에서(당시 78세, 홍성 거주) 당시 공주 장터에서의 만세운동의 상황을 다음과 같이 증언하였다. "목이 터져라 만세를 외치며 장터를 달리다가 기마 왜경이 휘두르는 칼에 유관순의 오빠와 함께 맞았어요. 머리에서 흘러내리는 피가 옥양목에 뚝뚝 떨어진다고 느끼는 순간 기절을 한거예요. 얼마 뒤 정신을 차리고 보니 일본 순사가 한 번 더 불러보라고 해서 힘차게 대한독립만세를 한 번 더 불렀지요." 당시의 공주 시장은 산성동이 아니라 중동이었다. 가구 골목이 있고 중국음식점이 있는 곳이다.

만세 운동의 참가자들은 헌병경찰에 의해 바로 체포 되었고 그 가운데 19명이 기소되었다. 그중에는 유관순의 오빠 유우석도 포함되어 있었다. 공주에서는 3월 14일 유구리, 4월 1일에는 공주 읍내와 동시에 정안면 석송리에서도 일어났다. 4월 2

▌ 공주의 3 · 1운동 기념탑(웅진도서관 옆)

일 장기면 대산리, 대교리, 4월 3일 우성면 동천리, 4월 4일에는 주외면 용당리(웅진동), 목동면 이인리, 계룡면 경천리, 4월 5일 반포면 상신리 등이다. 공주의 만세 시위에서는 총 86명이 검거되고, 1명이 사망하고, 13명이 부상하였다고 한다.

다시 공주와의 인연, 공주 감옥

천안 아우내 장터에서 왜경에 의하여 체포된 유관순은 공주로 이송되었다. 당시 천안 지역의 사건은 공주의 법원에서 처리되었기 때문이다. 영명학교에서 수학하고 서울에 있을 때에도 방학중이면 전도와 봉사 활동으로 자주 공주를 찾았던 유관순으로서 이제 영어(囹圄)의 몸이 되어 다시 오게 된 것은 특별한 감회를 갖게 하였을 것이다.

아산 백암리 3·1운동에 참여한 김복희가 『신한민보』에 보낸 편지에 의하면 당시 공주감옥에 들어온 여성은 10명이었다. 공주감옥에는 3·1운동에 참여한 김현숙, 박화숙(박루이사), 이활란, 아산의 한연순, 김복희, 천안 직산 양대 3·1운동 주도자 황금순, 민옥금, 한이순이 재판을 앞두고 공주형무소에서 만나게 된 것이다. 그 가운데 아우내 3·1운동을 주도한 유관순과 신씨 할머니가 포함되어 있었다. 역시 아우내 만세운동에서 체포된 유관순의 숙부 유중무도 함께 공주 감옥에 송치되었다.

그런데 유관순은 판결을 받기 위해 나갔다가 구치소에서 뜻하지 않게 오빠 유우석과 만나게 된다. 같은 날 같은 시간 아우내와 공주에서 만세시위가 동시에 일어나고 각각 체포되어 수감되었던 터라, 판결을 받기 위한 구치소에서의 만남은 생각할 수 없는 일이었다. "남매가 만나, 네가 어찌 여기 있느냐 물어보니까, 대한독립 만세를 부르다 엄마도 돌아가시고 아버지도 돌아가시고 자기도 여기까지 왔다고 하였다. 남매가 부둥켜안고 눈물 흘렸다." 유관순 사촌 동생 유정석의 인터뷰이다. 유관순은 아버지 어머니가 죽임을 당한 사실조차 알고 있지 못했던 것이다. 당시 오빠 유우석은 시위 때 입은 부상으로 재판정에 출석이 어려워 인력거에 실려서 출두한 상태였다.

유관순은 공주에서 재판받는 때도 내내 저항을 멈추지 않았다. 당시 공주감옥의 실정에 대해서는 아산에서 만세 시위에 참여하였다 잡혀온 김복희의 증언이 있다. "이번 사건으로 들어간 여자들은 삼 삼는 일을 시켜서 삼을 삼다가 나왔나이다. 음식은 짐승 먹이는 것과 같이 해서 주는데 기가 막혀 말할 수가 없습니다. 생전에 당해보지 못한 별별 고

▍3·1운동 100주년 기념으로 세워진 유관순 열사 동상

생을 다 당해 보았습니다."

5월 9일 공주지방법원에서 1심 판결이 내려졌다. 징역 5년이었다. 유관순은 판결에 불복하고 경성복심법원에 공소를 제기하였다. 이에 따라 서울의 복심 재판에서 3년 형이 확정되었다. 유관순의 숙부 유중무는 3년 형을 받고 항소를 포기, 공주감옥에서 복역하였다.

형이 확정되고 유관순은 서대문 감옥에 갇혔다. 투옥된 유관순은 감옥에서도 독립 만세를 그치지 않았다. 그로 인한 심한 고문과 폭력이 유관순 열사를 망가뜨렸다. 유관순은 1920년 3월 1일, 3·1운동 1주년에 감옥에서 독립만세를 외쳤다. 그리하여 매를 맞고 내장과 방광이 파열되는 중상을 입었지만, 치료를 거부한 채 항거하였다. 그리고 9월 28일, 만 18세 나이로 순국한 것이다. 서대문형무소 8호실 감옥에서 한 방에 수용되었던 어윤희는, 유관순이 졸지에 고아가 되어버린 어린 동생들을 끝까지 걱정했다고 증언한 바 있다. 김현경 등은 열사의 시신을 인수하여, 10월 14일 장례식을 거행하였다.

'나의 유일한 슬픔'

공주지방법원에서 함께 판결을 받았던 오빠 유우석은 7년 형을 언도 받았으나 항소, 서울 복심복원에서 3년, 그 후 최종적으로 징역 6개월, 집행유예 2년을 선고받았다. 유우석은 만세운동에 참가한 강원도 양양 출신의 영명학교 교사 조화벽(1895~1975)과 결혼, 개성 원산 등지에서 활동하였다. 그리하여 유관순이 못내 걱정하였던 어린 두 동생(柳仁錫, 柳冠錫)을 키우는 수고를 감당한다. 유관순을 키운 사애리시 선교사는 일제의 탄압이 심해지던 1939년 공주에서의 선교 활동을 끝내고 귀국,

1972년 101세를 일기로 세상을 떴다. 1971년 100세 생일 축하 모임에서는 그녀가 좋아하던 찬송가, '죄짐 맡은 우리 구주'를 함께 불렀다고 한다.

유관순의 서훈은 2019년 3·1운동 100주년을 맞아서야 비로소 3등급에서 1등급인 건국훈장 대한민국장으로 격상되었다. 그리고 공주에서는 영명의 언덕인 옛 취원루(聚遠樓)의 자리에 열사의 동상이 세워졌다. 국립공주박물관에서

▌ 유제경이 당고모 유관순에게서 돌선물로 받은 털모자(국립공주박물관 특별전)

는 특별전 〈충남의 독립정신〉을 열었는데, 이 전시회에는 유관순 열사가 손수 뜨개질하여 어린 조카(5촌) 유제경(柳濟敬)의 돌을 맞아 선물했다는 털모자가 전시되었다. 백 년 만에 비로소, 유관순이 공주 사람으로서의 시민권을 인정받은 것 같은 느낌이다.

백 년 전 유관순은 자신의 심경을 이렇게 고백하였다. "나의 유일한 슬픔은 나라를 위해 바칠 목숨이 하나뿐이라는 것이다."

지금은 모두가 다 나라를 사랑한다고 말한다. 그리고 나라를 사랑해야 한다고 말한다. 그러나 정말 진심으로 나라를 사랑하는 사람, '나'를 사랑하는 것이 아니라 '나라'를 사랑하는 사람, 얼마나 될까.

(윤용혁, 제21호, 2019.6)

부록

공주시 공주 인물 관련 자료

1. 공주시 이달의 공주인물 명단(2019~2020)

〈2019년〉 유관순·김현경(3월), 김구·오익표(4월), 김인겸(5월), 오강표(6월), 박동진(7월), 영규대사(8월), 무령왕(9월), 김종서(10월), 동학농민군(11월), 강백년(12월)

〈2020년〉 고려 현종과 김은부(1월), 이효원(2월), 사애리시(3월), 금호당 약효(4월), 허임(5월), 만경노씨 삼의사(6월), 이유태(7월), 신유(8월), 동성왕(9월), 이삼평(10월), 서기(11월), 이명성·이명덕(12월)

2. 공주 인물 관련문헌 수록 인물 명단

1) 김정섭 저 〈인물로 본 공주역사 이야기〉, 메디치, 2016

무령왕, 성왕, 향덕, 정진, 이존오, 이복, 이명덕, 김종서, 정분*, 이세장, 성제원, 서기, 영규, 노응환·응탁·응호, 김해, 황신, 허임, 이삼평, 류충걸, 이유태, 오시수, 윤각, 김인겸, 정규한, 김옥균, 약효*, 우리암, 류관순, 이상범, 김기창, 박동진, 손보기*

*표의 인물은 개정증보판(2019)에서 보완된 것임

2) 공주문화원, 〈공주의 인물〉 1-6, 2014~2019

제1권(2014) 강백년, 금호당 약효, 김인겸, 남평조씨 조애중, 박동진, 이삼평, 이상범, 이존오

제2권(교육자 편, 2015) 임헌회, 노이형, 정규한, 서기, 심기섭, 우리암, 사애리시, 김관회, 황인식, 류제경, 김기평

제3권(정치인·관리·학자편, 2016) 김은부, 민상백, 이명성·명덕, 이목·이세장, 류근, 이귀, 이유태, 오시수, 한태동·한지, 허균

제4권(충신편, 2017) 김종서, 김해, 노씨 삼의사, 문충숙공, 영규대사, 유형·유지걸, 이도, 정분·정지산

제5권(공주에 유적과 인연을 남긴 인물, 2018) 김시습, 김옥균, 서거정, 송상기, 오정위, 이진휴, 정이오, 조익, 조헌, 허임

제6권(공주의 독립운동가, 2019) 노원섭, 오강표, 이학순, 이호원, 노섭, 심원택, 오익표, 윤태현, 이기한, 이병림, 이사건, 이상린·이상구, 이원선, 이원오, 이철하, 이춘성, 이철영

• 필자소개

윤용혁(尹龍爀)

한국 중세사와 충남 지역사 전공. 공주사범대학 역사교육과를 졸업하고 고려대학교 대학원에서 석사와 박사학위를 받았다. 1980년부터 2017년까지 공주대학교 역사교육과 교수로 재직하였다. 현재는 공주대학교 명예교수, 충청남도와 세종특별자치시의 문화재위원이다. 저서로서는 『충남, 내포의 역사와 바다』(2014), 『한국 해양사 연구』(2015), 『공주, 역사와 문화콘텐츠』(2016), 『한국과 오키나와 -초기 교류사 연구』(2020) 등이 있다.

이해준(李海濬)

조선시대사와 지역문화사 전공. 공주사범대학 역사교육과를 졸업하고 서울대학교 대학원에서 석사, 국민대학교 대학원에서 박사학위를 받았다. 목포대학교 교수(1981~1994년)를 거쳐 1994년부터 2019년까지 공주대학교 사학과 교수로 재직하였다. 현재는 공주대학교 명예교수이다. 역사민속학회, 역사문화학회, 한국서원학회 회장, 충남역사문화연구원장을 역임하였다. 저서로서는 『조선시기 촌락사회사』(1996), 『지역사와 지역문화론』(2001), 『충남의 역사와 정신』(2006), 『충남의 문화유산』(2008) 등이 있다.

역사 속, 공주의 사람들

초판인쇄일   2020년 12월 07일
초판발행일   2020년 12월 10일
지 은 이   윤용혁 · 이해준
발 행 인   김선경
책 임 편 집   김소라
발 행 처   서경문화사
주   소   서울시 종로구 이화장길 70-14(204호)
전   화   743-8203, 8205 / 팩스 : 743-8210
메   일   sk8203@chol.com
신 고 번 호   제1994-000041호
ISBN   978-89-6062-226-5   03090
ⓒ 윤용혁 · 이해준 · 서경문화사, 2020

정가 23,000